雅学堂

第二辑

丛书·刘进宝 主编

珞珈山下

陈锋 著

读者出版传媒股份有限公司

甘 肃 文 化 出 版 社

甘肃·兰州

图书在版编目（ＣＩＰ）数据

珞珈山下 / 陈锋著. -- 兰州 ：甘肃文化出版社，
2024.6
（雅学堂丛书 / 刘进宝主编. 第二辑）
ISBN 978-7-5490-2978-5

Ⅰ. ①珞… Ⅱ. ①陈… Ⅲ. ①社会科学－文集 Ⅳ.
①C53

中国国家版本馆CIP数据核字(2024)第107193号

珞珈山下

LUOJIA SHANXIA

陈锋丨著

策　　　划	郧军涛　周乾隆　贾　莉
项 目 负 责	鲁小娜
责 任 编 辑	王天芹
装 帧 设 计	石　璞

出 版 发 行	甘肃文化出版社
网　　　址	http://www.gswenhua.cn
投 稿 邮 箱	gswenhuapress@163.com
地　　　址	兰州市城关区曹家巷1号丨730030(邮编)

| 营 销 中 心 | 贾　莉　　王　俊 |
| 电　　　话 | 0931-2131306 |

印　　　刷	兰州新华印刷厂
开　　　本	880毫米×1230毫米　1/32
字　　　数	222千
印　　　张	10.25
印　　　数	1~3000册
版　　　次	2024年6月第1版
印　　　次	2024年6月第1次
书　　　号	ISBN 978-7-5490-2978-5
定　　　价	68.00元

学术的传承与人格的养成（代序）

　　甘肃文化出版社2023年7月出版的"雅学堂丛书"共10本，即方志远《坐井观天》、王子今《天马来：早期丝路交通》、孙继民《邯郸学步辑存》、王学典《当代中国学术走向观察》、荣新江《三升斋三笔》、刘进宝《从陇上到吴越》、卜宪群《悦己集》、李红岩《史学的光与影》、鲁西奇《拾草》、林文勋《东陆琐谈》。由于这套丛书兼具学术性、知识性和可读性，从而得到了学界和社会的认可。2023年7月27日，在济南举办的第31届全国图书博览会上，读者出版传媒股份有限公司举行了"雅学堂丛书"新书首发暨主题分享会。全套丛书入选"2023甘版年度好书"；丛书之一的《当代中国学术走向观察》入选2023年9月《中华读书报》月度好书榜，并被评为"2023年15种学术·新知好书"。《光明日报》《中华读书报》《中国新闻出版广电报》《中国出版传媒商报》《甘肃日报》等，都发表了书评或报道，认为"雅学堂丛书""直面一个时代的历史之思"，被誉为"系统呈现了一代学人的学术精神"，"真实反映了一代学人把个人前途与国家命运紧密联系在一起严谨治学的点滴，诠释了一代学人的使命与担当"。"雅学堂丛书""既是视角新颖的学术史，也是深刻生动的思想史，更是一代学人的心灵史"。"丛书坚持'大家小书'的基本思路，将我国人文社科领域学术大家的学术史、思想史、学术交流史及其最新成果，以学术随笔形式向大众传播，让大众了解学界大家的所思、所想、所悟。"

一

鉴于"雅学堂丛书"出版后的社会影响，以及在学术界引起的关注，出版社希望能够继续编辑出版第二辑。经过仔细考虑和筛选，我们又选了十家，即樊锦诗《敦煌石窟守护杂记》、史金波《杖朝拾穗集》、刘梦溪《东塾近思录》、郑欣淼《故宫缘》、陈锋《珞珈山下》、范金民《史林余纪》、霍巍《考古拾贝》、常建华《史学鸿泥》、赵声良《瀚海杂谈》、李锦绣《半柈小草》。这些作者都是有影响的人物，他们的研究成果分别代表了各自领域学术研究的前沿。

在考虑第二辑作者的人选时，我想既要与第一辑有衔接，又要有不同。在反映一个时代的学术走向时，还要看到学术的传承，乃至人格的养成。

已经出版的"雅学堂丛书"10位作者是以"新三级"学人为主，而"新三级"学人在进入学术场域的20世纪70年代末80年代初，随着"科学的春天"到来，大学及研究生招生和教学逐渐走上正轨，加上学位制度的实施，到处洋溢着积极向上的氛围。我们的老师中既有20世纪初出生的老先生，也有 30 年代出生的中年教师。

老一代学者，由于从小就受到比较严格的家学熏陶或私塾教育，在民国时期完成了系统的学业，他们都有比较宽广的视野，学术基础扎实，格局比较大，因此在学术方法、理念和格局上，无意中承传了一个良好传统。"新三级"学子与他们相处，可以得到学识、做人、敬业各方面的影响。尤其是跟随他们读书的研究生，直接上承民国学术，站在了巨人的肩膀上。

为了反映学术的传承，我特别邀请了樊锦诗、史金波、刘梦溪、郑欣淼 4 位 80 岁左右的学人。他们的研究各具特色，樊锦诗先生的敦煌石窟保护与研究、史金波先生的西夏历史文化研究、刘梦溪先生以学术史和思想史为重点的文史之学、郑欣淼先生的故宫学研究，都代表了各自领域学术研究的前沿。

由于有了第一辑出版后的社会影响，第二辑约稿时，就得到了各位作者的积极响应，很快完成了第二辑的组稿编辑。

二

樊锦诗先生的《敦煌石窟守护杂记》收录了作者有关敦煌文化的价值、敦煌石窟保护研究的历程，敦煌石窟的保护、管理与开放和向前贤学习的文章 26 篇。作者写道："此生命定，我就是个莫高窟的守护人，故此我把这本书称为《敦煌石窟守护杂记》。希望本书能为后续文化遗产保护、研究、弘扬和管理事业起到一点参考的作用。"

刘梦溪先生的《东塾近思录》，按类型和题意，收入了4组文章：一、经学和中国文化通论；二、魏晋、唐宋、清及五四各时期的一些专题；三、对王国维、陈寅恪、马一浮的个案探讨；四、序跋之属。刘梦溪先生说："'雅学堂丛书'已出各家，著者都是时贤名素，今厕身其间，虽不敢称雅，亦有荣焉。"

郑欣淼先生是"故宫学"的倡导者，他曾任故宫博物院院长，并于2003年首倡"故宫学"。到2023年编辑本书时，恰好是整整20年。郑先生提出："故宫学是以故宫及其历史文化内涵为研究对象，集保护、整理、研究与展示为一体的综合性学问和开拓性学科。故宫学的提出有其丰厚而坚实的基础与依据。它的研究对象不仅丰富深邃，而且研究对象之间存在着不可分割的紧密关系，即故宫是一个文化整体，或者说故宫遗产的价值是完整的。正是基于对故宫是个文化整体的认识，故宫学的学术概念才有了更为丰富、厚重与特殊的内涵。这也是故宫学的要义。"又说："我与故宫有缘。因此我把这本小书起名为《故宫缘》。"

热爱考古的霍巍先生说："就像一个大山里来的孩子初见大海，充满了蔚蓝色的梦想，却始终感觉到她深不可测，难以潜入。更多的时候，只能伫立在海边听涛观海、岸边拾贝。——正因为如此，这本小书我取名为《考古拾贝》，这一方面源自我在早年曾读到过一本很深沉、很有美感的著作，叫作《艺海拾贝》，这或许给了我一个隐寓和暗示。另一方面，倒也十分妥帖——我写下的这些文字，时间跨度前后延续了几十年，就如同我在考古这瀚海边上拾起的一串串海贝一样，虽然说不上贵重，但自认为透过这些海贝，也能折射出几缕大海的色彩与光芒，让人对考古的世界浮想联翩。"

常建华先生说："我从事历史普及读物的写作，出版过《中国古代岁时节日》《中国古代女性婚姻家庭》《清朝大历史》《乾隆事典》等书。本书的首篇文章就是谈论如何认识普及历史知识的问题。我写过一些学术短文，知道此类文字写得深入浅出不易，引人入胜更难，自己不过是不断练笔，熟能生巧而已。""我的短文随笔成集，这是首次……内容多为学术信息类的书评，也有书序、笔谈、综述、时评等，题材不同，但尽量写得雅俗共赏，吸引读者。"

赵声良先生1984年大学毕业后志愿到莫高窟研究敦煌，他说："我在敦煌工作了40年，我的工作、我的生活都与敦煌石窟、敦煌艺术、敦煌学完全联系在一起了，不论是写文章还是聊天，总免不了要说敦煌，可以说'三句话不离敦煌'。"他刚到敦煌时就想写一本有关敦煌山水画史的著作，没想到30多年后的2022年，才在中华书局出版了《敦煌山水画史》。他感叹道：这本书的写作过程，"似乎也见证了：由'看山是山，看水是水'，发展到'看山不是山，看水不是水'，最后，又终于回归到'看山还是山，看水还是水'的历程。我在敦煌的40年的历程又何尝不是这样"。

"雅学堂丛书"第二辑的10位作者，年龄最大的樊锦诗先生，出生于1938年，已经是86岁的高龄；最小的李锦绣先生，出生于1965年，也接近60岁了。虽然他们已经或即将退休，但都以"时不我待"的紧迫感，仍然奋斗在学术前沿，展现了这一代学人的使命与担当。这代学人遭遇了学术上的重大转变，即20世纪80年代，是一个思想的时代。90年代初，思想淡出、学术凸显，王国维、罗振玉和傅斯年派学人、胡适派学人成为学界关注的重点，然后又提出有思想的学术与有学术的思想，还遇到了令史学界阵痛的"史学危机"。这些作者，经历了现代学术发展或转型的重要节点和机遇，既是"科学的春天"到来的学术勃兴、发展、转型和困顿的亲历者、见证者，又是身处学术一线的创造者、建设者。可以说，他们既在经历历史，又在见证历史、创造历史，还在研究历史，将经历者、创造者和研究者集于一身。这种学术现象，本身就值得我们思考和探讨。

三

从"雅学堂丛书"第二辑的内容可知，20世纪80年代初，伴随着"科学的春天"和改革开放的到来，束缚人的一些制度、规章被打破，新的或更加规范的制度、规章还没有建立。尤其是国家将知识分子从"臭老九"中解放出来，成为工人阶级的一部分。要"向科学技术进军"，实现四个现代化，就要充分发挥知识分子的作用。虽然当时经济落后，生活待遇不好，但老教授的社会地位高，有精气神，当时行政的力量还不强化，甚至强调就是服务。在这种背景下，20世纪初出生的老教授，在高校有崇高的地位。如武汉大学1977级的陈锋，1981年初预选的本科论文是《三藩之乱与清初财政》。历史系清史方面最著名的老师是彭雨新教授，陈锋想让彭先生指导论文，"不巧的是，在我之前已有两位同学选定彭先生做指导老师，据说，限于名额，彭先生已不可能再指导他人"。

陈锋经过准备后，就直接到彭先生府上请教。此前他还没有见过彭先生，到了彭先生家，"彭先生虽然很和蔼地接待我，但并没有像后来那样让我进他的书房，而是直接在不大的客厅里落座。我没有说多余的其他话，直接从当时很流行的军用黄色挎包里掏出一摞卡片，说我想写《三藩之乱与清初财政》的毕业论文，这些卡片可以说明什么问题，那些卡片可以说明什么问题，我自己一直讲，彭先生并不插话。待我讲完后，彭先生问：'这个题目和这篇论文是谁指导的?'我说没有人指导，是自己摸索的。彭先生说：'没有人指导，那我来指导你的毕业论文怎么样?'我说：'就是想让先生指导，听说您已经指导了两位同学，不敢直接提出。'彭先生说：'没有关系，就由我来指导。'再没有其他的话"。

"拜访彭先生后的第三天，系里主管学生工作的刘秀庭副书记找我谈话，问我想不想留校，我说没有考虑过，想去北京的《光明日报》或其他报社。刘书记说：'彭先生提出让你留校当他的助手，你认真考虑一下。'经过两天的考虑以及家人的意见，觉得有这么好的老师指导，留校从事历史研究也是不错的选择，于是决定留校工作""老师与学生之间这种基于学术的关系，对学生向学的厚爱，让我铭感终身。那时人际关系的单纯，也至今让我感叹，现在说来，似乎有点天方夜谭"。

南京大学1979级的范金民，1983年毕业时报考了洪焕椿先生的研究生。由于此前范金民还没有见过洪先生，也与他无任何联系，所以5月3日下午，是"吕作燮老师带我到达先生家"面试的。洪焕椿先生既未上过一天大学，当时又已是胃癌晚期。"如果按现在只看文凭和出身的做法，是不可能指导研究生的，又重病在身，不可能按现在的要求，在固定的时间和固定的地点上固定的课程。但先生指导研究生，一板一眼，自有一套，考题自出，面试自问，课程亲自指导，决不委诸他人。一年一个研究生，每人一本笔记本，记录相关内容。先生虽不上课，但师生常常见面，虽未定规，但学生大体上两周一次到他家请益，先生释疑解惑，随时解决问题。需查检的内容，下次再去，先生已做好准备，答案在矣。"

笔者也是1979级的甘肃师范大学学生，1983年毕业前夕，敦煌学方兴未艾，西北师范学院（甘肃师范大学1981年恢复原校名西北师范学院）成立了敦煌学研究所，我非常幸运地被留在新成立的敦煌学研究所。1985年我报考了金宝祥先生的研究生，当初试成绩过线后，有一天历史系副主任许孝德老师通知，让我去金先生家面试。由于金先生给我们上过课，平时也曾到先生家问学，先生对我有一定的了解。当我到金先生家时，先生已在一张信纸上写了半页字的评语，让我看看是否可以。我说没有问题，先生就让我将半页纸的复试意见送到研究生科，我就这样被录取为硕士研究生了。这种情况正如陈锋老师所说，在今天根本是不可能的，简直就是天方夜谭。

"雅学堂丛书"的宗旨是学术性、知识性、可读性并具。要求提供可靠的知识，如我们读书时曾听到过学界的传言，即在"批林批孔"时，毛泽东主席说小冯（冯天瑜）总比大冯（冯友兰）强，但不知真伪，更不知道出处。陈锋的书中则有明确的记述："当时盛传毛泽东主席的指示'小冯比老冯写得好'。据后来出版的正式文献，当年毛泽东主席指示原文为：'要批孔。有些人不知孔的情况，可以读冯友兰的《论孔丘》，冯天瑜的《孔丘教育思想批判》，冯天瑜的比冯友兰的好。'""我对当时冯先生在而立之年就写出《孔丘教育思想批判》（人民出版社1975年出版），感到好奇；对毛主席很快看到此书，并作出指示，更感到好奇。"

　　范金民老师笔下的魏良弢先生，不仅对学术之事非常认真，还活灵活现地展现了20世纪90年代中期的学术生态。"20世纪90年代中期，我们明清史方向有位硕士生论文答辩，我请他主持。临答辩时，他突然把我叫到过道对门的元史研究室，手指论文，大发雷霆道：'你看看，你看看，什么东西，你们明清史是有点名气的，可照这样下去，是要完蛋的！'我一看，原来是硕士学位论文中有几处空缺。当时论文都是交外面的誊印社用老式中文打字机打印，有些冷僻字无法打印，只能手书填补。我曾审读过某名校的博士学位论文，主题词郑鄑之'鄑'，正文中几乎全是空缺，我好像还是给了'良'的等级。答辩时，我结合论文批评了那位学生做事不求尽善尽美而是草率粗放，而且论文新意殊少，价值不大，学生居然感觉委屈，睪在那里不愿出场回答问题。本科生、研究生批评不得，至迟从那个时候就开始了，世风日下，遑论现在!"

这样知识性、可读性兼具的文字在各位作者的论著中比比皆是，自然能得到大家的喜爱。

"雅学堂丛书"的作者都是一时之选，各书所收文章兼具学术性、知识性和可读性，可谓雅俗共赏。希望第二辑的出版不辜负读者的期待。这样的话，可能还有第三辑、第四辑，乃至更多辑。

最后，感谢各位作者的信任，将他们的大著纳入"雅学堂丛书"；感谢具有出版魄力、眼光的郎军涛社长的积极筹划，感谢周乾隆、鲁小娜率领的编辑团队敬业、认真而热情的负责精神，既改正了书中的失误，还以这样精美的版式呈现给读者。

刘进宝

2024年4月24日初稿

2024年5月9日修改

目 录

回忆与访谈

序言与评论

讲演与杂说

回忆与访谈

桃李不言下自成蹊

——纪念彭雨新先生百年诞辰

彭雨新先生是著名的财政经济史专家，湖南浏阳人，生于1912年10月，今年（2012年）是他诞辰一百周年。回忆先生的音容笑貌，恍在昨日。先生之学问，自成一家，博大精深；先生之为人，谦让退避，高风亮节。故以"桃李不言，下自成蹊"为题，撰写本文。第一部分，略述与先生的交往和问学；第二部分，概述先生的学术成就①。

一

1977年12月恢复高考，我于1978年3月考入武汉大学历史系。当年的武大历史系名师云集，一些著名的学者都讲授

---

①我在1999年写的《开拓专门史研究的新领域——学术历程的回顾与反思》（《理论月刊》1999年第9期），2007年为纪念恢复高考30年接受北京记者采访（已收录本书），以及为纪念彭先生百年诞辰，《中国社会科学报》2012年10月24日及《武汉大学报》2012年第1285期登载我撰写的《耕耘学术沃土》，都谈到了彭先生，有兴趣者可以参考。

彭雨新先生

过本科生的课程。但起初我并没有想以历史研究作为本业，而是热衷于写历史的通俗读物，先后在河南人民出版社、山东人民出版社出版过《祖冲之的故事》《铁笔写春秋》（魏晋南北朝史学家的故事）、《康熙的故事》等小册子，所以错过了聆听一些名家的课程。在本科读书的最初两年，没有听彭先生的课，也没有见过彭先生。1980年，我开始写作《康熙的故事》，对清史产生浓厚的兴趣。1981年初，选择本科论文时，决定在清史范围内选择。

当时的历史系党总支书记是赵学禹先生，他告诉我，如果选择清史，系里彭雨新教授最为著名。我既然对清史感兴趣，也就希望有名师指点。彭先生既然精专于经济史、财政史，我也就把毕业论文限定在清代经济史、财政史方面。不巧的是，在我之前已有两位同学选定彭先生做指导老师，据说，限于名额，彭先生已不可能再指导他人。但我也不想轻易改变初衷。我所能够做的，是自己选定论文题目，自己摸索着查阅有关资料。在经过相当的准备后，我大着胆子贸然到了先生府上向彭先生请教，时间大概是樱花盛开的时节。

当我说出毕业论文题目是《三藩之乱与清初财政》后，彭先生表现出了很大的兴趣。我一边讲论文的构想，一边不断地从一个军用书包里向外拿抄写的资料，还不断地说着这些资料说明什么问题，那些资料说明什么问题。大概谈了一个多小时，主要是我在讲，只有我问彭先生时，先生才做出解释。最后，彭先生问："谁是你的论文指导老师？"我说："还没有老师指导。"彭先生说："我做你的指导老师怎样？"我说："就是希望您能指导我，听说您已经指导了两位同学，不好直接提出来。"就这样，很幸运地，彭雨新教授成了我本科毕业论文的指导老师。过了两天，管学生的副书记刘秀庭老师突然找我，问我想不想留校当老师，我感到很奇怪。

1988年，彭雨新先生与饶师母于珞珈山寓所
（1992年，彭先生八十华诞）

原来是彭先生向系里提出，留我做他的助手。就是一次简单的谈话，决定了我和彭先生的师生情缘。老师与学生之间这种基于学术的关系，对学生向学的厚爱，让我铭感终身。那时人际关系的单纯，也至今让我感叹，现在说来，似乎有点天方夜谭。

1981年6月初，彭先生到中国社会科学院经济研究所查阅钞档，半个月后，彭先生来信。由于几次搬家，加上我几次到日本访学，家中失盗过，很多来往信件都丢失了。这一封信可能是与我的研究清代军费的手稿和资料在一起，保存至今。从中可以看出彭先生对我学士学位论文的指导，也可以领会到一个名教授对一个本科生的认真态度。信的原件如下（信上打的两个黑钩记号，是我当时看过信后所打）：

1981年，彭雨新教授写给作者的信件

来此已半月，看了两本兵部康熙年间兵马钱粮奏销册。这些奏销册都属"内销"，即按营制和规定的俸饷银和米粮额于年终按月将支用数列报，并将粮饷分拨额逐笔列出。至于作战用费乃属"外销"，无一定的规例，不见于一般军饷的奏章。从已看的两本江苏省兵马钱粮奏销统计册，其中有关当时筹措军费者有下列各项：

一、康熙十五、十六年间在江南省实行过"乡宦加征地亩银"（包括征银和征米），原案为"军需方虞，康熙十五年官户加征地亩"（文件内容未见到），有些县征至十八年份。

二、康熙十七、十八、十九年曾实行过裁减某些冗费，将所裁银两移作军费。如："请裁可缓等事案内裁款银"、"合计天下财用案内裁款"、"请旨裁袍船水脚银"、"奉上谕裁祗应、库斗等银"、"酌议捐省等事案内裁款银"、"酌议捐俸等事案内款银"、"酌停运河等事业（案）内裁款银"、"请旨酌量等事案内裁款银""奉上谕裁操赏银"等。从这些名目所能移作军费的款额虽不多，但也能说明筹措军费的急迫。

三、康熙二十年、二十一年举办捐纳，某些州县规定"文童"（秀才）每人纳捐100两，另有监生纳州同银每人150两，监生纳州判银每人120两等等。

……

来京后和一些老朋友商量，他们认为这里所抄存的财政史档案最丰富的是田赋史部分，共有九十九本，因此决定以清代田赋为范围。明日起将有三个人抄写这一部档案，他们是没有工作经验的小青年，从选材、标点以至校对，都必须亲自解决，剩下的时间便看奏销册。

这封信非常具体地指明了研究"三藩之乱与清初财政"对档案的运用。彭先生当时并没有研究清代军费的计划，完全是为了我的毕业论文了解相关档案。我当时可以说对清朝档案一无所知，如果不是彭先生的指导，完全没有路径可循。后来（1981年12月1日），彭先生在我的本科毕业论文评语中说的"史料较为充实，其中一部分系第一手资料"

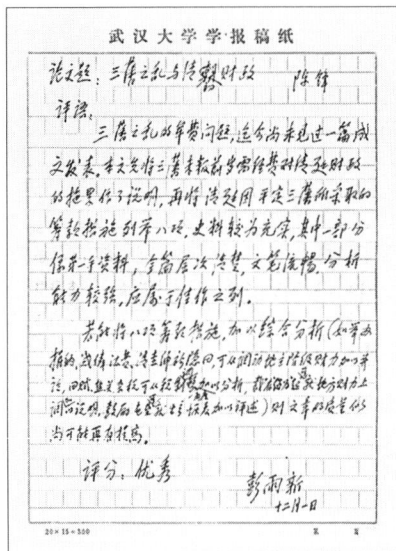

1981年12月1日，彭雨新教授对作者本科毕业论文评语

（见图，我1981年11月完成的毕业论文原件以及彭先生12月1日的评语，不知道为何仍在我保存的资料中，而没有上缴学校。这次为写纪念彭先生的文章，翻检资料，才发现。特附志于此）。"第一手资料"即是对档案的运用。信中后部分所说的抄录档案，即是后来出版的《清代土地开垦史资料汇编》之一部分资料来源。

接彭先生来信后不久，即是暑期，我便赴京围绕着本科毕业论文查阅档案。由于彭先生是中国社会科学院经济研究所的兼职研究员，经济研究所为彭先生提供了一间工作室（兼住宿），三个刚高中毕业的女孩也在这间房子里抄录档案，可以说相当挤，但在当年，已经是很不错的条件。据彭先生说，三个人的抄录费用，也由经济研究所出。我在经济研究所抄录档案的一段时间，见过一些名家，见面最多、交谈最多的是李文治先生。可以感受得到两位先生有非常深厚的友谊。

我当时本科未毕业，连初出茅庐都谈不上，也许正因为彭、李二位先生的友谊，李先生对我非常好。李先生知道我的毕业论文是"三藩之乱与清初财政"，提出有三个问题值得研究，一是清代军费，二是清代盐政，三是清代漕运，并说军费和盐政以前学者研究得较少，他在1949年前写过清代漕运的初稿，如果我感兴趣，将来可以合作；如果研究军费和盐政，彭先生就是最好的老师。我说希望研究以前学者研

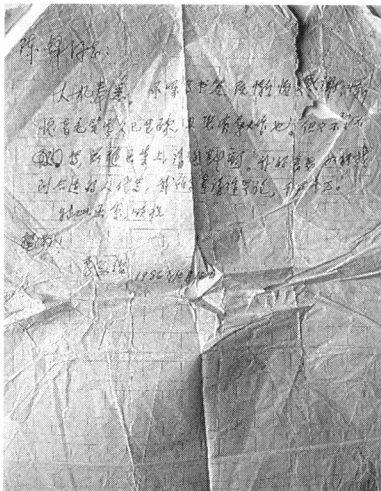

李文治先生的信函及为作者著作题写书名

究较少的课题。这正是我后来研究军费和盐政的最初原因，也正是 1986 年为《清代盐政与盐税》的出版，请李先生题写书名的原因。20 世纪 80 年代至 90 年代，学术著作出版非常困难，李文治先生题写书名，彭先生作序，当是该书能够于 1988 年顺利出版的重要原因。

李文治先生的信函写于 1986 年 10 月 16 日，因为时已久，多有脱色。信函称："承嘱写书签，既惭愧又感谢，惭愧者，毛笔字久已生疏，且恐有辱大作也。但又不能不写，兹随信寄上，请您（你）斟酌。我的意思，如能找到合适的人代写，我所写者请作罢论，千万千万。"字里行间体现前辈学者的谦谨。所谓"毛笔字久已生疏"者，听彭先生讲，李先生的书法本来就很好（《中国经济史研究》的刊名，即为李先生所题）；所谓"不能不写"者，应该主要是碍于彭先生的友谊。李先生随信寄来的题签，有竖写和横写几幅，并有"李文治题"字样，出版社制版时，可能由于设计的原因，没有照录，但在封底作了注明。

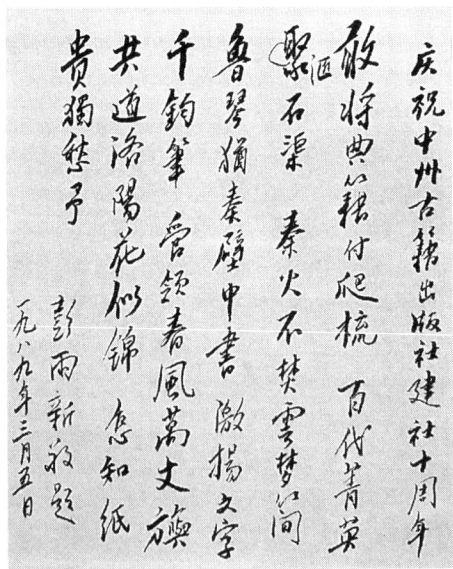

1989 年，彭雨新先生为庆祝中州古籍
出版社建社十周年题词

也是由于这本书的出版，我破格晋升副教授。

也许为了感谢中州古籍出版社出版拙著，1989年初，出版社领导和编辑来汉，彭先生设家宴予以招待。当时由我作陪，还记得当时师母做了六个菜，但由于他们平时吃得少的缘故，菜量很少，我都不好意思多吃，师母还不断地说："多吃点，多吃点。"适逢中州古籍出版社十周年庆典，彭先生专门题词庆祝。

该题词为彭雨新先生自作诗，诗曰：

> 敢将典籍付爬梳，百代菁英汇石渠。
> 秦火不焚雲梦简，鲁琴犹奏壁中书。
> 激扬文字千钧笔，管领春风万丈旗。
> 共道洛阳花似锦，怎知纸贵独愁予。

在北京期间，彭先生带我去了中国第一历史档案馆（当时称"明清历史档案馆"）。那时档案馆刚刚开放，如果没有彭先生的介绍，应该是很难进的。在北京看过一段时间的档案后，我提出去看长城，彭先生说他要抓紧时间查阅钞档，但鼓励我去，还专门写了一首鼓励我登长城的诗，可惜现在找不到了，感到非常惋惜。

我于1981年底留校，和彭先生一样，最初在当时的中国近现代史教研室。过了一些时间，系里成立了中国经济史研究室，与彭先生见面、请教的机会很多，更加上在职读彭先生的研究生，每个星期都会去彭先生家几次。

彭先生在学术上对我的帮助与指导，无处不在，我最初发表、出版的论著，都经过彭先生的修改，连修辞和标点都予以修改。特别是第一本专著《清代盐政与盐税》，彭先生将他搜集的资料供我使用，还将他未发表的论文《清代前期的盐政》供我参考。正如我在《清代盐政与盐税》的"后记"中所言明的："本书的写作始于1983年，是在我的导师彭雨新教授的悉心指导下完成的。其间，彭雨新师将他未刊布的论文手稿《清代前期的盐政》及所藏资料供我参考；在写作修改过程中，又蒙先生数次审阅。"清代盐政号称繁杂，我当时只是大学毕业不久的二十多岁的青年，如果没有彭先生的指导和帮助，很难想象能够写出此书，并由此在学术界立足。

在生活上，也得到了彭先生无微不至的关怀。大学毕业后，由于是集体户口，没有粮食供应计划，隔一两个月，彭先生和师母就把他们节约下来的粮食指标供我使用。记得有一次我在水果湖粮店买了15斤米，当时住在湖滨六舍，出东湖边上的凌波门骑自行车去水果湖需要十几分钟，当时的路很难走，坑坑洼洼，回来到凌波门下自行车，才发现放在自行车后座上的米被颠掉了，回去找也未能找到，后悔好几天。后来师母知道了，又把他们的粮本给我，让我重新去买。1983年，女儿出生，师母特地买了两只鸡送到湖滨六舍，并帮我做好。还记得有一次，我说师母做的腊肉很好吃，师母说那不是腊肉，是熏肉（我作为山东人，当时不知道腊肉与熏肉的区别），并告诉我湖南人做熏肉的方法。直到彭先生和师母离开武大到天津居住前，每年冬天，师母都送给我一小块她做的熏肉。现在想来，依然感慨万千。

1990年岁末，彭先生和师母去天津女儿家居住。在他们去天津前，彭先生在书房给我看了一个线装书盒，他说，盒中放着的是他自己发表过的较为满意的论文。后来思忖彭先生的意思，当是有朝一日结集出版。这次纪念彭先生百年诞辰，我与建民兄说过此事，希望结集出版，但联系彭先生家人，一时未能找到那些论文。只能留待来日，一起出版彭先生的全集，以尽我们做弟子的一点心意，同时为中国经济史学界提供学习参考的文献。

彭先生和师母移居天津后，除了到天津看望二老外，时常有信件往来。从来往信件中，可知彭先生晚年主要关心的几件事情：

一是关心我们的生活、学术研究和研究生的培养。如1992年8月14日来信："你的新住址告我（住几楼），是否已通邮？张建民已否回校？他搬家在何处？"1992年11月7日来信："我曾经写信告知，要他（张建民）将'清代长江农田水利史'（即后来出版的《明清长江农业水利研究》）作为他的单行本，不久前我所写的'前言'中，也说明了此编为张建民同志的论文集，……你和他见面时请代达此意。我希望你们安心工作。"1993年4月3日来信："你们所招两名研究生，学习情况及本人素质如何，已否拟定论文题，念念。……建民的长江水利史是否已经发稿，拖的时间太久了，我也有责任。"

二是关心中国经济史教材的编写和授课。1992年9月1日，彭先生信称："'中国经济史教材'的上半部，不知现在'鹿死谁手'，何时有出笼的一天，真是问题。我前不久写一信给黄惠贤，要他代为做主，或改稿，或发稿，由他决定。"当时由于教材上部的编写遇到一些问题，彭先生非常着急，在几封信中都有说明和交代，由于涉及一些人和事，不便一一说出，从略。此信指明由黄惠贤先生主持上半部的修改。1993年正月初三来信又称："教材由惠贤同志承担全责，使我既感且愧。"并交代我和张建民，"也必须付出大力相助"，"承吴（吴剑杰）、王（王承仁）、萧（萧致治）诸同志关怀我们的身体，至感"。1992年11月7日，彭先生有一封长信（如图），谈到教材下半部的编写和相关问题。

　　信中说到，《中国封建社会经济史》教材的编写，教材下册，"刘志伟、陈春声两人写的都达到了较高水平。……经过长期周折磨练之后，获得这样的成果，这是我自认为值

1992年11月7日，彭先生谈《中国封建社会经济史》
教材编写相关问题长信

得安慰的事。特别是刘志伟通过这次编书（他也同时教这门课），有着很大的提高，将来必将更有发展，更令我欣慰。梁方仲先生是我的好友，我对他的学生有所帮助，也就心安理得了。"又由教材谈到将来武大中国经济史的授课和构想："我要向你说明的是：这部教材，写出很不容易，我们既已写出，就应守住这一阵地。目前国内能全面掌握中国经济史的尚无其人，我认为武大历史系是这一重要课程的发祥地，今后上卷似可由冻国栋承担，下卷则由你承担。你承担下卷的理由是：一、你是中国经济史的成员。二、你对清代财政问题作过多年研究。下卷共四章，明清占两章，你若承担此重任，将来可以对内容有所增补，可与刘志伟共同切磋商讨。三、作为武大经济史研究室的成员，你应担负起一门重要的主课，以不是开什么专题为满足（张建民则应开'中国近代经济史'）。"1993年6月20日来信称："接黄启臣同志来信，说已将教材下卷稿挂号件寄请你收启，想已收到了……（陈锋按：因为书稿有些字迹潦草）请你交张午同志（当时办公室的老师）一并抄写，加上上卷所抄，共计字数，照她定的抄费付给。在上卷尚未完成任务以前，请你先将下卷送出版社审查，必要时请李进才校长向出版社交涉，务望能在武大出版。"这封信中还特别交代："他们（中山大学诸同志）在编写期间，未向我要一文钱（虽我曾告知他们下卷应有2000元开支的预算），我许了给他们600元的打印费，亦未实现。此事我心中颇感内疚，今后如何处理，应加特别考虑。"

　　三是关心清代土地开垦资料的出版。1992年7月29日来信:"海云(彭先生在武汉的女儿)来了现已回去了,我叫她有事时到你那里来。今有两点意见。一、为了减少经费,拟削掉'北部屯垦'和'东北大放垦'两章。……可以节省三五万字下来。二、校对工作我仍望能参加。已叫海云将邮寄包布带到刘爱松同志那里。如已有样稿,即由海云将原稿及样稿一并附邮,如样稿未出,则将布袋交刘,请他代为寄出。挂号不至丢失。为了此事,(给)你添了很多麻烦,我本拟回来,把明(彭先生在天津的女儿)和老伴同认为我身体不行,只得苦累你们了。"此信可以看出三点,第一,彭先生对该资料汇编非常重视,既怕遗失,又怕校对不精,虽然已有我们的校对,还担心有错误,甚至动了回武汉的念头。第二,虽然由我出面在学校里申请了一点经费,还是不够,不得不删减字数。第三,彭先生一般不愿麻烦他人,更不愿他人花费,连寄东西的布袋也由天津带来。1993年5月29日的来信称:"5月20日来信及包裹两件均已收到。……资料汇编看过一遍,虽经数人校对,错误仍在所不免。……我略翻此书目录,觉得内容丰富,涉及全国各省,其中如四川、甘肃、陕西、新疆、河北、河南、山东、山西、湖北、湖南、江西、江苏、浙江、福建、广东以及东北、台湾的开垦,均有有价值的史料。特别是各该省在当时何以出现某些具体问题,与同一时期他省情况相对照,然后可以推究其原因与影响。第一、第二章的开垦政策按时序阐述,尤为全书的一脉之贯。"从该信可以看出,彭先生对该资料汇编总体上是满意的。以当时82岁高龄,从接信到回信共10天的时间,彭先生便翻阅一遍,并发现了一些错误,一一予以订正

（"错误仍在所不免"后的删节号，即是具体的订正）。该书出版后，得到学界的高度认可，1993年11月8日，郭松义先生来信称："你的信及彭先生的书均已收到。我想，如果没有武大的资助，现在要出资料书那是很难的，这也一定有你这位弟子的功劳。彭先生编辑清代垦荒史料，我是早就知道了的。他也曾给我提过出版难的事，可惜我未能助一臂之力。这可说是彭先生花费的半生心力，对我们后学者，既起了从学的榜样，也可在史料上省去了很多时间。"

二

彭先生早年受过财政学、经济学、历史学的训练，先后在中央政治学校大学部财政系、中央研究院社会科学研究所、曼彻斯特大学经济学院学习，先后在中央研究院社会科学研究所、岭南大学及中山大学经济系、武汉大学经济系和历史系工作，是老一辈学者中学养丰厚、理论功底扎实的著名学者之一。可以说先生的学术成就是多方面的，治学路径也是多方面的。在我看来，彭先生的研究方法主要是实证研究，学术贡献主要表现在三个方面。

一是对中国经济史的整体研究。首先表现在20世纪50年代协助李剑农先生整理"中国古代经济史"。1943年，中国书局曾出版李剑农先生的《中国经济史讲稿》（先秦两汉部分），没有全部正式出版。李剑农先生1954年双目失明，彭先生协助整理该书，三联书店1957年至1959年出版了《先秦两汉经济史稿》《魏晋南北朝隋唐经济史稿》和《宋元明经济史稿》三册，成为中国经济史研究的学术经典，而且成为高等院校"中国经济史"课程的主要教材和重要参考文献。对此书的整理出版，应该说彭先生贡献甚大。20世纪80年代后期，彭先生又主持对该书的校改，以《中国古代经济史稿》之名分三卷于1991年由武汉大学出版社出版。这次的校改，彭先生的长子曾经有所怨言，大概是花大量的精力为他人做嫁，做一次还要做第二次，我正好在场，彭先生发了很大的火，认为不应该这样说。并且对我说，李先生的书没有写清代，以后要在清代经济史上下功夫。我当时颇为感动，也铭记在心。现在作为"武汉大学百年名典"之一出版的李剑农先生的《中国古代经济史稿》，依然是最后一次的校改本。其次是组织编撰的高等学校文科教材《中国封建社会经济史》，该书经过许多曲折，1994年由武汉大学出版社

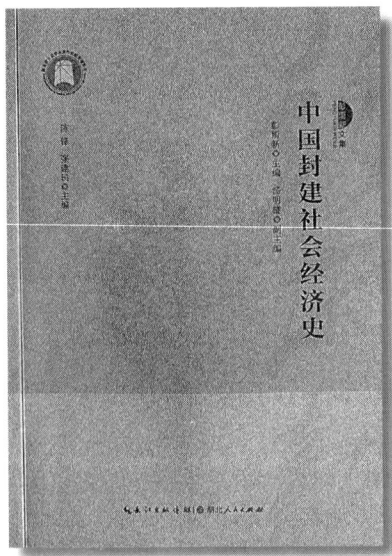

《中国封建社会经济史》书影

出版。彭先生在《中国封建社会经济史》的"前言"中指出，该教材是继李剑农的三本经济史稿而编写，吸收了李著的一些特点，对土地制度、赋役制度、人口、农业、工商业、国计民生以及资本主义萌芽等方面予以特别的重视。该教材分为"封建领主制的兴衰""秦汉封建经济的发展""魏晋南北朝时期封建经济在动荡中的缓慢发展""隋唐五代时期封建经济的盛衰""宋元时期的经济发展""封建社会晚期的经济变动"五编。从这种分编体例中，也可以看出编者对传统经济发展的阶段划分①。

彭先生的学生在编撰教材方面，对老师有所继承。刘克祥在《简明中国经济史》"前言"中说："本书采用按历史发展阶段和按专题分章相结合的体例，叙述内容也不同于其他经济通史。它不是以土地制度、财政赋役制度以及其他典章制度的考察为中心，而是重点探索和揭示社会经济生产及其发展规律。"共分为四个专题亦即四章：经济形态和生产方

①笔者按：中国传统经济的发展进程和发展阶段也是值得注意的。日本学者加藤繁在《中国经济史考证》中将历史上中国经济的发展分为五个时期：一是战国之前，实行分封制，以农业为主，贫富差距小；二是秦汉至唐中叶，郡县制确立，贫富悬殊，重农抑商；三是唐中叶至明末，均田制破坏，土地兼并严重，工商业发展；四是明末至清末，对外贸易发展，自给自足的中国经济与国际经济连接；五是清末以后，机器工业兴起，与国外经济关系日益密切。近年，方行认为，中国封建经济的发展是一个完整连续的自然历史过程，如果从秦代统一中国论起，它们的发展变化，大致经历了三个阶段：自秦汉经魏晋南北朝至唐代中叶，为第一阶段；自唐代中叶经过宋元至明代中叶，为第二阶段；明代中叶至鸦片战争前的清代前期，为第三阶段。见氏著《中国封建经济发展阶段述略》，见《中国经济史研究》2000年第4期。

式、农林牧渔业生产、手工业生产、工业生产。我和张建民又主编了高等学校教材《中国经济史纲要》，在该书的"绪论"中，我已经指出："我们编写的这本教材，一方面吸收了中国经济史学界的成果。所谓吸收前贤的成果，包括两方面的意思，一是在内容体例上，二是在学术观点上。并要求各章作者，凡有借鉴吸收，尽量出注。这样做的好处，也有两点：一是读者可以按图索骥，进一步参考阅读；二是尊重前人的研究辛劳，遵守学术规范。教材式著作也应该出注，有些'著作'的'不当'行为是应该反对的。当然，出注到什么程度，用什么方式出注，还可以探讨。另一方面，继承了武汉大学的中国经济史研究与教材编写传统。前辈学者李剑农先生著有《先秦两汉经济史稿》《魏晋南北朝隋唐经济史稿》和《宋元明经济史稿》（《中国古代经济史稿》），彭雨新先生主编有《中国封建社会经济史》。吾辈出身亦晚，学力亦浅，没有直接受教于李剑农先生，但我和张建民教授都出自彭雨新先生门下，其他参加编写的几位教授、副教授也都供职于武汉大学，浸染了前辈的学风，各有专长，并试图有所进步，有所发展。所以，本教材既有继承也有创新。"

二是对清代及近代财政史的研究。彭先生早年即著有《川省田赋征实负担研究》[1]，该书除"绪言"外，共分三章。第一章，川省田赋税率轻重之沿革；第二章，征实前川省田赋正附税之检讨；第三章，征实后田赋负担之分析。随

---

[1]彭雨新、陈友三、陈思德：《川省田赋征实负担研究》，见国立中央研究院社会科学研究所丛刊第二十种，商务印书馆印行，1943年。

后又出版了《县地方财政》（国立中央研究院社会科学研究所丛刊第二十二种，商务印书馆印行，1945年）。这是对近代地方财政进行系统研究的开山之作，邹进文教授的《民国财政思想史研究》（武汉大学出版社2008年出版），在第四章"抗日战争时期（1937—1945年）的财政思想"之第三节"自治财政论"中，专门对《县地方财政》进行了评述。以上两书奠定了彭先生财政学和财政史研究的地位。1956年，湖北人民出版社出版了《清代关税制度》。该书虽然篇幅不大，却是国内学者系统研究有清一代关税的重要著作，既扼要介绍了鸦片战争前户部关和工部关的设置及征税制度，又论述了鸦片战争后中国海关和关税权的被侵占。作者认为，"通过清代关税制度的研究，可以明白中国封建社会末期原有关税制度在当时闭关政策对外贸易中所表现的基本特质及其对国民经济的影响；可以明白鸦片战争以后中国半殖民地半封建社会形成中中国关税在外国侵略者控制下所起的作用"。以鸦片战争为界标，中国关税的性质发生了根本改变，鸦片战争以后，中国海关税制具有明显的半殖民地性，"帝国主义者为了加强对华的商品侵略和投资侵略，更进一步攫夺中国的海关行政权和侵占中国的关税支配权，造成长期间外人控制中国财政大权的恶劣形势"。另外，还有未刊手稿《战时粮食问题研究》《近代财政史》等。

财政史方面的论文较多，比较著名者有《清末中央与各省财政关系》（《社会科学杂志》1947年第9卷第1期）、《清代前期的赋役混乱与整理改革》（《江汉历史学丛刊》1979

年第1期)、《清代前期三大财政支出》①、《太平天国的田赋政策与清王朝的减赋措施》②、《四川清初招徕人口和轻赋政策》(《中国社会经济史研究》1984年第2期)、《中国近代财政史简述》③、《明清赋役改革与官绅地主阶级的逆流》(《中国经济史研究》1989年第1期)、《清代田赋起运存留制度的演进——读梁方仲"田赋史上起运存留的划分与道路远近的关系"一文书后》(《中国经济史研究》1992年第4期)、《清乾隆朝初年减轻田赋负担的措施》④等。有些论文影响较大,被学界反复引用。

三是对明清经济史的研究。重要著作《清代土地开垦史》,1990年由中国农业出版社出版,该书主要利用中国社会科学院经济研究所藏的档案材料写成,把清代的土地开垦划分为三个大的阶段,从而将土地开垦与财政、经济、人口、社会诸问题有机地结合起来,对清代土地开垦进行了系统的研究。笔者已经写过二万余字的《清代的土地开垦与社会经济——〈清代土地开垦史〉述评》(《中国经济史研究》1991年第1期),随后又出版了《清代土地开垦史资料汇编》(武汉大学出版社1992年出版)。本书所辑资料共844条,包

---

① 见《中国古代史论丛》一九八一年第二辑"明清史专号",福州:福建人民出版社,1981年,第324—342页。

② 见中华书局近代史编辑室编:《太平天国史学术讨论会论文选集》,北京:中华书局,1981年,第177—184页。

③ 见孙健编:《中国经济史论文集》,北京:中国人民大学出版社,1987年,第394—432页。

④ 见中华书局编辑部编:《文史》第四十三辑,北京:中华书局,1997年,第251页。

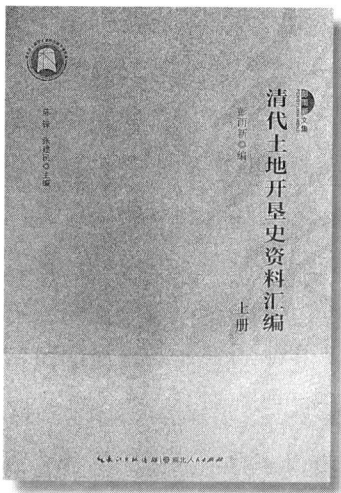

《清代土地开垦史资料汇编》书影

括顺治朝土地荒芜情况和招垦开始、从康雍至同光历朝的开垦、华北五省的土地开垦等六章。与张建民合著的《明清长江流域农业水利研究》，1993年由武汉大学出版社出版。有关方面的论文包括《从清代前期苏松地区丝棉手工业的生产来看资本主义萌芽》（《武汉大学人文科学学报》1959年第8期）、《抗日战争前汉口的洋行和买办》（《理论战线》1959年第2期）、《从清代前期苏州的踹布业看资本主义萌芽》（《理论战线》1959年第12期）、《从丝棉手工业的变化看外国资本主义入侵对我国原有资本主义萌芽的影响》（《光明日报》1961年8月2日）、《我国资本主义萌芽时期的铺户作坊》（《江汉学报》1962年第5期）、《王船山的赋役论及其思想体系》（《江汉学报》1963年第1期）、《辛亥革命前夕中国资本主义工业与工业资产阶级》^①《明清时期的铺户作坊和资本主义萌芽》^②《清代前期云南铜矿业及其生产性质的探索》(《武汉大学学报》1984年第5期)、《清代四川和东三省土地开垦中劳动力的调动》^③《清乾隆时期的矿政、矿税与矿业生产发展的关系》^④《辛亥革命前湖南矿业的发展及其历史意义》(《武汉大学学报》1988年第1期)、《辛亥革命前后珠江三角洲乡镇缫丝工业的发展及其典型意义》(《中国社会经济史研究》1989年第1期)、《论清末自开商埠的积极意义》^⑤等,内容涉及资本主义萌芽、工业、手工业、商业、土地开垦等许多方面。有些论文不但研究细致,而且具有开创意义。杨天宏教授的《近代中国自开商埠研究述论》即认为:"彭雨新先生1990年发表的《论清末自开商埠的积极意义》一文,可能是最早以自开商埠为研究对象的专题论文。"

另外,彭先生虽然不喜俗务,但作为湖北省的民进会员,曾经担任过四届湖北省的政协委员,特将有关各届湖北省的民进会员担任政协委员的名单附列如下:

①见湖北省哲学社会科学学会联合会编:《辛亥革命五十周年纪念论文集》,北京:中华书局,1962年,第56—98页。

②见南京大学历史系明清史研究室编:《明清资本主义萌芽研究论文集》,上海:上海人民出版社,1981年,第205—219页。

③见平准学刊编辑委员会编:《平准学刊》第一辑,北京:中国商业出版社,1985年,第103—122页。

④见中国社会科学院经济研究所学术委员会编:《中国社会科学院经济研究所集刊》第八集,北京:中国社会科学出版社,1986年,第118—159页。

⑤见章开沅、朱英主编:《对外经济关系与中国近代化》,武汉:华中师范大学出版社,1990年,第194—260页。

第二届（1959年）：张振铎、张舜徽、胡雪、桂质柏、彭雨新、端木梦锡

第三届（1964年）：张舜徽、胡雪、桂质柏、彭雨新、端木梦锡（该届是作为"社会科学团体"），民进共有十名委员：方壮猷、王干青、张彦明、张舜徽、张遵俭、严学宭、林居先、桂质柏、彭展、彭雨新

第四届（1977年）：张振铎、张舜徽、彭雨新

第五届（1983年）：张继平、张振铎、张舜徽、杨葆琨、彭雨新

在担任政协委员期间，彭先生也有重要提案，如1981年1月，彭雨新等在省政协第四届委员会上的提案，建议将红楼尽早辟作辛亥革命武昌起义纪念馆，得到有关方面的高度重视。当年10月8日，辛亥革命武昌起义纪念馆正式开馆，接待国内外观众。

（原文载陈锋、张建民主编：《中国财政经济史论稿——彭雨新教授百年诞辰纪念文集》，武汉：湖北人民出版社，2012年，第37—48页。此次略有修改）

淹贯豁达：深切怀念吴剑杰先生

2021年7月29日上午11时，传来著名历史学家吴剑杰教授（1939.9.28—2021.7.29）仙逝的噩耗，心中戚戚。

两个月前，还与吴先生餐叙，席间，吴先生基本不动箸，少了许多话语和气机。散席后，我（陈锋）在旁边的药店买了两盒气滞胃痛颗粒，说家父腹胀时，此药很管用。吴先生接过，轻轻地说了一句"可能不是"。

或许，当时先生已经有所意识吧。

自此，一些不好的感觉便郁结不散。此后某日，给先生

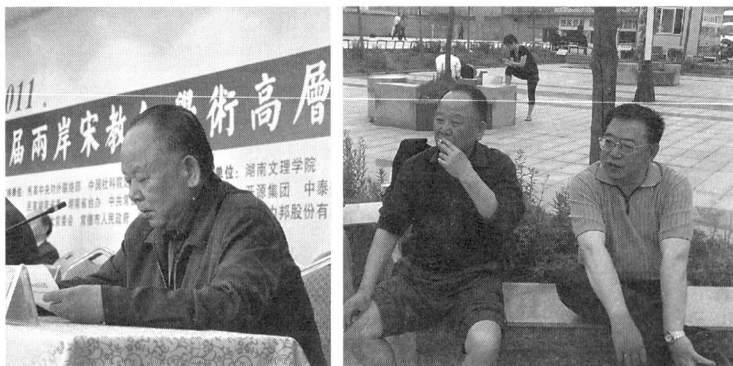

吴剑杰先生参加学术会议及休闲（合影者为潘洪钢教授）

打电话，问是否在家，希望小聚。吴先生说在老家闲住几天，一段时间可能都不在家。张建民教授、彭敦文教授、杨华教授打电话，亦是如此。后来才知道当时已经住院，不愿意打扰大家，才有了这个藉口。这个"藉

吴先生八十华诞小聚（左起陈锋、吴先生再传弟子、吴先生、冻国栋教授）

口"，让学生辈泪奔。吴先生一贯不愿意"打扰"别人，人老了，更不愿"添麻烦"。

前天下午，我们与张建民、杨华、杨国安以及武汉大学历史学院领导一起去中南医院看望，吴先生已不能说话，但表情依然亲切慈祥。面对消瘦无助又频频向我们点头致意的吴先生，无限悲凉。

近些年，吴先生的身体已经大不如前，时常有"换了肠"（换了口味）的话语出口，早前最喜欢吃的红烧肉或粉蒸肉、梅菜扣肉已经不沾。按老辈人的说法，"换了肠"并非好事，所以我们一般不接话，或说，下次再点。特别是在八十岁庆生之前，吴先生在我们偶尔聚会的吴宅地下室挂出

一幅手书"金婚感言",更让大家心中一紧。

词曰:

> 牵手同行五十秋,容颜老,都白头,却难修。再起
> 程,风雨骤,已是黄昏后。该松手时且松手,莫作强
> 留,不说先后。

此词情真意切,亦蕴含悲意,冥冥中似有昭示。在洪钢
车载我回家途中,几次唏嘘。

后来洪钢曾问吴先生此词依何词牌,吴先生答没有词
牌,顺手写来。这一"顺手",以及吴先生颇见功力的书法,
正呈现出先生的才情。我有时想,古人填词,最初何曾有词
牌,兴之所至、情之所至而已。有才情者,自然可以写出好

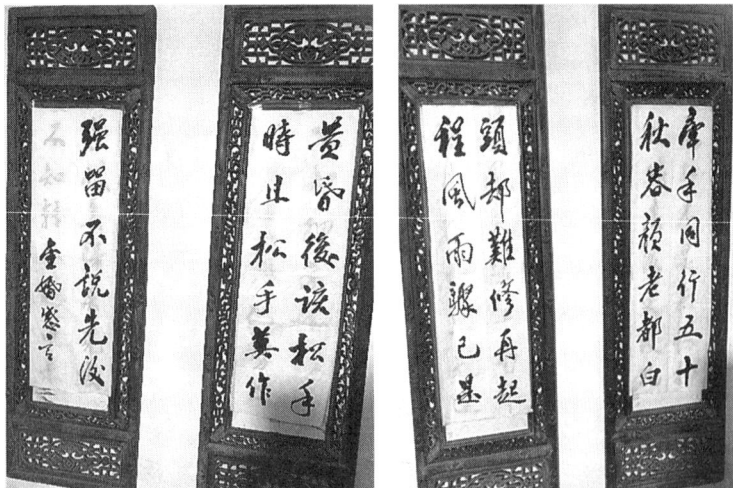

吴先生手书"金婚感言"

吴先生八十华诞与学生合影（前排左起：潘洪钢、吴剑杰、李勤、彭敦文、张宁；后排左起：杨华、涂上飚、任放、刘秋堂、冻国栋、陈锋、张建民、宋俭）

词或好诗。

吴先生不但书法好、文章好，亦善画能曲，真真若古之才子。记得当年青涩时，业师彭雨新教授在看（审稿）吴先生与王承仁先生合著的《中国近代八十年史》（武汉大学出版社1985年出版）手稿时，就手点着书稿说过："吴剑杰的字好，文字功底更好，你们今后要好好学习。"

我们不是吴先生的嫡传弟子，但相知跟随四十年，可谓"胜似良师益友"。吾辈学问或许不及，先生之才情风采常睹。早年，历史系凡有长者过世，挽联大多由彭雨新先生撰写，学界熟知的姚薇元先生"两考震天下"（《北朝胡姓考》《鸦片战争史实考》）之语，即出自彭先生的挽联。彭先生过世后，挽联则大多由吴先生亲为。吴于廑先生追悼会时的"正用"挽联，即由吴先生撰就。

我（陈锋）本科毕业留校任教时，吴剑杰教授的业师姚薇元先生尚健在，并有幸同在一个教研室，既浸染老一辈学者的道德文章，也感受到姚（薇元）、彭（雨新）等融洽的关系。或许由于老一辈的情谊和学脉的传承，吴先生视我们若亲亲的学生，学问与日常多有照拂，甚至将他珍藏的范文澜先生用过的砚台也慨然相赠。

吴剑杰先生赠陈锋收藏的范文澜先生曾用砚

关于此砚，拙撰《乙未诗稿·范文澜先生曾用砚》（中国社会科学出版社2017年出版）中已经有咏叹和题记。当初这方砚台，布满墨痕，一片乌黑，不但看不出砚上的刻铭，砚台与砚盒底亦胶着不可分离（当是范老不怎么洗砚的缘故），慢慢清洗保养半月有余，才有上图模样。吴先生之所以将此甚为贵重之砚转赠，可能是觉得我喜欢收藏砚台，此砚保存在我手，将来有一个归宿，更有意义。后来（2011年），为了存证，我请吴先生写了一段文字，如图：

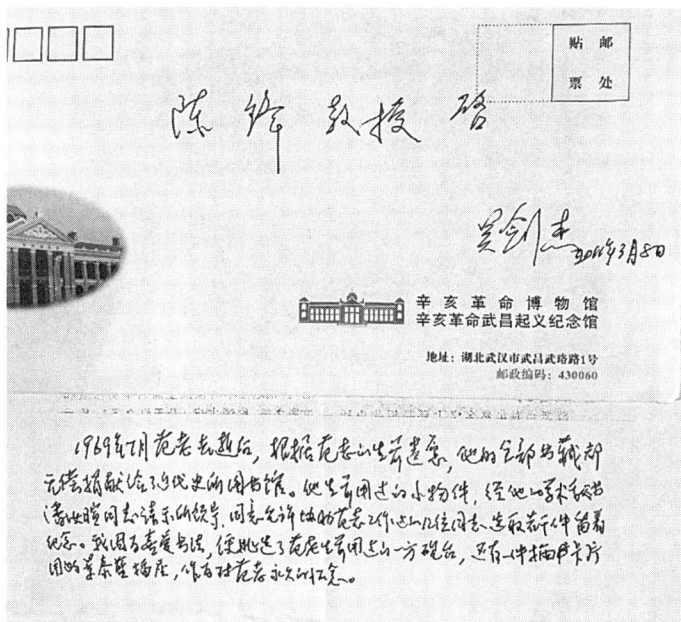

2011年，吴剑杰先生赠陈锋收藏范文澜先生曾用砚所写文字存证

同时，吴先生把他写的《回忆在范老身边工作的日子》一文，一并交我。该文回忆了吴先生在武汉大学跟随姚薇元先生读研究生毕业后，分配至社科院（当时为中国科学院）近代史所，作为范文澜先生最初的五个助手之一，"协助范老做修改旧本《中国近代史》上册和编撰下册初稿的工作"。1969年7月29日，范老逝世。这方砚台以及另外一件景泰蓝

吴剑杰先生诗作手书

书插正是范老留给吴先生的纪念之物（景泰蓝书插，吴先生亦想一并赠我，我没有接受）。

范老逝世后，处于一个非常时期，"编写组的其他同志也都要投入揭发批判。这样，正常的业务工作又被迫停止，而且看不到复兴的希望"。于是，吴先生于1974年"回到已恢复招生的母校，做了教书匠"（引文均出自《回忆在范老身边工作的日子》）。从此，便与武汉大学结下不解之缘。

初回武大，先是在武汉大学学报编辑部，不久便从学报回到历史系，并于1989年晋升教授。1989年，吴先生年"方"五十，那个年代，还是相当年轻的教授。在当时晋升教授难于上青天的年代，可以感悟吴先生学问之突出。

吴先生除在《历史研究》《近代史研究》等期刊发表一系列论文外，主要的著述为《辛亥革命在湖北》（1981）、《辛亥革命在湖北史料选辑》（1981）、《中国近代八十年史》（1985）、《中国近代思想史及其演变》（1989）、《湖北谘议局文献资料汇编》（1991）、《新编纲鉴》（1993）、《孙中山及其思想》（2001）、《张之洞的升迁之路》（2005）、《张之洞年谱长编》（2009）、《中国近代思想家文库·张之洞卷》（2014）、《张之洞散论》（2017）等。

检视吴先生的论著，其成就主要表现在五个方面：

第一，历史人物研究。可以说，历史人物的研究，贯穿了他的整个学术生涯，在革命史、政治史等领域，都曾关注过各个时期的历史人物。先生关注历史人物，多与他的研究专题相关联，并不是就人物而研究人物。早年研究的很多人物都是与辛亥革命与武昌首义有关。世人熟悉的打响辛亥革命第一枪的熊秉坤，是吴先生关注的首义人物之一。引人注目的孙中山研究，更是有突出的论著。而晚清重臣张之洞，是吴先生退休后特别关注的一个历史人物。吴先生在近年出版的《张之洞散论》一书"后记"中说："我于2004年退休，退休之前，在教学工作之余，主要关心孙中山和辛亥革命史的研究，有过若干论著。退休之后，养生休闲之外，开始关心张之洞的研究。"实际上，在退休之前，吴先生对晚清湖北新政和张之洞已经多有关注；退休后，注意力更加集中。赵德馨先生在《张之洞散论》"序"中即有评述："从《张之洞的升迁之路》和《张之洞散论》两书可以看出，除张之洞本人的文献资料外，剑杰教授还阅读了大量的与张之洞有关的其他文献，而后对张之洞的言行作叙说，就此而言，在研究张之洞的诸学人中，剑杰教授大概是第一人。"

值得一提的是，在研究历史人物的同时，吴先生注重与该人物相关的历史人物与事件，阅读整理了大量相关资料，使得自己对人物的认知更全面更深刻。如关注张之洞的生平事迹的同时，注意到历史上相关人物的关系，兼及张之洞与李鸿章、左宗棠等人的关系，进行了系统而有趣的探讨。在考证张与李、左关系时，吴先生曾致电于我（潘洪钢），命我查核当时流行的一副对联的出处及其中一字的正误。

第二，近代思想史以及谘议局等方面的研究。吴先生从中国社会科学院调回母校武大后，在学报编辑部工作了一段时间，因编辑工作的实际需要，对学界在20世纪70年代中期以来的各种思潮、动态有比较清晰的掌握。在此基础上，开展了一系列思想史方面的拓展与研究。对于20世纪80年代初兴起的义和团运动、洋务运动等相关思想的研究，吴先生都有文章发表。关于近代思想的论著，主要体现在《中国近代思潮及其演进》和《孙中山及其思想》等著作中。吴先生认为，评价历史人物及其思想，应该历史地、辩证地进行考察，判断历史的功过，不是根据历史活动家有没有提供现时所要求的东西，而是根据他们比他们的前辈是否提供了新的东西，同时，还要看他们是否有高出于同辈人的东西。

第三，近代史研究范式的思考。一段时期以来，史学界对于中国近代史的主线、研究范式问题有了一些争议，主要集中于对相当长时期以来，以三大革命高潮为近代中国历史发展的主线的反思与否定，进而将整个中国近代史概括为近代化的过程。作为长期浸淫于近代史料，并对中国近代发展道路有着长期思考的老一辈学人，吴先生对此有深入思考并发表了若干文章，表明了自己的态度，在史学界影响甚大。他坚持反对那些将"文革"时期极"左"思潮概括为近代史过去的研究范式的做法，同时，也不认同将"现代化"作为新范式的理论框架，从而将近百年中国历史概括为"一场现代化史"，用以取代所谓"旧范式"及其基本认识。在此基础上，对一些学者提出的戊戌变法"早产"、辛亥革命"超前"的提法，提出了自己的不同看法。

第四，编辑整理了大量近代史资料，并对史料整理方法多所贡献。吴剑杰先生在长期的学术实践中，整理、编辑了大量的史料集和历史人物思想资料、年谱等，这些成果当然是他学术成就的重要组成部分。对于史料整理和研究方法，也颇有心得。针对一些粗制滥造的点校旧籍的出版物，吴先生直接提出自己的看法。认为史料整理应当务求准确，准确为第一原则。一种经过精心整理好的史籍或史料书包含着编辑者搜集、辑佚、分类、考据、校勘、标点、注释等巨大劳动，其价值绝不亚于某些并无多少创见的论著，可谓功在当代、惠及后人。但若草率从事，错误百出，其价值便要大打折扣，倘若将错就错、以讹传讹，不仅无裨士林，甚且累及子孙，此风万万不可长。所以必须抱有严肃、科学的态度，慎之又慎。在获得充分、确凿的根据和理由之前，宁可存疑待考，不可率意揣断。

吴先生是这样认识的，也是这样做的，他主持整理的湖北谘议局、辛亥武昌首义等方面的资料，长期为学界所倚重，靠的就是对史料背景的熟悉和精心的审读纂辑。退休后所撰《张之洞年谱长编》，学界反应甚好，有口皆碑。尤其是吴先生作为主要整理者参加编撰的武汉版《张之洞全集》，用力甚勤，影响极大。作为武汉版《张之洞全集》的副主编，吴先生付出了极大辛劳和时间，本书主编赵德馨先生认为："在我们编纂的《张之洞全集》（武汉出版社出版，共12册，1250万字）中，剑杰教授负责公牍、电牍、书札和家书等类文献的标点校注，这几类文字在全集中占十分之六（第五至十一册和第十二册中的前一部分），700多万字。……武汉版《张之洞全集》中的文献，他点校、整理和看过的在95%以上，也就是1100万—1200万字。"（《张之洞散论·序》）

第五，辛亥革命史研究。辛亥革命研究一直是吴先生的研究重点之一，自20世纪80年代开始，他发表的学术文章中，以辛亥革命为内容的研究占有很大的比例。其最早出版的学术著作和史料汇编如《辛亥革命在湖北》《辛亥革命在湖北史料选辑》《中国近代思想史及其演变》《湖北谘议局文献资料汇编》也大多与辛亥革命相关联。

吴剑杰先生是武汉大学历史系知名教授，既是恩师，又师出名门。吴先生一直保持师门之博大与考证之精审的学风，其学术识见、学术成就，以及诸般才艺，远在人们的认知和所获得的声誉之上。在日常生活中，豁达乐观，与我等后辈始终关系融洽。吴先生向以驰骋网球场，寓学于乐，著称于校园。退休后更是著述娱乐两不误，而且种菜养鸡，偶

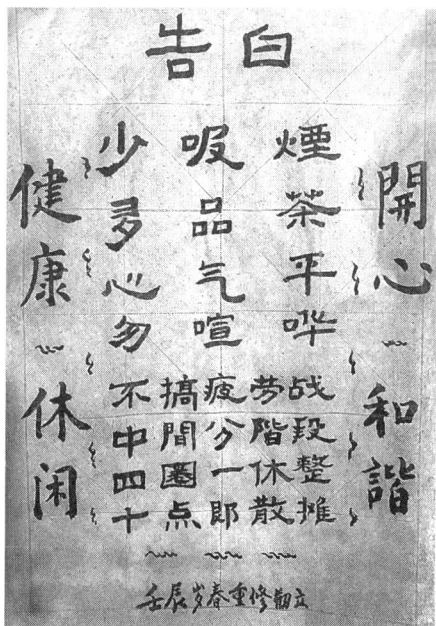

吴剑杰先生在住宅休闲室手写的打牌"告白"

与三五相得棋牌娱乐，谈天说地，兼及古今，其乐融融。呜呼！先生仙逝，其情其景不复再也！

敬撰挽联曰：

　　问中山治香涛淹贯近世已有文论泽学林
　　习经纶育桃李熟稔四艺怎堪巨擘倚偏门

"怎堪巨擘倚偏门"者，是我的感叹，隐隐有未得应有重视之意，不便公开细说。

文字写就，经济史大家赵德馨先生发来邮件和挽联：

陈锋学兄：从微信中得知，剑杰学长仙逝，无限悲痛。请代向其家属转达我们的哀思，祈望节哀顺变。请代置花圈，告知费用，我用微信红包发给您。

剑杰学长千古
治学精深，探微首义进程，香涛生平，无出其右
待人宽厚，结伴学海行舟，史坛议事，受益良多

赵德馨　周秀鸾敬挽

吴先生当年的研究生同学、彭雨新先生的开门弟子刘克祥大师兄，也委托袁为鹏教授转来唁电和挽联：

惊悉剑杰学兄仙逝，不胜哀伤。我现在香港，同剑杰及其家人，以及陈锋、张建民均无微信，请代为悼唁，慰问其家人，望其节哀顺变。剑杰兄是我同辈中的佼佼者，我等自愧不如，他的仙逝是我辈和学界一大损失。

剑指近代，成果卓著青胜蓝
杰震京鄂，才艺出众史超文

(2021年7月29日深夜初稿，8月1日修改。本文为我与潘洪钢教授合撰，武汉大学校园网及澎湃网等多有登载)

天下何人不识君：冯天瑜先生的"日常"

　　2022年岁尾，冯天瑜先生因身体不适入住湖北省人民医院（武汉大学附属医院）。此前的2016年，冯先生罹患癌症，并多处转移，号称已难以手术，多次入院治疗，但总体情况向好，友朋视为奇迹。其间，我也数次（或单独，或与同事）去医院探视，每次都看到冯先生或在床上支起的架板上，或在小写字台上，著述、校对文稿。身体稍好后，著述

2019年12月，冯先生在武汉大学传统文化中心作"周制与秦制"讲座

不断，并连续在校内举办讲座。在感动感叹之际，有时也冒出"不太好"的想法：是否在有限的生命里要完成想做的一些事？有一次终于忍不住，婉转地询问，冯先生说，专心做些事反而会精神好，疼痛的感觉也减轻许多。一个视学术为生命的人，或许都如此吧。

2021年，适逢冯先生八十华诞。12月11日，中国文化史研究再出发暨《冯天瑜文存》学术研讨会（《冯天瑜文存》首发，同时为冯先生祝寿）在武大珞珈山庄隆重举行。友朋云集，从下午到晚宴，冯先生精神一直很好。

冯先生最后一次住院是2022年底，因故已经不允许探望。不意在冯先生住院不久的2023年1月12日，骤然离世。凄然难言，当时谨撰一挽联发给传统文化中心的主事者杨华

"周制与秦制"讲座后与部分同事合影，冯先生左手为笔者

《冯天瑜文存》学术研讨会合影

教授：

　　溯源中华元典，寻幽文化生成，格局何其大。开创一代史风

　　解构周制秦制，考论旧章新语，史坛称祭酒。同志仍需努力

　　　　　　　　　　　　后学陈锋敬挽

　　武汉大学的中国传统文化中心连夜在珞珈山麓的办公楼设立灵堂。没有通告。次日一早，私下得知信息的师友弟子前往吊唁，以寄哀思。

　　冯先生的学问博大精深，已有众多弟子友朋撰文，尽量不作重复之言。在冯先生逝世周年祭之前，遵照冯先生生前微信嘱托："中心拟出《文化史研究再出发》，君不必费时力写大块文章，千字短篇即可，评述某题，或议交谊。"略叙"日常"点滴。

一、初识

1985年9月，由中国社会科学院历史研究所等单位联合发起的以"明清之际历史发展的必然趋势"为题的"全国第二次清史讨论会"在长春召开。当时我大学毕业入职武汉大学历史系不久，会议期间，与湖北大学的周积明，西北大学的葛承雍，东北师范大学的赵毅、赵轶峰，以及比我们年龄小的孙文良先生的女儿孙琰等人多有过往。大家商量搞一个会议，把青年人联系起来，于是有了"全国青年史学研讨会"的动议。从长春返汉后，我与积明兄以及华中师范大学的王永年（随后几年，移居海外）、湖北社科院的夏日新、湖北人民出版社的王建辉等商量，并分头拜访有关领导和硕儒名家，求得他们的支持。很幸运，由武汉大学、华中师范大学、湖北大学、湖北省社科院和湖北人民出版社共同发起的"首届全国青年史学工作者研讨会"于1986年7月2日至7月7日在武汉（开幕式和闭幕式分别在华中师范大学和武汉大学）召开。来自全国各地的70多名"青年史学工作者"（这是我们当时定的称呼，记得会前讨论，连"青年学者"的称呼，都觉得自大，够不上"学者"的标示，遑论现在动辄称"史学家"）参加了大会。除武汉之外的特邀代表瞿林东、庞卓恒、包遵信等先生外，在武汉地区，还邀请了几个顾问。冯天瑜先生正是湖北大学邀请的顾问。我也借此机会有幸和冯天瑜先生初次见面，冯先生在会上会下，始终若谦谦君子。

与其他顾问相比，如武汉大学的唐长孺、吴于廑、刘绪贻，华中师范大学的张舜徽、章开沅等先生相比，冯天瑜先生是年资较浅者。尽管当时冯先生只有四十三岁，我辈仍然称其为"先生"。而且冯先生之名讳，在我入大学之前就已经知悉，当时盛传毛泽东主席的指示"小冯比老冯写得好"。据后来出版的正式文献，当年毛泽东主席指示原文为："要批孔。有些人不知孔的情况，可以读冯友兰的《论孔丘》，冯天瑜的《孔丘教育思想批判》，冯天瑜的比冯友兰的好。"[1]我对当时冯先生在而立之年就写出《孔丘教育思想批判》(人民出版社1975年出版)，感到好奇；对毛主席很快看到此书，并作出指示，更感到好奇。对于前者，冯先生曾经多次谈到，他大学读的是生物学，历史的训练和学养，是其父永轩公[2]的教诲，也就是说缘于家学。对于后者，以及一些事关"政治"的事项，窃以为比较忌讳，没有私下问过冯先生。但冯先生曾经谈及，其父在清华国学研究院毕业后任教于武汉中学，一度与同乡、友人董必武同事，并且后来董必武主席来汉，多有会面晤谈。对于冯家与董家的关系，也有亲睹之机，在2004年武汉石门峰董必武纪念铜像落成之日，冯先生和我应邀前往，当时先我们到达纪念园的除董必

①中共中央文献研究室编：《建国以来毛泽东文稿》第13册，北京：中央文献出版社，1998年，第490页。参见周积明：《冯天瑜的学术世界和文化担当》，见《中国文化》2023年春季号。

②1924年，冯永轩先生进入清华国学研究院，即"清华研究院国学门"，师从梁启超、王国维等研习历史，后为西北大学、湖南大学、武汉师范学院等高校教授，是著名历史学家。

武长子董良羽外，有华师的章开沅先生、严昌洪教授、马敏教授，章开沅先生欲作介绍，董良羽马上说"我们与天瑜兄是世家"。言谈举止非常熟稔。我当时就曾思忖：冯先生的《孔丘教育思想批判》，最初是否由董家举荐？现在已不得而知。或许如前揭周积明《冯天瑜的学术世界和文化担当》所言"冯天瑜的人生经历具有传奇性"。

初识冯先生时的仰慕之情，更多的是冯先生已经出版过《上古神话纵横谈》（1983）和《明清文化史散论》（1984），在海内外文化史学界有了较高的声望，在当时的"文化热"中亦占有重要的席位。因为我当时已经拜读过《上古神话纵横谈》和《明清文化史散论》，对其中的微言大义尽管没有过多的体悟，但对冯先生跨度很大的一是"上古"一是"明清"的治学理路有所迷惑和请教，冯先生讲：俗话说草鞋无样，边打边像。虽然没有精细的规划，但文化史研究是既定目标，首起所做的是文化史的源与流。在写作本文时，曾与杨华教授谈起冯先生所言，杨华告知，"草鞋无样，边打边像"，周谷城先生也讲过。至于文化史的源与流，一直是冯先生探讨的主线。后来武汉大学的中国文化研究院和中国传统文化研究中心的组建和研究重心，也一直沿着冯先生的治学理路。

与冯先生认识后，联系渐多，时有请益。先生每有新著，也多有惠赠。我虽然致力于财政经济史的研究，因着拜读冯先生的大著，以及时常受教，对文化史的研究渐有浸染。冯先生开山式的著作《中华元典精神》（1994），具有里程碑性质，阅读再三，醍醐灌顶。感觉此著一出，加上此前出版的《中华文化史》（1990），文化史学界无出其右。除当面讨论外，也有信函往来。《冯氏藏札》（永宜堂信札）之"冯氏飞鸿"部分，除收录王葆心、胡厚宣等致永轩公信札36通外，收录有姚雪垠、程千帆、布罗夫、伊原泽州、耿云志、冯天谨、陈立言、唐翼明、刘大均、余秋雨、郭齐勇、陈锋致冯天瑜信札14通。

笔者信函略云："近日拜读先生之大作《中华元典精神》，感触良多，一是先生首创'元典'之说，将诗经、易经、尚书、春秋、三礼及论语、孟子等元典作了新的解释，将其基本精神贯串[1]于历史长河之中。二是考释元典的生成

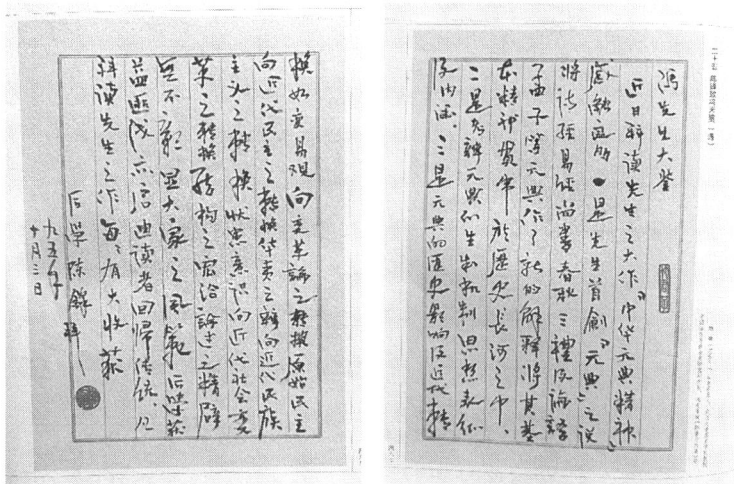

笔者致冯先生信函

---

①此处"贯串"用语是有意为之，借用了货币史上的"贯""串"。清人江藩《汉学师承记》有云："读书破万卷，训诂、舆地及阴阳五行之学，靡不贯串。"

机制、思想表征及内涵。三是元典的历史影响及近代转换，如变异观向变异论之转换，原始民主向近代民主之转换，华夷之变向近代民族主义之转换，忧患意识向近代社会变革之转换。结构之宏洽，论述之精辟，无不彰显大家之风范。后学获益匪浅，亦启迪读者回归传统。凡拜读先生之大作，每每有大收获。"这一信函是《中华元典精神》的读后感，从中可以略窥我对该著的一般认识。

二、同事

1994年，冯先生由湖北大学历史系调入武汉大学历史系，从此朝夕相处。借助冯先生的名气，因人而盛，武汉大学也由此逐步成为研究中国传统文化的重镇。至1996年，学校为冯先生的研究和之后的发展提供平台，专门下发文件，成立了跨历史、哲学、文学、外语等学科的中国文化研究院，冯先生任院长，郭齐勇、陈锋、陈文新任副院长。此后，教育部拟建立国家层面的人文社会科学重点研究基地（研究所或研究中心），按文件精神，重点研究基地在一个学科或方面，具有"唯一"性。于是，1999年，在文化研究院的基础上组建中国传统文化研究中心，冯先生任主任，郭齐勇、陈锋、陈文新任副主任，萧萐父先生和郭齐勇教授先后为学术委员会主任（后增加杨华为中心副主任。再后，杨华接任主任，冯天瑜、郭齐勇为名誉主任，陈锋、陈文新为学术委员会主任）。经过艰难的筹备，2000年，中国传统文化中心获批教育部人文社会科学重点研究基地。

由于重点研究基地的重要性、唯一性和指标的限制，不但校外竞争激烈、校内也同样激烈，即使学校内部，够条件申报"历史类"或"综合类"基地的，并不止中国传统文化中心一家。在筹备、申报中心之时，冯先生正在日本爱知大学客座，遥相指挥，中心成员也尽心尽力。尤其得到时任学校文科科研处处长陈广胜和时任教育部社科司司长顾海良等人的关心（在我作为教育部评审组成员与顾海良、荣新江等评议南开大学中国社会史研究中心之时，顾司长还曾问询）。

记得在学校"内评"中国传统文化中心是否可以申报重点研究基地的评审会上，学校的主要领导及各文科系的著名专家在场，历史系在场的专家是朱雷先生。受冯先生委托，我代表中国传统文化中心作申请汇报，当我汇报完后，中文系的某位著名教授首先质询，言辞比较激烈，并提到冯先生等人1990年由上海人民出版社出版的《中华文化史》在魏晋南北朝部分没有引述唐长孺先生的相关论著，不符合史学研究的规范，等等。举座愕然。研究魏晋南北朝和敦煌吐鲁番文书的著名专家朱雷先生没有发言。该教授所言，不能说没有道理，但在这种场合言说，显然对申请不利。不得已，我立即申辩，说："我号称研究明清史，但主要研究的是清代财政经济史，对明代的研究不敢置词，尽管学习过魏晋南北朝史，更不敢说道，所谓守己守分。"或许由于年轻气盛，或许受人之托内心忐忑，言下之意有点不太礼貌。接着说，以我的研究为例，研究方法是实证研究，其他传统文化中心研究明清史的学者如张建民教授等人，也是秉承魏晋南北朝史和明清史、经济史老师的教导和研究方法（我和建民兄硕士学位的导师是研究明清史、经济史的彭雨新先生，博士学位的导师是研究魏晋南北朝史的黄惠贤先生），做实证研究。只要扎实用力，实证研究反而觉得比较容易，不若宏观研究难以驾驭。冯先生以宏观研究、理论归纳见长，传统文化中心，既汇集了文史哲的学者，又有宏观研究和实证研究的不同方法，实证研究与宏观研究各有所长、各有所短，正可以互相弥补，这在一定程度上也可以说是传统文化中心的特点所在，等等。我当时在其他专家未发言的情况下立即答辩，虽然不太符合程序，但相关领导、专家宽宏大量，没有计较。申说之后，气氛缓和起来，顺利通过"内评"。《中华文化史》在初版以后，2005年、2010年、2017年、2021年又出了几个版本，我只有初版的赠阅本，后来的本子没有阅读，不知魏晋南北朝部分是否有新的补充。

在二十余年的同事过程中，冯先生在学问中多有教导，在工作生活中多有照拂，可以述说的很多，谨述说一二。

1.冯先生与《荆楚文库》

由章开沅、冯天瑜二位先生担任总编的《荆楚文库》，是湖北的大型文化工程。由于我亲历此事，关于该文库的缘起和冯先生的贡献，可以约略叙之。

先是在2012年湖北省政协的"联组"会上，我代表九三学社"界别组"作《加快建设文化强省》的发言。因为之前几位政协常委的发言，都是照本宣科，领导与发言者之间没有互动。在这种情况下，我未按会前的规定，作了脱稿发言，既点明了鸿忠书记是历史学出身，对传统文化一向重视，又申说了武汉高等学校、科研机构在全国人文社会科学中的地位，重点谈到了设立湖北省学术著作出版基金及《荆楚全书》的编撰问题，引起领导的重视。时任湖北省委书记李鸿忠回应说："各位政协委员都是行业精英、领军人物，发言都很专业。比如陈锋同志，……他讲到资助学术著作出版的问题很内行。湖北是文化大省，无论是人文社科领域还是自然科学领域，均有明显优势。对于纯学术著作，不能按市场规则出版。有些学术著作可能只印刷几千册甚至几百册，市场效应有限。但这些著作可能是很有价值的学术成果、科研成果，不能简单地以发行量、经济效益来对待和衡量。我们要研究财政经费补贴学术著作出版的问题，比如可以成立一个专门的学术鉴定委员会，经过公正评审，真正把财政经费用于补贴那些精品学术著作的出版。我省正在编印《荆楚全书》，这就是一个很大的文化建设工程，对于这样的大项目，政府就应给予支持。"①由于省委主要领导的支持，促成了每年二千万元学术出版基金的设立，并先后对多卷本的《章开沅文集》《冯天瑜文存》《彭雨新文集》《赵德馨文集》等进行了全额出版资助。

此后，2013年的一次"双月座谈会"（各民主党派省级负责人与省委、省政府领导座谈）上，我代表九三学社湖北省委参加会议，再次向湖北省委、省政府主要领导谈到了《荆楚全书》及《荆楚文库》的编纂问题，指出邻省及其他省份，已经有湖南的《湖湘文库》、四川的《巴蜀全书》、江

①《关于印发省委书记李鸿忠同志在省政协十届五次会议委员发言大会和第一联组讨论会上的讲话通知》，政协湖北省委员会文件〔2012〕6号。

苏的《金陵全书》、浙江的《浙江文丛》、广东的《岭南文库》、福建的《福建丛书》等大型文献丛书的编辑出版，湖北作为文化大省、强省，《荆楚全书》的规模有限，应该编纂规模宏大的《荆楚文库》，谈了一些初步的设想，并建议由章开沅、冯天瑜二位先生担任总编。省委书记李鸿忠表示极力支持。由于我是研究历史出身并兼任湖北省新闻出版局副局长，民进主委、湖北省人大常委会副主任、华中师范大学教授周洪宇是章开沅先生的博士，李书记指示由湖北省新闻出版局具体操办，由我和周洪宇与章先生沟通，由我与冯先生沟通。我先与华中师范大学党委书记马敏兄电话通报了此事，然后向章先生汇报，向冯先生汇报。二位先生均表示支持，又向湖北省新闻出版局的主要负责同志进行汇报、磋商，商定编委名单及一些具体的事情。时任湖北省新闻出版局局长张良成同志并建议我担任《荆楚文库》编辑部主任，我以已经身兼数职、专业研究紧张、无力兼顾而拒绝。经过一段时间的筹备，2013年10月，在时任湖北省委书记李鸿忠、时任省长王国生等领导以及章开沅先生、冯天瑜先生等著名学者参加的《荆楚文库》编纂出版座谈会上，冯先生作了《关于〈荆楚文库〉编纂出版的设想与建议》的发言。

章先生之前已经表示过，主编《荆楚文库》，是"一个重托，但是也是一种幸福感，这是我晚年最大的愉快，这也是我最后要做的一件大事情"。在座谈会上，章先生没有专门发言，冯先生的"设想"应该也代表了章先生的想法。冯先生说："湖北省决定倾力编撰《荆楚文库》，此为'经纪一方之文献'的壮举，吾辈躬逢其盛，理当勉力投入，贡献绵薄。"并有具体的"历史文献选择""选录研究湖北的今人著作"以及"设立工作专班""编辑程序""项目经费""配套扶持政策"等一系列建议。有些建议，是事前没有考虑到的，原来考虑的文库收录范围是截至1949年之前的历史文献（这也是我之前提出的收录范围），并没有收录今人著作的设想，后来接受了冯先生的建议。原来也没有"配套扶持政策"的想法，冯先生所说的"配套扶持政策"，是指担任编委工作的专家以及参与具体编纂的专家，各专家所在单位要计算工作量等问题，后来省政府专门下发了文件，要求各有关单位参照执行（各有关单位是否执行是另外一回事）。冯先生对编纂《荆楚文库》用力甚多，《荆楚文库》编辑部主任、出版名家周百义曾经回忆说，冯先生虽已年逾古稀，却

冯先生在《荆楚文库》编撰出版座谈会上发言

2018年，冯先生与张笃勤合影　　　　　《辛亥首义史》书影

每请必到。大至文库谋篇布局，小至某人某书，均悉心谋划[1]。

　　2.冯先生与地方史研究

　　冯先生以研究中国文化史名世，但在武汉地方史的研究上也多有贡献，他也曾担任过湖北省地方志副总纂。20世纪80年代，冯先生既与贺觉非先生合著有《辛亥武昌首义史》（1985年），可以说是辛亥革命史研究的开拓者之一。2011年辛亥首义百年之际，与张笃勤合著的《辛亥首义史》，又在湖北人民出版社推出。

---

[1]周百义：《冯天瑜先生与荆楚文库的编辑出版》《悼念冯天瑜先生》，均见"出版六家"微信公众号。周百义称，《荆楚文库》"从2014年开始谋划"以及"由湖北省新闻出版广电局提议"云云，均有出入。

此外，又有与人合著的《张之洞评传》（1991年）、《国际视野下的大武汉影像》（2017年）、《长江文明》（2021年）等书的出版。正如冯先生2018年在湖北省人民医院住院期间"不辞病衰"为张笃勤教授所撰《武汉历史文化散论》的"序言"中所说："我学术上主攻中国思想文化史，尤其对中国古代史一头一尾的先秦文化史与明清文化史用力最多。武汉历史文化虽说不是我的主攻方向，但作为一名生长工作于武汉的历史文化研究者，身处斯土，耳濡目染，对武汉历史文化亦别具深情。特别是我在参与湖北省、武汉市新方志编修和《张之洞评传》及《辛亥首义史》的撰写过程中，曾于近代武汉历史文化史料多有涉猎，对武汉历史文化研究动态一直比较关注。"

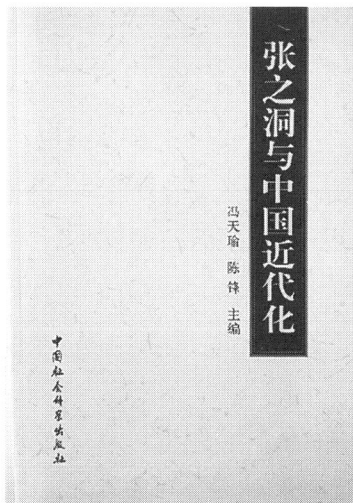

冯先生与笔者共同主编的著作

在冯先生的带领下，我与冯先生也共同主编过《武汉现代化进程研究》（2002年）和《张之洞与中国近代化》（2010年）二书。

《武汉现代化进程研究》是"武汉市人民政府决策咨询委员会"委托项目，是时，冯先生与我均为武汉市政府咨询委员，和武汉市的有关领导时有见面，时任市长李宪生特批10万元经费，委托我们研究这一课题。冯先生在该书《导言：武汉早期现代化刍议》中提出了"现代化""中国早期现代化""武汉早期现代化"的研究层次和"早发内生型现代化""后发外生型现代化"等概念，将武汉的现代化进程置于"现代化"语境和"中国早期现代化""后发外生型现代化"的框架中予以讨论，认为"发生在近几个世纪的现代化，是继人猿揖别、农业萌生之后人类史上的第三次跃进，这是一个多层面、全方位的社会转型过程，涉及物质文化、制度文化、观念文化相综合的结构——功能变革。现代化包括经济领域的工业化、政治领域的民主化、社会领域的城市化、观念领域的理性化等内涵。它们又交融互摄，彼此渗透，呈现多元一体的共生互助状态。……作为'后发外生型现代化'，中国的早期现代化具有区别于'早发内生型现代化'的一系列特征"。该书的作者依次为冯天瑜、陈锋、张建民、周荣、张岩、任放、李卫东、蔡国斌、张笃勤、何晓明、徐凯希、彭敦文、王国华、李宪生、罗教讲、周长城等，并作为附录，由姚伟均、李少军、鲁西奇、杨华、朱丹、罗杜芳等翻译了《国外学者笔下的汉口》（包括菲尔德·维克《汉口》、罗威廉《十九世纪汉口的贸易》《十九世纪汉口的市民》、井上博洽《在汉口的外国人权益》），作为我主编的"15至20世纪长江流域经济、社会与文化变迁书系"推出。

《张之洞与中国近代化》，是在张之洞逝世100周年之际，由武汉大学、中南财经政法大学、江汉大学联合主办的"张之洞与中国近代化国际学术研讨会"的论文结集，这是继"张之洞与武汉早期现代化国际学术讨论会"之后的第二次重要会议，得到了武汉前辈学者章开沅、赵德馨以及武汉大学、江汉大学领导骆郁廷、杨卫东的支持。该书收录了赵德馨、萧致治、皮明庥、吴剑杰、冯天瑜、陈钧、严昌洪、秦进才、谢放、马敏、李细珠、张建民、涂文学、伊源泽周等众多名家的论文。我在该书的"后记"中说："张之洞逝世已经一百周年，总督湖广也已经一百二十周年，对于湖北在历史上的发展，张之洞有非常大的贡献。谈湖北的近代史，不能不谈张之洞。所以在十年前，武汉大学和武汉市社会科学院等单位曾经主办过'张之洞与武汉早期现代化国际学术讨论会'，会议的论文集，由我和张笃勤主编了《张之洞与武汉早期现代化》，由中国社会科学出版社2003年出版。本次会议既是上一次会议的继续，也是在原先基础上的扩展。"冯先生在该书的"序言"中概述了张之洞在实业建设、新军编练、自立新说、新式学堂开办、游学生派遣等方面的实绩，认为"在实践和理论两个方面，张之洞都可以看作洋务运动的终结性人物"。

三、雅好

冯先生的雅好主要有二：一是收藏，二是绘画。

冯先生的收藏爱好既源于其父永轩公的影响，亦有"观其墨宝，也有敦促今之学者提升人文素养的意义在"[1]之认识。

冯先生的收藏与其父大多属于购藏不同（永轩公的收藏也有一部分来自师友，如梁启超、王国维、王葆心、唐醉石、钱基博、张振铎等人的作品），除购买张大千中年时代的青绿山水外，主要是友人的赠送。正如冯先生在《冯氏藏墨·翰墨丹青》的"弁言"中所说："笔者自上世纪70年代末以来研习中国文化史及湖北史志，与学者、美术家优游艺文，三十年来所获书画乃多位师友所赐。"这些作品包括了陈作丁、汤文选、邵声朗、周韶华、陈立言、何祚欢、孔可立、徐勇民等诸多名家，有些名家的作品是在冯先生应聘担任武汉史文史馆员期间。20世纪90年代，冯先生和我同期被聘为武汉文史馆员，由于爱好相同，除参加笔会，获赠单幅作品外，亦有书画册页的单独策划成册，《冯氏藏墨·翰墨丹青》并未将文史馆员惠赠的书画册页收录，兹将我同期收藏的册页之一部分示之如下。

---

[1]冯天瑜编撰：《冯氏藏墨·翰墨丹青》"弁言"，长春：长春出版社，2015年。

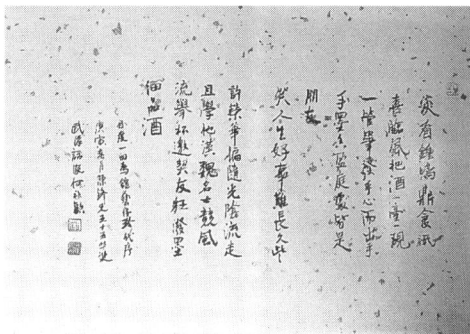

文史馆员惠赠笔者的"馆艺存珍"册页封面及
何祚欢先生的"以曲作序"

著名画家陈作丁山水画

著名画家邵声朗"大地"

057

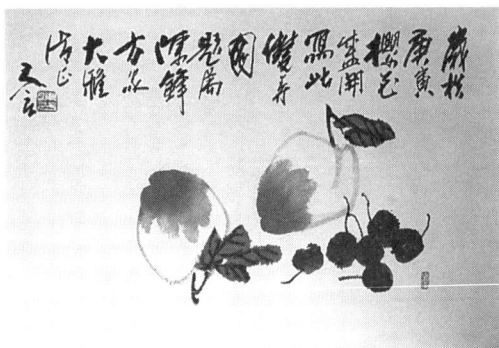

著名画家陈立言"双寿图"

著名画家孙恩道"东坡出游"

著名画家徐勇民"野趣"

2009年，冯先生在香港参加张大千艺术珍品及陈锋藏砚展。
右三为冯先生，右四为长江文化产业集团董事长沈武珍，其余
从右至左依次为常建华、唐翼明、陈锋、范金民教授

　　冯先生也多次与笔者一起参加书画、文玩展览和书画家雅集，如图即为活动之一。

　　早在1978年，冯天瑜父亲冯永轩已将古钱币数百件捐给武汉师范学院（今湖北大学）。2019年，冯先生又将冯氏家藏书画400余件捐献给武汉大学，学校专门设立了"冯氏捐藏馆"，这些书画珍藏包括唐人写经抄件（署名魏徵）、明清人查士标、沈德潜、张照、郑板桥、梁诗正、梁同书、王文治、姚鼐、翁方纲、铁保、曾国藩、左宗棠、李鸿章、胡林翼等著名人士的书法，明清以及近人陆治、笪重光、王翚、钱载、张之万、黄宾虹、王震、陈衡恪、刘海粟等人的画作。这些书画作品，均在《冯氏藏墨·翰墨丹青》中作了集中展示。

在《冯氏藏墨·翰墨丹青》中，每一幅书画、印鉴都有文字说明或考证。冯先生认为，"金石、书画之学，创于宋代，清代此学复兴，其收藏、著录、考订，皆本宋人成法，可谓精深博大。……名士文墨，历来有赝品、仿作渗入，故'辨伪'是书画之学不可或缺部分"。《冯氏藏墨·翰墨丹青》中的考证也颇见功夫（有著名书画家、收藏家李寿昆等人

的帮助），如对唐人写经的考证、姚鼐书法的考证，等等。

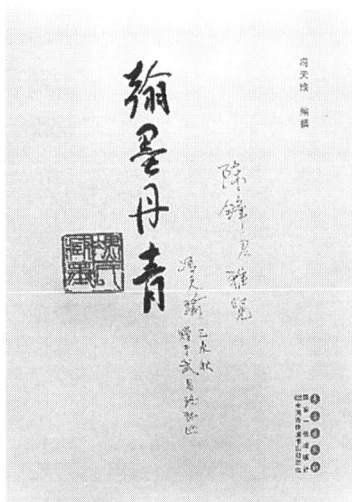

冯先生赠送笔者的《冯氏藏墨·翰墨丹青》

冯先生的"画艺"，广为学界所知，因为他曾经为饶宗

冯氏捐藏馆

颐、刘绪贻、张岱年、程千帆、姚雪垠、章开沅等诸多名家画像，多被人谈及，并出版过《学人侧影：冯天瑜手绘》（2017年）素描集。但冯先生的人物像，起初均为铅笔、圆珠笔、钢笔素描。其首次用毛笔画像，时在2008年。其时，我与冯先生在武汉大学人文馆中国传统文化中心会议室闲谈，谈罢，冯先生用圆珠笔为我在打印纸上素描（之前已画过几幅），因为我带着书画册页，请求冯先生用毛笔在册页上画一幅。冯先生先翻看了其他人的画作，不愿动笔，说从未用毛笔画过，没有把握，怕毁坏了此本册页。我再三请求，说用毛笔可能效果不一样，权当试验，并笑着说，不管画得怎么样，都是名家手笔。冯先生只好让办公室主任李小

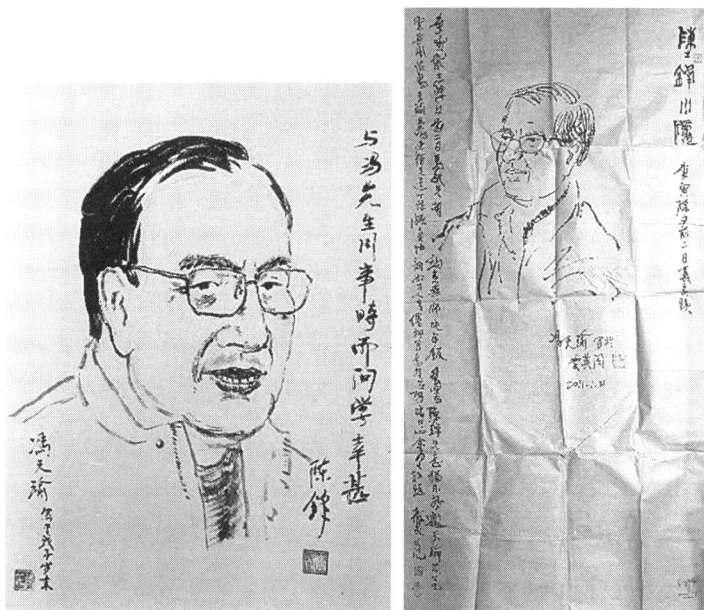

冯先生为笔者用毛笔所作画像

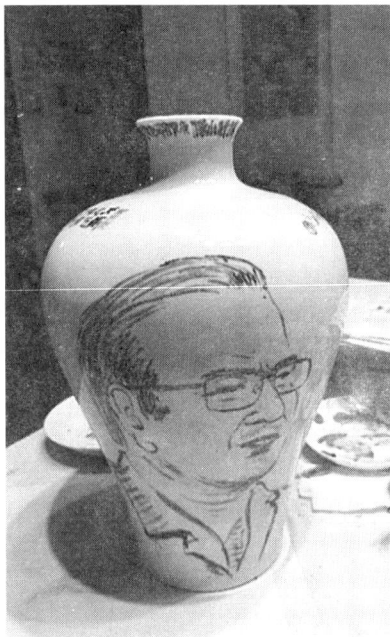
冯先生为笔者所作瓷器像

花找来毛笔、墨汁和颜料，花了半个多小时的时间画就。当时用的毛笔非常不好，一写就开叉，这从冯先生要求我在画幅上写的几个字即可以看出。冯先生虽然初次用毛笔画，但对毛笔与水墨有很好的掌控，效果亦很好，足见冯先生的绘画功底。其后，冯先生又用毛笔给我画过两幅。将初次毛笔画作和第二次的画作展示如图。

第二幅画作在庚寅年（2010年）岁末、2011年初，落款为"冯天瑜写于云英阁，2011.1.31"。虽然是四尺整张的大画，已经非常成熟。冯先生也说，最近一直在练习用毛笔。著名书画家、收藏家李寿昆先生题签："陈锋小像，庚寅除夕前二日寿昆题。"又题记："庚寅岁末除夕前二日，马敏兄相约，至华师吃年饭，餐毕，陈锋兄意犹未尽，邀天瑜同至云英阁作画。天瑜兄为陈锋兄造小像，颇有神韵，如古人言，传神写意尽在阿睹中也。余为之敬题。寿昆又记。"

那些年，我与冯先生一有闲暇，就去位于华中师范大学的云英阁小聚，大概一个星期一次，有时唐翼明先生、张三

笔者为冯先生制作的茶具

夕兄、马敏兄亦在。一般是看收藏，辨真伪，作书画，谈天说地。因为李寿昆先生亦为制瓷专家，在云英阁有专门的瓷器烧造小炉，亦兼有在瓷器上作书画、烧造瓷器。正是在这一段时间，冯先生在瓷器上用毛笔绘制了辛亥革命人物系列（已多有报道），并为我在瓷瓶上绘制了小像，我亦以手书"抱朴守真"和"樱花"自作诗茶具回赠。

（2023年11月26—28日初稿）

恢复高考三十年答记者问

陈锋是武汉大学历史学院教授，博士生导师，是国内外著名的财政史专家和清史专家。他同时兼任湖北省政协副秘书长、湖北省新闻出版局副局长。在浩瀚的中国清史编撰工程中，陈锋教授同时承担两项重大科研课题，备受瞩目。

如果不是因为高考，他可能至今仍在鄂西北一座偏远的城市里做印刷工。

三十年前的今天，在湖北省十堰市郧阳报社（现十堰日报社）的印刷车间里，这个二十二岁的小伙子恪守着雷打不动的作息时间，昼伏夜出。此时，他在车间里已经待了六个年头。

在那个年代，他没能读完高中，但在有限的求学生涯里，他比别人有着更具效率的知识积累，且从未放弃学习。

令他没有想到的是，1977年12月的一场考试，使他跨越了人生中的一大步，自此峰回路转，成就了一位赫赫有名的历史学者，一名勤勤恳恳的官员。

"高考改变了我的命运，我抓住了。"他说。

法制晚报：1977年恢复高考之前，您在做什么？

陈锋：我那时还在鄂西北一个边远的城市。我老家在山东，那个年代很动荡，高中没读完，来到湖北十堰，也就是现在的汽车城，在郧阳报社的印刷车间里干活。和其他同龄人比起来，我还算比较幸运的，因为在报社工作，我每个月能领到36块钱的工资，既优越又稳定。如果不是高考，我可能会在那里继续做下去。我当年的同事现在大部分已内退了，很可能我选择同他们一样的人生轨迹。在报社最大的好处是，有一个比较好的学习氛围，我有机会读到外界接触不到的书。上中学时，我比较爱学习，成绩也很好，虽然只读到高一，但基础还是有的，工作后我始终没有放弃它。我们下班时间是凌晨两点，干完活回宿舍睡觉，白天就有很多时间用来看书。我那时订阅了《历史研究》以及上海出版的杂志《学习与批判》，每一期都认真阅读。

法制晚报：您是怎样听到国家恢复高考的消息的？当时您的感想是怎样的？

陈锋：大约在1977年10月底、11月初的光景，从亲朋的口中，我得到国家恢复高考的消息。得到这个消息时，我很激动，想到自己有一个深造的机会了。当时工作很繁忙，根本没有复习的时间。记得那时，我们单位报考的人不多，毕竟在报社，很多人对现状比较满足。我一直有个作家梦，曾幻想自己有朝一日成为作家，所以很希望能读大学，于是就想报考复旦大学中文系。

法制晚报：对三十年前的考试您还有怎样的印象？

陈锋：最难忘的画面就是考场外的人山人海，那年有很多人报考。由于自觉有一定的知识积累，所以考试中并没感到慌张，考试发挥得不错。可能是自己记性好，三十年前的高考，很多考题我还记得。我数学不好，有一道题是这样的，4/6+2/3等于多少，我就不会，就算出等于6/9。我考数学只花了半小时，把会做的都做了，然后就问监考老师能不能交卷，监考老师愣了一下，说可以，我就交试卷走人了。我的数学只考了28分。

好在文科是我的强项。我记得很清楚，那年湖北省高考语文

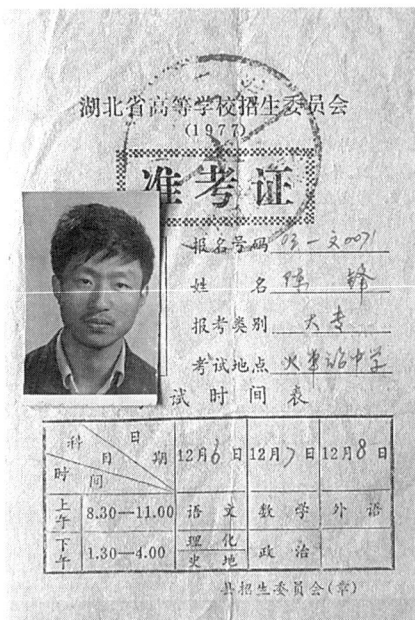

1977年，作者湖北的准考证

作文题目是《学雷锋的故事》，我主要写的是公共汽车上让座的身边事，当时的开头大致是这样的：如今，"雷锋"并不少见，就像葡萄园里的葡萄，一串一串的。我的语文、历史考试一气呵成，最后取得了很高的成绩。

法制晚报：当年为什么没有按最初的想法考复旦大学中文系？

陈锋：最初我总觉得要当作家就应当学中文，所以就希望考到复旦大学中文系。但是，当时在二汽工作的叔叔认为，学中文难以成为作家，会受到更多条条框框限制，很多有名的作家并不是中文系出身，不如学历史开阔视野。我当

时也觉得有道理，于是考试结束后，就临时改报了武汉大学历史系。后来才知道，那年报考历史系的人非常多。当年武大的分数线是190分，我的总分是240分，已是高分了，我很顺利地成为这所名校的学生。

法制晚报：您的母校给您留下怎样的记忆？

陈锋：在高考之前，我曾去过一次武大，对那里充满了憧憬。那是在报社工作的时候，我跟着一个老师傅去武汉出差，听说武大风景很美，空闲时我们专程去校园游玩。眼前所见，果然令人陶醉，写着"国立武汉大学"字样的老校门（位于街道口）至今给我留下深刻的印象，那时觉得，如果能在这里学习该多好。

法制晚报：高考之前，曾经有过大学梦？

陈锋：是的。我们那个年代时兴推荐上大学，称为"工农兵学员"。由于我的工作性质，加上已经是本单位"工人学理论小组"的组长，其实也有机会成为推荐对象。1975年，我们单位有武汉大学哲学系的推荐，一是因为我觉得哲学太高深，二是因为是武汉大学的襄阳分校，不符合我对武大校园的想象，所以放弃了。1976年，又有推荐湖北美术学院学美术设计的（大学生），也有机会，但是由于自己对美术设计不擅长，也没多大兴致，最后又放弃了。很多人都觉得不可理解。但从那时起，我觉得上大学并不是遥不可及的事，于是就有了一个大学梦。

法制晚报：您的大学是否和梦中一样？

陈锋：现在回想起来，人生中有些事情很奇怪，我觉得大学确实像一个美好的梦，很顺利。1978年3月，我拖着一个行李箱，从十堰坐火车到了武汉。我在火车站下车，迎面看到迎新的队伍，打着横幅，上面写着"欢迎新同学"，我当时就觉得很温暖，大学有一种家的感觉。

法制晚报：为什么说您的大学像梦？

陈锋：是这样的。刚恢复高考的那几年，荒废了整整十年的青年们终于有了一个学习的机会，一旦考上大学，那种求知若渴的劲头是现在难以想象的。我们那时的学生远没有现在的大学生清闲，大家比的都是学习，除了睡觉，基本上全扑在学习上。上大学后的第一个暑假，我就没有回家，因为我一直有个作家梦，我就想利用暑假时间好好写作。那个暑假我就写了一个电影文学剧本，叫《祖冲之》。我把剧本给中文系的一个同学，她父亲是武汉作家协会的主席，得到肯定，并向有关人士做了推荐。随后又把这个剧本给魏晋南北朝史专家陈国灿老师看了，他说写得不错。9月开学后，武大组织写作竞赛——这已成了一个传统，我报名参加了，结果得了一等奖，是三个一等奖当中的一个。9月底，河南人民出版社到武汉大学约写祖冲之的书稿，陈国灿老师推荐了我。出版社一个编辑室的主任李铁屏老师就找我谈。我和人相处不会感到紧张，比较自由，交谈中李老师觉得不错，让我写一章给他们看看，并给了半个月的时间，我说一个星期就可以。样章寄给出版社后，他们觉得可以，于是我很快写完，并在1979年出了我的第一本小书《祖冲之的故事》。出版社对一个大学初年级学生的信任，现在都觉得不可思议。刚学完一年就出书，这在当时的校园里引起不小的轰动，成了很多报纸报道的对象。大学四年期间，又在河南人民出版社出版了《铁笔写春秋》，在山东出版社出版了《康熙的故事》，并在报刊上发表了一些诗歌和小说。对李铁屏老师心怀感激，后来我在出版局兼职后，到河南出版局访谈，专门与河南出版局的领导去医院看望了李老师。

法制晚报：看来，您刚进大学就展露了才华。

陈锋：也不算什么才华。我只是觉得自己是幸运的，在求知路上，我得到许多老师的关心和帮助。武汉大学当年的历史系群星璀璨，我有幸得到他们的言传身教。那时的老师们和学生相处非常融洽，一下课，老师们往往会被学生围起来，提各种问题，老师们也会觉得很开心。学生和老师之间的关系非常淳朴，去老师家拜访，不像现在送鲜花之类，以前什么都不用拿的。

法制晚报：在您大学生活中，老师起到了怎样的作用？

陈锋：我在大学期间取得的一些成绩，除了自己确实花了功夫以外，老师们的帮助起到了至关重要的作用。那时，大学校园的气氛非常好，环境非常宽松。我现在就跟学生们讲我当年的一些故事，有一个是这样的，那时，我们每天早上起床后有早操，但是我总是缺席。直到有一天，我们系管学生工作的党总支副书记到宿舍查房，看到我在睡觉，就问我，为什么不上早操。我就坦白地说，自己晚上都在熬夜学习，早上起不来。书记什么都没说就走了，我感到忐忑不安。后来在一次大会上，他对全系同学说，你们如果谁像陈锋那样学有所成，早操之类的活动就可以破例不参加。我那悬着的心终于落了下来。

可能我在大学成了"新闻人物"的缘故吧，很多老师听说过我。在我快毕业那年，陈国灿老师和要报考他的研究生的同学讲，陈锋要报考，一些同学就有了畏难情绪。然而，在我快毕业时，比起魏晋南北朝，觉得清史更有意思，所以很想转而研究清史。那时，武汉大学有个著名的清史和财政史专家，在全国范围内很有影响力，他就是彭雨新先生，解放前曾经是国民政府中央研究院研究员。但是，大学三年多时间里，我没有机会接触到彭老先生。快毕业时，我想做清史方面的毕业论文，就抱着试一试的想法，敲开了他家的门。老先生问我什么事，我就自报姓名，说有问题请教。老先生很和蔼地接待我，那天下午我们谈了两三个小时，我说自己想研究清史，做《三藩之乱与清初财政》的毕业论文。老先生听了我的研究设想，说愿意指导我的毕业论文。随后，彭老先生就向系领导提出，让我当他的助理，留校工作，得到系领导和校领导的同意。留校之后，我又在职读学位，成为彭雨新先生的研究生。

法制晚报：您的大学时代看起来非常成功和顺利。

陈锋：是的。由于提前决定留校，在大四时，彭雨新先生带我去北京查阅清史档案，使我成为"文革"后最早接触档案、利用档案的学者之一。彭先生又将我介绍给他的朋友李文治。李文治先生是中国社会科学院经济所的研究员，是清代经济史的权威。他当时为我研究清代财政史、经济史提供了三条思路和研究方向，分别是"清代的军费""清代的盐政""清代的漕运"。这些思路对我后来的研究起到非常重要的影响。1988年那一年，主要利用档案写成的《清代盐政与盐税》一书非常幸运非常顺利地出版了，之所以说非常幸运非常顺利，是因为那时出版专著非常难。这本书由彭先生作序，李文治先生题写书名。1988年底，我被破格提拔为副教授，那一年，我33岁。1992年，又出版了主要利用档案写成的《清代军费研究》，并因为这本书的出版，破格晋升教授，进而成为博士生导师。

法制晚报：您在大学时的其他同学情况如何？

陈锋：武汉大学77级同学中间出了很多名人，那时校内外流传着武大"八大才子"一说，除我之外，其他几个人我记得有77级中文系的高伐林、77级中文系的王家新、77级历史系的赵林……另外，据说还流行"武大三剑客"一说，我又忝列其中，另外两个分别是高伐林、王家新，他们两个是当时校园里出了名的诗人。77级的很多同学，现在大都很有成就，在各领域都是领头人。

法制晚报：是否赞同"77年高考改变了一代人命运"的说法？

陈锋：我是赞同的。我始终相信，任何行业都能做出一些事情，但没有一定的平台、氛围和机缘，要成功是很难的。大学就为我提供了这样一个平台和机缘。如果没有那次高考，我可能永远留在那个偏僻的地方了。事实上，在我上大学及毕业后，我曾经的单位一直给我无私的帮助。在求学中，我又遇到那么多恩师。我怀着一颗感恩的心情，读完整个大学；怀着一颗感恩的心情，对待人生和社会，社会给了我这么多，我应该为它做更多的事情。现在，除了继续进行历史研究外，我兼任湖北省政协副秘书长，更有意思的是，我还担任湖北省新闻出版局副局长。上大学之前在报社工作，绕了一个大圈子，我又捡回自己的老本行了，有些事就是奇怪。

（本文是《法制晚报》记者为纪念恢复高考30周年所做的采访，原标题为《"学者+官员"陈锋：高考是我幸运的开始》，刊于《法制晚报》2007年7月12日）

陈言务去　锋发韵流

——访著名经济史学家陈锋教授

本刊（《江汉论坛》）历来关注中国社会经济史问题，致力于刊发此类研究中的最新成果。众所周知，陈锋教授长期从事中国社会经济史问题研究，建树卓越。作为本刊的老作者，他也一直非常关心本刊的发展。由于长期的学术合作关系，我们"名家访谈"这个栏目，承蒙陈教授厚爱，在百忙之中拨冗接受了本刊记者的学术专访。在这里，我们向他表示由衷的感谢！

张卫东（以下简称"张"）：由于众所周知的原因，您这一代学者的经历十分特殊，而学者的学术经历似乎又是学术访谈的常规问题。循此惯例，请问您是如何走上历史研究的道路的？

陈锋教授（以下简称"陈"）：我曾经在恢复高考30周年时接受过《法制晚报》的采访，谈了些缘由，可以参考（见《法制晚报》2007年7月12日）。我1971年高中没有毕业就在郧阳报社（现十堰日报社）参加了工作，最初是印刷工人，在当时是一个很好的职业，和其他同龄人比起来，算比较幸运的。刚参加工作时，有位老编辑曾经问我读过什么书，我说差不多都读了，还记得老编辑非常吃惊的表情。这当然是年少无知（当时 16 岁），但我之前也确实阅读过较多的文学作品。在报社最大的好处，是有比较好的学习氛围和阅读条件，加上我叔叔当时在一个单位的政工组、技术中心工作，我有机会读到外界接触不到的书。当时的阅读兴趣大多在人物传记和历史读物，包括《第三帝国的兴亡》《我的前半生》以及范文澜的《中国通史简编》，周一良、吴于廑的《世界通史》，郭沫若的《奴隶制时代》，等等，也喜欢读鲁迅的杂文集。我那时订阅了《历史研究》以及上海出版的杂志《学习与批判》，觉得文章写得很有水平，每一期都认真阅读。而且还试着写了些小文章，记得有一篇叫《从聚义厅到忠义堂》，发表在当时的《郧阳报》上。1976 年，报社推荐我读大学，因为是美术专业，我拒绝了，很多人感到不解。我觉得自己没有任何美术基础，也不感兴趣，并且想当然地认为以后还有机会上大学。1977 年恢复高考，报社的领导非常支持，大概给我一个月的时间备考，结果考上了武汉大学的历史系。

实际上，尽管当时"历史"很热门，我并没有读历史系的打算，我自己报的是复旦大学中文系，梦想成为作家。后来家中老人知道后，说中文系出不了作家，会受到更多条条框框的限制，不如读历史系，可以扩充视野。是后来临时改了志愿。

1978 年 3 月进入武汉大学历史系读书后，开始依然没有研究历史的准备，还是想着文学创作，结合专业，试着进入历史文学领域。第一个暑假就写了电影文学剧本《祖冲之》，中文系有个同学的父亲是武汉市的作协主席，看后多有鼓励，并推荐给杂志和电影制片厂等。1978年9月，学校举行了后来每年举行、延续至今的第一届写作比赛，我有幸获得一等奖（一等奖有三位，分别是中文系、历史系、哲学系三位同学获得）。这些都给我创造了一些条件。后来与历史研究有关系的事情，是我写的电影文学剧本《祖冲之》同时给了研究魏晋南北朝历史的陈国灿老师指导，得到陈老师的肯定。由于武汉大学历史系当时在研究魏晋南北朝历史的知名度，河南人民出版社的编辑来约历史读物《祖冲之》的稿件，陈国灿老师向约稿编辑李铁屏推荐了我。李铁屏老师当时是教育编辑室的主任，他在六个人一间的学生宿舍（桂园八舍，当时的中文系、历史系学生住所，也就是后来网络上闻名的"老八舍"）找到了我，在谈了一个多小时后，让我写一章样稿给他们。大概一个多星期后，我把样稿寄往出版社，出版社竟然首肯，而且很快在1979年就出版了我写的历史读物《祖冲之的故事》。虽然只是一本薄薄的小册子，但当时的鼓励还是很大的，而且也非常感谢陈国灿老师的推荐，感佩出版社当年能够出版一个大学初年级学生的著作。在随后的大学读书期间，又在河南人民出版社出版了描述魏晋南北朝史学家故事的《铁笔写春秋》，在山东人民出版社出版了《康熙的故事》。这些小书现在看来非常初始，但读大学期间写作出版仍有点不可思议。这主要是老师的指导和出版社的信任以及自己的用功促成。有些专门的技术史方面的解释，如祖冲之的"倚器""指南车"的解释与绘图，"倚器"与轮船"压舱"原理方面的一致性,"指南车"与汽车后桥的原理以及与齿轮的关系等,现在看来都是科学的描述和解释,不是一般的历史学者所能掌握。这些方面则是由于长辈(我叔叔、婶婶是发动机方面的专家,周围也有一些其他方面的专家)的帮助和指导,有些图是我婶子绘制的。

在读大三或者是大四的第一个学期,陈国灿老师曾经希望我读他的研究生,陈老师也和要报考他的研究生的同学讲,陈锋要报考。因为我的前两本小册子都是魏晋南北朝方面的,尽管心向往之,但我当时由于在写康熙,感到清史资料丰富,可以研究的课题多,兴趣已经转向清朝的历史。本科毕业论文也准备做清史方面的。我咨询系里的领导,具体说就是赵学禹党总支书记。赵书记籍贯山东,是我的山东老乡,他告诉我,如果写清史方面的毕业论文,最有名的教授是彭雨新先生,最好由他指导。彭雨新先生解放前曾经是国民政府中央研究院研究员,是一位很有资望的学者。但是,大学三年多时间里,我并没有选彭先生的课(彭先生为77、78级开过专业英语和古代汉语的课,因为我的外语是学的西班牙语,自认为古代汉语较好,所以都没有选课),也没有机会接触到彭老先生。于是想请我的一位大学同学——也是和彭先生相熟的教授的孩子带我去拜访,但当这位同学知道我要让彭先生指导毕业论文时,有点为难,说彭先生已经决定指导包括她在内的两位同学,而系里规定一个教授最多只能指导两位。我想,既然准备写清史方面的论文,还是应该请名家指导,"名家"与"非名家"的指导大不一样。

我知道彭先生以研究财政史见长,毕业论文的选题就围绕着清代财政进行，因为在写康熙，对康熙朝的历史已经有一定的了解，时段也以康熙朝为主。在查阅相关资料，做了许多资料卡片后，就抱着试一试的想法，独自敲开了彭先生家的门。

当时的见面以及后来的事情发展很有意思，可以成为学术史的素材，不妨还原如下：

> 一位个头不高、满头银发的长者开门后，问："你找谁？"
> 我说："您是彭先生吧。"
> 彭先生问："你是谁？"
> 我说："我是历史系77级的学生陈锋，想向您请教。"
> 彭先生大概听说过我的名字，上下打量了一下，说："你就是陈锋。"

彭先生虽然很和蔼地接待我，但并没有像后来那样让我进他的书房，而是直接在不大的客厅里落座。我没有说多余的其他话，直接从当时很流行的军用黄色挎包里掏出一摞卡片，说我想写《三藩之乱与清初财政》的毕业论文，这些卡片可以说明什么问题，那些卡片可以说明什么问题，我自己一直讲，彭先生并不插话。待我讲完后，彭先生问："这个题目和这篇论文是谁指导的？"我说没有人指导，是自己摸索的。彭先生说："没有人指导，那我来指导你的毕业论文怎么样？"我说："就是想让先生指导，听说您已经指导了两位同学，不敢直接提出。"彭先生说："没有关系，就由我来指导。"再没有其他的话。

拜访彭先生后的第三天，系里主管学生工作的刘秀庭副书记找我谈话，问我想不想留校。我说没有考虑过，想去北京的《光明日报》或其他报社。刘书记说："彭先生提出让你留校当他的助手，你认真考虑一下。"经过两天的考虑以及家人的意见，觉得有这么好的老师指导，留校从事历史研究也是不错的选择，于是决定留校工作。留校之后，我又在职读学位，成为彭雨新先生的研究生。就这样踏入历史研究之门。

当时师生之间、领导与学生之间的单纯（纯粹），教授的话语权，学生分配的简单（纯粹），至今印象深刻。世事变迁，此景或许难再。

张：正如大家所熟知，您在清代盐政史、清代军费问题、清代俸禄问题和清代财政史研究等方面建树卓著。应该说，这些研究都是非常专门的问题。请您能具体地谈谈是如何进入这些艰深的专门研究领域的吗？

陈：正像前面所说，由于我提前决定留校，1981年暑期以及开学后的一段时间，我陪彭雨新先生去北京第一历史档案馆和中国社会科学院经济研究所查阅档案和"钞档"。当时第一历史档案馆刚刚开放对清代档案的查阅，我们应该是最早查阅清代档案的人之一。中国社会科学院经济研究所藏的"钞档"还没有对外开放，因为彭先生是经济所的兼职研究员，所以也可以查阅。彭先生就住在经济所的一间办公室内，连同请的三位高中毕业的抄录档案的小姑娘的费用由经济所承担（在彭雨新先生百年诞辰纪念会上，我曾经与时任经济所副所长刘兰分教授谈起，并对经济所表示感谢）；我住在沙滩《红旗》杂志社的地下招待所（非常便宜，记得每天的住宿费是2元，离经济所较远，但交通方便。离一史馆很近，可以步行），费用由历史系承担。彭先生查阅的是清代的土地与田赋"题本"，我查阅的是清代前期与三藩之乱相关的军费"奏销册"。

在查阅档案期间，彭先生给我介绍了经济所包括严中平先生（当时是经济所副所长）在内的好几位著名专家，交谈最多并多次散步的是李文治先生。从接触中可以体会出李先生和彭先生非同一般的朋友关系。可能二位先生情谊深厚，李先生对我特别关爱。在与李先生交谈中，李先生指出，研究清代军费非常有意思，之前还没有人研究过，值得下功夫。李先生说："研究清代经济史、财政史，最重要也可能是最难的是军费、盐政、漕运三个问题。如果研究军费、盐政，你可以在彭先生指导下自己进行；如果想研究漕运，我解放前写过清代漕运，有二十来万字的初稿，我们可以合作。"我当时听到这话大吃一惊，在本科未毕业的情况下，李先生就传授真经，就不弃初学的幼稚。我当时的回答，现在想来可能并非合适，我说："我还是想先研究军费和盐政。"李先生当时并没有不高兴，彭先生见我这样回答也没有不高兴，而是谆谆教导，反复指点。我最初研究课题的选择，正是因为李、彭二位先生的指导，如果没有二位先生的指导，这些课题的选择，很难想象。关于这些缘由，我在《清代盐政与盐税》《清代军费研究》的"后记"里都有所提及。

　　本科毕业论文《三藩之乱与清初财政》写完后（分为《"三藩"兵额笺正》，《求是学刊》1983年第5期发表；《三藩之乱与清廷的经济政策》，《武汉大学社会科学论丛》1987年第1辑发表），紧接着写了一篇五万余字的论文《清代前期的军费》，参加1985年在沈阳召开的第二次清史讨论会（彭雨新先生因事未参会），得到郭松义等先生的鼓励，并由于这次会议认识了许多后来成为学术中坚的同辈学者，在同辈学者的响应下，翌年发起并在武汉召开了首次全国青年史学学者的讨论会。武汉大学、华中师范大学、湖北大学等单位的老一辈学者对这次会议空前支持（这样的会议大家云集，也可能绝后），武大的吴于廑先生、刘绪贻先生，华师的张舜徽先生、章开沅先生，湖北大学的冯天瑜先生（后调入武大）等到会并讲话，天津的庞卓恒先生，北京的瞿林东先生、包遵信先生等也专程到会。表现出了前辈学者对后来者的信任与支持。

　　如前所讲，我的本科毕业论文是《三藩之乱与清初财政》，随后又写了《清代前期的军费》，按说应该先写先出版《清代军费研究》这一本书，但事实上是先写先出版了《清代盐政与盐税》。这一方面与军费统计的繁难有关，另一方面也与彭雨新先生的建议有关。彭先生之前曾经写过《清代前期的盐政》论文，没有发表，专门给我让我参考，并把他收集的部分资料供我利用，又对我写的初稿反复修改（包括标点符号的修改，现在翻阅手稿，可以看出密密麻麻的修改笔迹），正如我在《清代盐政与盐税》初版"后记"中所写："本书的写作始于1983年，是在我的导师彭雨新教授的悉心指导下完成的。其间，彭雨新老师将他未刊布的论文手稿《清代前期的盐政》及所藏资料供我参考。在修改过程中，又蒙先生数次审阅。"如果没有彭先生的筚路蓝缕和指导，对一个大学刚刚毕业的初学者来说，要写出这样一本书难以想象。

《清代盐政与盐税》写出后，李文治先生题写了书名，彭雨新先生写了序言，1988年在中州古籍出版社顺利出版。当时正是出书特别难的时期，如果没有李、彭二位先生的特别支持，本书的出版也难以想象。由于这本书的出版，我得以晋升副教授。

《清代盐政与盐税》之后，接着写《清代军费研究》。《清代军费研究》的写作历尽艰辛，但出版非常顺利，这与当时的武汉大学校长陶德麟先生的支持有关。1991年春节，我去陶校长家拜年，在交谈中，陶校长鼓励我申请破格晋升教授，我说不够资格，条件不够。陶校长说："你这年轻人很有意思，有的人想方设法申请，评不上还闹情绪，让你申请你还不申请。"我说真是不够教授的水平，我现在已经写完《清代军费研究》，主要是利用清代档案写成，自认为填补空白，自认为该书出版后就够了教授的水平，我非常想这本书能够列入"武汉大学学术丛书"出版。"武汉大学学术丛书"当时被认为代表了武大的最高水平，之前列入丛书出版的只有为数不多的老先生。陶校长说："我们也正准备在丛书中列入年轻人写的著作，只有老先生的著作是不行的，你可以提交出版社进行审阅讨论。"1992年1月，《清代军费研究》在武汉大学出版社顺利出版。由于这本书的出版，我得以晋升教授。

以上所讲，表明两层意思：一是学术研究的初始阶段，非常需要前辈学者的指引，特别是一些比较专门的课题，更需要老一辈的指导。二是学术研究除了自身的努力外，也需要好的客观条件，需要领导、同行、报刊出版部门的支持和鼓励。

《清代盐政与盐税》《清代军费研究》是我最初的学术专著，这两本著作出版后，受到国内外同行学者的注目和好评。这两本书自然有许多特点和值得肯定之处，但也有一些不足，特别是《清代盐政与盐税》不足之处尚多，我在该书2013年的"再版后记"中曾经有所表述。

我认为正确评价他人的著作和自己的著作是非常重要的，有利于学术的进步，不妨将《清代盐政与盐税》的"再版后记"转引如下：

本书的写作始于1983年，出版于1988年，是我的第一本学术著作。转眼二三十年过去，正所谓弹指一挥间。翻检旧稿，虽然仍有可取之处，但不满意之处很多。这次有机会再版，除加写了"食盐生产"一章外，对其他章节也有修改补充。我在拙文《近百年来清代盐政研究述评》（台湾《汉学研究通讯》第25卷第2期，2006年5月）曾经自我评价过《清代盐政与盐税》："从总体上看，该书有三个特点，一是首次主要依据现存档案材料，对清代盐政进行考察，得出了一些新的结论。二是线索、脉络较为清晰，尽可能把复杂的盐政问题简明化。三是从财政问题着眼，对盐税的论述较为细致，对盐税与清代财政的关系，也有专门的论述。该书的不足之处，是对清代的盐业生产着墨不多。另外，作者于80年代初写作《清代盐政与盐税》时，大学毕业不久，由于受到学术交流的限制，未能见到前揭佐伯富与徐泓的大作（指日本佐伯富《清代盐政之研究》、台湾徐泓《清代两淮盐场的研究》）。这些不足，在作者撰写的《中国盐业史·清代》（人民出版社1997年出版）中作了弥补。"本次所作的修改补充，依旧是这种认识的继续。

这几年，我除了承担国家清史编撰委员会的招标项目《清史典志·盐法》以及文献整理项目《晚清财政说明书》外，集中精力撰写教育部的重大项目《清代盐业史》，有近百万字，已经接近完成，希望成为这一研究领域的归结性著作。

张：从您的叙述中可以看出这些研究较为专门，但具有重要意义。清代的盐政、军费、俸禄反映了什么样的财政问题，其与社会经济的关系如何？

陈：我这些年对清代财政问题的研究，除了在总体上从制度史的视野探讨清代财政外，重点研究了盐政、军费、俸禄等，这一方面是关心清代的财政收入结构和财政支出结构，另一方面是遵循由财政到经济、由经济到社会的研究路径。换句话说，就是不单纯地研究财政，而是在研究财政的基础上，关心财政对社会经济的影响。

清代财政，特别是清代前期的财政，主要有三大财政收入和三大财政支出。三大财政收入是田赋、关税和盐税，三大财政支出是军费、俸禄和河工水利。前此学者对田赋、关税的研究较多，也由于我不懂英语，研究关税有很大的障碍，所以我没有重点研究，而是把视野集中在了重要的财政收入盐税，重要的财政支出军费、俸禄方面。

对盐政盐税的研究，不仅仅是前此学者研究较少，有较多的学术创新余地，还因为它涉及许多问题。盐课为清代的主要财政收入之一。盐课的征收主要分为"场课"和"引课"，场课是对盐的生产者的课税，引课是对盐的销卖者的课税。另外还有各种名目的杂项征收和盐商的报效。清代后期，又有盐厘的征收及杂捐。盐课的征收数额，顺治初年盐课征收不足二百万两，康熙末年到雍正末年为四百万两左右，乾隆朝到光绪朝则浮动于五百万至七百万两左右。加以盐斤加价诸款，嘉庆十四年到道光末年的盐课岁入一般当在一千万两左右。咸丰以后的盐课岁入，因为抽收盐厘，数额递有增加，光绪末，合课、厘共计二千四百万有奇。在各个时期，盐课都是清政府的财政支柱之一。

盐政盐税又不单纯是一个财政问题。清代食盐的运销方式有官督商销、官运商销、商运商销、商运民销、民运民销等多种方式，这涉及营销模式问题。而且，清代食盐的运销方式，在不同的区域和不同的历史时段有非常大的变化。清代盐政的管理，有巡盐御史、盐运使、盐场大使等单独的管理系统和地方行政部门的配合，有专门的盐商组织，这涉及制度问题，而且不是传统的政治制度，既有专门的管理系统，又有非官方或半官方的商人组织。

清代盐商是最富足的商人，特别是两淮地区的盐商，资产大都在数百万两、数千万两白银之上，号称富甲天下。资财雄厚的盐商，除了完税缴课外，每遇国家的"大工大需"，屡屡进行巨额报效，根据我的统计，清代盐商报效总额达到8000余万两。就报效的类别来说，首推军需报效，共银47694070两。其次为兴修水道、海塘的水利报效，共银16685148两。其三为备皇室挥霍的备公报效，共银10810000两。其四为遇水旱偏灾而举行的赈济报效，共银4250619两。最后为缉私、办理新政等的杂项报效，共银1596500两。在报效之后，盐商会得到清廷在经济上的补偿和政治待遇上的赏赐。盐商又兴办许多公益事业和文化事业。富足盐商的举动事实上涉及清代政治、社会、经济、文化的方方面面。

　　清代食盐的生产有海盐、井盐、池盐之分，不同的生产方式有不同的生产技术，甚至同一种生产方式，生产技术也不相同。这些生产技术，如四川的盐井开凿和生产已经达到很高的程度，这涉及手工业史、技术史。不同盐区的盐商、食盐生产者又有不同的信仰和祭祀。有些地区的盐业信仰和祭祀非常有特点，我前不久去四川自贡井盐区和云南楚雄黑井盐区考察，发现许多有意思的祠堂庙宇，如云南楚雄黑井的大龙祠，就是祭祀东海龙王，此祠堂也有雍正皇帝的"灵源普泽"御赐匾额。云南与东海相去甚远，今天的陆路与海洋也相去甚远，这种祭祀既与盐卤本身有关，又涉及文化史方面的问题

　　对军费的研究，一方面可以填补学术空白；另一方面，军费研究是一个非常重要的课题。据我的统计和考证，清代

的常额军费支出占国家财政支出的70%左右，而且，有清一代战事频繁，战时军费成为清政府的重要负担。说它重要，在很大程度上是在于它牵一发而动全身：军费既有本身的特定内涵，也与兵制、军政、财政、吏治、国防、社会经济息息相关。巨额的军费支出，必然对清代的历史进程产生重大影响。如果把常额军费支出放在国家财政支出的总体框架中来考察，我们就会发现：清代的常额军费支出在国家财政支出中的比重过大，苛重的赋税收入除供养军队之外难有他为。正常的财政支出主要用于军费，直接制约着社会经济的发展，使社会经济始终处于一种原生状态。按马克思的说法，这是一种可恶的收入支出程式。而且，当八旗、绿营武备废弛、战斗力衰弱之时，清廷所开支的常额军费实际上已是在维持一个腐朽不堪的寄生集团，不足以防边御侮。战时军费支出，据我的研究和估算，鸦片战争之前的战时军费总数在7亿两以上。如果按年均分，每年支出战费银400万两左右，如果只按用兵时间计算，一些重要的战争每年耗银在1000万两至2000万两左右。战时军费支出往往导致入不敷出，国家财政由传统的"量入为出"转变为"量出制入"，许多财政问题、社会问题由此而产生。这是问题的一个方面。另一方面，当我们在一定的历史背景下来分析问题时，还会注意到，清代前期的战争，除初期连年用兵是为了确立国内的统治权外，以后的历次战争，有的是为了国家统一（如台湾的收复，蒙古、青海、新疆、西藏的用兵），有的是为了平定叛乱（如三藩之役），有的是为了抵御外敌（如雅克萨之役、廓尔喀之役），这些战争无论是在当时还是在后来看都是必要的。因此，这些战争所需的战费支出是不可缺少的。同样从这个意义上说，由此而进行的军费筹措，虽不可避免地加重了人民的负担，对社会经济带来一定的破坏，仍可视为是"合理"的。鸦片战争以后，情景又有所不同，社会动乱、外敌入侵，战费、赔款、外债交织在一起，财政困窘，苛捐杂税，不可收拾。

　　清代的俸禄是国家财政的重要支出之一，刘锦藻《清朝续文献通考·职官考·禄秩》按云："俸禄惟汉最优，唐宋所不及。元以公田租充俸，名曰公田，实输之民，此法极弊者。明代禄米最薄，洪武初，定一品月俸八十七石，递减至五石止，嗣以钞折米，寻钞少，又以布折钞，官至极品，月米易钱仅一千数百文，不成政体。我朝银米兼支，京员另有月俸，雍正时复有恩俸，外官加养廉，乾隆时京官概给双俸，外官佐杂及武职亦予养廉，加惠臣工至优且渥。逮改官制，禄糈益丰。"此段按语从汉唐说到明清，若细加考察，难免与实际有所出入，但其大要在于说明俸禄制度的变化以及清朝俸禄的优渥，从总体上看，还是体现出了基本的意旨。作为最后一个专制王朝的清朝，经历了满族统一中原以及古代社会向近代社会的过渡。社会形态的变迁必然与政治、经济、文化结构的变化相联系，俸禄制度的变化在此一时期亦表现得十分突出。从总体上说，清朝俸禄制度既有满族旧制的遗存，又有在吸收、继承明朝制度基础上的满汉规章融合；另一方面，又包含着近代社会俸禄制度的新内容和新变制。

　　与前代相比，清朝俸禄制度变化之大者，可以归结为五个方面：

第一，授田。清朝宗室与旗员在俸禄之外的授田，从形式上看似乎与前代官员的授田（职田）有所联系，但不能作如是观，其实质是满族统一中原前"计丁授田"的遗存，带有明显的部落制特质。

第二，俸禄支给形态。清代的俸禄虽说是"银米兼支"，但主要以支银为主，既克服了明朝俸禄折色带来的诸多弊端，又避免了在银、钱双本位制下由银、钱比价的波动而导致官员利益受损，使官员能够获得实际俸禄标准的收入。也可以认为，清代俸禄主要以货币银两为支给形态，已标示出传统俸禄制度向现代薪金制度的转型。

第三，满汉官员俸禄、文武官员俸禄、中央与地方官员俸禄的异同。尽管满族官员的地位高于汉族官员（特别是在清初、清前期），但就满汉文职官员的俸禄来说，其标准基本上是一致的。而武职官员——八旗与绿营将领——的俸禄标准则有明显的区别，这种区别，既有民族畛域的因素，又是八旗与绿营的历史渊源和分属两个系统使然。在文武官员之间、中央与地方官员之间，俸禄标准也因其职司不同，呈现出多样性（内地与边区也有所区别）。清代俸禄制度由不同的系统组成，要比前代复杂，源于职司不同的俸禄标准的区别，有其合理性和进步性，也同样标示出传统俸禄制度向现代薪金制度的转型。

第四，正俸与恩俸、双俸、养廉的区别与关联。清初的"正俸"制度基本上是沿自明代，依然微薄，其一方面是"清承明制"的显现，另一方面则是清初财政困窘的必然结果。其后，至雍、乾时期，由于财政的充裕，也因官员日用的不足，清廷欲示"恩政"以养廉，所以在京文官渐有"恩俸""双俸"的支给，武官和在外文官则有"养廉银"的支发（部分京官亦支养廉银），并形成定制。制度化、普遍性的双俸制和养廉制，是清代官员俸禄"优渥"的表现形式，也是清代俸禄制度的一大特色。

第五，晚清俸禄制度的变化。鸦片战争以后，特别是太平天国起义以后，晚清俸禄制度发生了引人注目的变化，先后有湘军、淮军、练军、海军、陆军等不同的"饷章"出台，武职官员俸禄随着军制的变化而变化。又有出使大臣俸薪、海关洋员俸薪的议定等，新的形势导致新的俸禄类别的出现。又有"公费""津贴"等名目，而且名目参差，京官各部院不同，外官各省直不同，社会的大变动导致了俸禄制度的变更。

所以说，研究俸禄，也不单纯是财政问题。

张：看来财政问题牵涉社会的很多方面，那么请问清代财政在前后期究竟发生了什么样的变化？这些变化对于清王朝又产生了哪些影响？

陈：正如您提问，清代财政在前期和后期有重要的变化。研究财政史，历史阶段的划分与一般的历史研究不同，这里说的"前期"，是指咸丰年间之前；"后期"，是指咸丰年间太平天国起义之后。

清代前期和后期财政的重要变化主要有三点：一是在财政收入和支出总量上的变化。清代前期大致在三千万两至四千万两左右；清代后期，则大大突破，而且爆发性增加，从数千万两，一直到二三亿两。二是财政制度的近代转型。这包括财政管理机构的变化、财政预算的实施、中央财政与地方财政的划分、公共财政的肇始等。三是财政收入税目的变化和财政支出项目的变化。清代前期的税目比较单一，主要是田赋、关税、盐税和少量的杂税；清代后期，新增加了厘金、海关税以及名目繁多的杂税杂捐，新增加的税目成为财政的重要收入。清代后期在军费、俸禄等支出外，对外有巨额的战争赔款、外债偿付，对内有各种洋务实业支出、"新政"支出。另外，有清一代财政与货币的关系以及货币金融方面的变化也值得注意。

财政是国家为实现其职能，凭借政权的力量，强制参与社会产品分配与再分配的一种形式。国家财政决定于社会经济的发展状况，又反作用于社会经济的运行。财政的重要变化不可能不对清王朝以及社会经济带来重大影响。

清代后期财政总量的变化，就是由于在财政困窘的情况下各项支出剧增所导致。晚清财政状况始终处于入不敷出的困难境地，收支缺口巨大，财政危机频仍且日益严重。嘉庆、道光年间，清朝的财政即由盛转衰，户部存银急剧下降。鸦片战争前后，财政收支已少有盈余。自道光二十年至二十九年的财政收支中，盈余年份只有两个，盈余额合计不过100万两，其余八年均入不敷出，财政赤字将近1100万两。咸丰年间，收不抵支的矛盾更为突出，1852—1861年间，户部银库收支盈亏相抵，赤字接近700万两。甲午战争后，年财政赤字达1300万两。庚子赔款成立后，财政赤字更是逐年扩大，1903年赤字达3000万两，1910年预算赤字达

4000余万两。

这种财政特别困难的情势，直接影响到国家机器的正常运转。以官僚集团而言，晚清时期，由于财政状况的持续恶化，清廷为解决财政困难，频繁开办捐输，卖官鬻爵，致使官僚队伍膨胀，各级官员良莠参差。此外，清廷为筹措财政资金，还经常采取扣款、减成、减平等办法，减少官员的俸禄和养廉银，使官僚的生计问题日益突出。清代官俸本不充裕，尤其是道府州县等地方基层官员承担着地方繁杂的政务，其所入不足其所出，在此情况下，地方官吏"不得不藉资陋例"，大量收取陋规等法外收入以作维持，官僚们的陋规收入成为公开的秘密，为清政府所默许，致使贪污贿赂公行，吏治腐败而不可问。以军事而言，财政的极端困难使清廷的军事机器缺乏充足的财力支持，虽然清政府竭力维持，但拖欠、克扣兵丁军饷之事仍屡屡发生。在镇压太平军期间，曾国藩所率湘军即因长期拖欠兵丁饷银，几致军队哗变。财政问题已经影响到了清政府的统治支柱——军队。晚清数十年间，清政府虽竭力进行军事变革，但财政的拮据以及统治集团的腐败使得晚清军队的近代化步履迟缓，练兵受制于经费，海防受制于经费，战事一起亦受制于经费。缺乏财政的有力支持，是无法实现军事近代化的。同时，"量入为出"转变为"量出制入"，在财政支出扩张的既定事实下，千方百计地搜罗财政收入以满足支出的需要，各种苛捐杂税应运而生，商人和民众的税负加大，直接影响到社会各阶层人民的生活，甚至导致各种抗税事件的发生和"民变"的此起彼伏。

与严重的财政危机相伴随，晚清财政管理在旧有规制被打破以后，陷入混乱和无序之中。中央对各省财政失去了掌控，中央财政管理机构——户部，名义上维持着对全国财政的管理，事实上仅有稽核之虚权；由于地方财政基本上由各地督抚掌控，各省藩司管理地方财政的职能为各地自设之种种财政局所取代。财政收入特别是新增杂税、杂捐的具体情况，中央无法全面了解，名目繁多的杂税、杂捐多由各省自行开办，缺乏统筹规划，以致税目名称各异、税率各异、征税方式各异，中央政府只能在事后作亡羊补牢之举，予以整顿和规范，但一般来说收效甚微。中央财政所入则多依靠对各省的摊派来实现，这种摊派又往往昧于地方实际，成为地方财政的沉重负担。地方政府为完成这些摊派的财政任务，肆意增税加捐，搜刮民财；而中央政府只求地方按时完成摊款，对地方如何筹款不加过问也无从过问，遂致税制更加混乱。财政支出则处于不断的膨胀之中，军事费、赔款、外债以及举办新政的经费支出日增月异，清政府虽屡欲节流，所节者却多属微末，无力从根本上对财政支出项目进行合理调整，以扭转财政支出的扩张之势。对各省财政支出的实情，中央政府也无从了解，地方督抚于收入则多隐瞒，于支出则尽量浮报。省以下之财政亦存在各自为政的状况，并未完全掌握于督抚手中。到清末，州、县地方政府开办大量苛捐杂税，于收入则鸡零狗碎，无所不包；于支出则东挪西凑，穷于应付。从中央到地方，财政管理的混乱无序已极。

　　同时，引人注目的晚清财权的下移，影响到中央政府的威权，削弱了中央政府对整个国家的统治力。财权下移地方，是晚清财政的一个显著特点。清初在高度中央集权的财政体制下，清政府对地方予取予求，地方政府的每一兴革均须仰赖中央政府的批准和支持。随着财权的下移，中央与地方的关系发生了根本的变化，变成中央遇事须呼吁各省接济，地方督抚因此具有了与中央政府讨价还价的本钱。地方势力的形成虽然比较复杂，但肇始于财权的下移，是毋庸置疑的。而财权的下移，直接导致了中央政府威权的低落。地方督抚对中央的有关政令不再像以往那样唯命是从，而是选择从事，或讨价还价，或置若罔闻。这种状况在庚子之变期间达于极致，当时，清政府令东南各省督抚率兵北上勤王，但东南各省公然将中央的指令称为"矫诏"，实行东南互保，无视中央的政令，这在清代前期是不可想象的。中央权威的衰落由此可见一斑。地方的各自为政，大大削弱了清政府对全国的统治力量，这一局面，显然严重威胁着清朝的统治。辛亥革命前后，清政权的分崩离析正好印证了地方政府离心离德的严重后果。

除此之外，晚清币制的混乱进一步加剧了财政的混乱状况。银两、制钱之外，咸同年间又有铜、铁、铅各类大钱及官票、宝钞的发行，光绪后又铸银元、铜元及银、铜各辅币，市面上各币混杂，兑换复杂，财政收支各款无不受其影响。

事实上，清代财政与货币的关系，以及银两、铜钱比值的变化，对社会经济的影响也非常值得注意。清代的货币制度是一种银、钱并用的平行本位制（或称"双本位"制、"复本位"制），其基本点是银两与铜钱都作为法定货币而同时流通，即《清朝文献通考》所说的"我朝银、钱兼权，实为上下通行之货币"。既然是"银、钱兼权"，银两与铜钱"为上下通行之货币"，那么，无论在国家财政收支中，还是在日常经济生活中，银两与铜钱应该并重。但事实并非如此，清廷的政策导向基本上是"用银为本，用钱为末"，国家财政收支始终采用银两为计算单位，铜钱大多用于经济生活中的小额交易。更为重要的，在商人及其他民众在售卖货物时，收取的一般是铜钱，在纳税时却要用银两缴纳。如果银两与铜钱的比值发生变化，必然影响到商人和民众的实际利益。有清一代在相当长的时间里是以银1两兑钱1000文为法定比价的，其成为衡量银、钱比价波动的一般性标准。若在市场的实际比价中，银1两兑钱不足1000文，便被称为"银贱钱贵"；银1两兑钱超过1000文，便被称为"银贵钱贱"。在康熙中期至乾隆年间近百年的时间内，基本上是"银贱钱贵"的时期，乾隆年间甚至出现过银1两兑钱600文的事例，大多为七八百文。在这种情况下，商人比如盐商在卖盐收钱、缴税用银时，无形之间就赚取了30%—40%的利润，这也是康熙至乾隆年间的盐商特别富有的原因之一。乾隆以后，特别是清代后期，基本上是"银贱钱贵"的时期，银1两兑银从一千数百文到二三千文不等，商人用钱易银，大多亏折。这也是清代后期的盐商大多衰败的重要原因。

财政问题至为复杂，对社会的影响无处不在。

张：众所周知，清代作为中国最后一个封建王朝，其历史发展进程令人五味杂陈。作为我个人而言，我是一点都不喜欢清王朝的。您长期从事清代社会经济史的研究与教学工作，2015年您又主持国家社科基金重大招标项目《清代财政转型与国家财政治理能力研究》，您能否对清王朝历史发展的特点做一个总体的评价？您如何评价清代的国家治理能力？

陈：由于我们青少年时期受的教育，清代积弱积贫、割地赔款、丧权辱国的印象深刻，又有"洋人的朝廷""半殖民地半封建社会"的说教，又有辛亥革命"驱逐鞑虏，恢复中华"的口号，我在念大学之前，从事历史研究之前，对清王朝也没有什么好感。

中国历史文化源远流长，中国是一个多民族的国家，中华民族在不同的历史发展阶段各有辉煌。从历史的发展阶段来看，不同的民族、不同的朝代都有其特色。对不同朝代的总体评判，或对清朝历史发展的特点做总体评价，很难用几句话说清楚。

大要说，有些主流方面的问题是需要清醒认识的，是值得充分肯定的。首先，清朝是中国历史上实际控制版图最大的朝代，鸦片战争前，中国的国土面积已经达到1200万平方公里，周边的国家如缅甸、尼泊尔、柬埔寨、越南、朝鲜、琉球等，也成为清朝藩属。国内统一，周边安定，统治牢固，领土辽阔。清朝的领土是我们今天领土的基础。清朝又是历史上多民族高度融合、共同发展的朝代，我们今天多民族的基本格局，也是由清朝所奠定。其次，清朝是当时世界上最大的经济体，由于统计数据的不确定，经济总量虽然不一定像有些学者所统计的占世界经济总量的四分之一或三分之一，但鸦片战争前，清朝是世界上最大的经济体，经济总量位居世界第一是没有疑问的。所谓的"康乾盛世"，也是历史上最为重要的"盛世"之一。其三，清朝是历史上文化最为发达的朝代之一，许多重要的文化工程、文化集成，像《古今图书集成》《四库全书》以及典章制度的编撰（会典则例、会典事例、会典等）、地方志的编撰、赋役全书的编撰、文集的编撰，等等，前所未有。图书文献的刊刻与典藏，也是前所未有。

当然，清朝也存在许多令人难以容忍的地方，如清初在国内统一的进程中对汉民族的镇压与屠戮，在清朝统一中国之后实行的文字狱、专制统治的加强，以及对外的闭关锁国、对内的满汉畛域，等等。

清朝在乾隆后期，特别是鸦片战争以后，就开始走下坡路。乾隆后期和嘉庆年间，民族矛盾开始加剧，先有苗民起义，后有白莲教之乱，乾嘉年间的动乱使社会经济、财政受到重创。鸦片战争以后，内忧外患，其中规模最大的太平天国动乱，持续了十几年，导致了经济的衰退和财政的匮乏。几次对外战争，赔款割地，疆土大片丧失，中国的许多地方变成了外国的势力范围，这在中国历史上亘古未有。也可以说是从发展的高峰跌入了落后挨打的深渊。这或许是人们后来形成的普遍印象"中国是一个贫穷落后的国家"之由来。

我 2015 年开始承担国家社科基金重大招标项目《清代财政转型与国家财政治理能力研究》，试图从财政这个视角探讨社会经济的盛衰和国家的治理能力。

财政是国家政权的一部分，是政权的经济存在。保证国家机器的正常运转是财政的一项重要职能。本课题首先研究财政转型，借此折射清代政治、经济、社会、文化等诸多领域变迁的样态。在中国财政史上，清代是一个承前启后的过渡时期，有人称之为"过渡财政"或"转型财政"。在清朝二百余年的转型发展过程中，在三个方面表现突出：一是财政行政组织的变化，中央由户部及下属的十四清吏司，到光绪年间，为适应新政，改为度支部和更加专门的"司"；二是奏销制度的变化，由传统的年终奏销到清末的清理财政及预决算制度；三是收支结构的变化，收入由清初田赋为主，到清末厘金、海关税、杂税杂捐等为主，支出增加了前所未有的实业支出、交通支出、教育支出、司法支出、外交支出等。这种财政转型，既有中国传统制度内在的变化，如自然经济向商品经济的发展，引发了实物财政向货币财政的演变；也有近代转型的外来因素，如税制改良、预算制度、收支新规等，无不渗透着西方财政制度的影响。同时也体现着传统财政向近现代公共财政的转变。

　　传统性的收支结构以及"量入为出"的财政理念，使得收入额度和支出额度相对稳定。而且，在正常情况下，以农业税为主干的财政总收入也不太可能有大的起伏，这正是清代前期的年度财政收入恒定在4000万两左右的主要因素。财政支出以军费、俸禄等消费性支出为主，只能维持国家机器的运转，不能对经济发展提供财力支持，也充斥着传统性和原始性。清代收支结构的变化以鸦片战争为起始。马克思在《中国革命和欧洲革命》中曾指出，1840年鸦片战争失败后，清廷被迫付给英国赔款等，清廷财政困窘，"旧税捐更重更难负担，此外又加了新税捐"（《马克思恩格斯选集》第二卷第3页）。这意味着新的支出导致了新的收入举措。旧税种的加征，主要是田赋征收中的附征和浮收勒折，以及盐课征收中的盐斤加价。新税种的征收，则有洋税（海关税）、厘金、鸦片烟税等项。但是，鸦片战争以后十年间的财政岁入及其结构，与康、雍、乾、嘉各朝基本相同，传统的"封建性"财政并未因之改变，其真正的变革是咸丰以后的事情。就岁入而言，咸丰以后凸现出三大特色：第一，年度收入急剧膨胀，这主要是由于新税种的征收使然。第二，财政收入结构明显改变。田赋（地丁）收入与原来相比相差悬殊。同时，盐课、关税、杂赋等传统收入在岁入总额中的比例亦大为降低。与此相反，新增加的厘金、洋税却一跃成为收入大宗。这正意味着传统财政收入结构的逐渐瓦解。第三，新税种的征收，虽然有许多"恶"的成分，但已浸染了现代色彩，如海关税的征收、企业税的征收、外债的引入、内债的发行，等等。即如人人斥责的厘金，也不能说没有现代财政意义上的合理性和对商品经济发展的促进作用。实际上，许多新税种的征收，正是传统财政向近代转型的重要内涵。岁出是与岁入相辅相成的，从财政的近代转型这个角度着眼，值得注意的是，创建新军的军费支出以及前所未有的实业支出、交通支出、教育支出、司法支出，等等，都具有特别的意义。

财政治理能力，既包括清王朝通过强化财政管理制度、不断颁布财政政策，对经济增长和社会稳定的综合能力；同时也包括地方官吏、基层社会及民众，特别是士绅在中央财政政策之下的应对策略和自身能动性。研究国家财政治理能力，是试图从财政史的角度来审视国家进行政治稳定、阶层利益调整、社会结构稳定的综合能力。换言之，在前近代落后的通信联系与物质运输的技术条件前提下，大一统国家的中央政府究竟是如何实现对庞大的统一帝国进行控制和治理的。

"治理"是一个比"统治"更宽泛的概念。"统治"是政府运用政治权威，通过发号施令、制定和实施政策这些政治手段，对社会公共事务实行单一向度的管理；"治理"却是一个上下互动的管理过程，它主要通过合作、协商、伙伴关系，确立认同的目标等方式完成对公共事务的管理，管理的实质在于形成共识和建立合作。特别是在晚清，也确实存在实例，如我主编的《晚清财政说明书》中记载有山西沁源县之"戏捐"，由知县"与学界、绅士议定"；偏关县之"铺捐"，"由学绅经收，不假官吏之手"。

西方学者很早就意识到中国的财政状况与国家官僚制度与地方治理有着密切的关联，即：政府行政能力的强弱主要表现在征集赋税、徭役的能力和效率方面，因而他们考察中国历史的一个重要视角就是朝廷的财政状况及与此有关的政治、社会变动。马克斯·韦伯则在《儒教与道教》一书中甚至提及"政治财政"的概念。相比欧美等西方学者的理论视野，日本学者则在具体制度与实证方面成果颇丰。

调节经济发展，是财政的另一重要职能。晚清时期，清政府在生产建设领域也投入了一定的财政资金，对近代工业亦有财政投资。据吴承明先生统计，截至1894年，洋务派的七家最大军工业的经费5896万元中，有85.5%来自海关税。

金陵机器局"历年用款均于淮勇军需报销内另册专案附奏请销"，天津机器局的创办经费由海关拨款；山东机器局的开办经费完全由藩库、粮道和常关解拨，平时经费也由藩库筹拨；湖南机器局、四川机器局、广州机器局的创办经费，也均由地方财政筹拨。应该说，这些财政资金的投入对当时的经济发展起到了一定的积极作用。但是，这些财政投入非常微薄，在整个财政支出中并不占重要地位，因而对经济发展的支持力度远远不够。晚清之际财政的困难、财政自主权的丧失和管理的混乱，使得通过财政手段调节经济发展的功能基本丧失，严重制约着晚清经济的发展。首先是财政投入不足。作为一个传统的农耕社会，农田水利等基础设施建设是旱涝保收的前提。然而在国家机器的运转已是勉力维持的情况下，晚清政府几无余财投放于生产建设领域。水利的年久失修使得抗灾能力下降，影响到农业生产。近代经济成分的发展同样缺乏来自政府财政的支持。以铁路建筑为例，资金贫乏是筑路的第一难题。清政府从开办铁路到1907年间，由部库和省库拨给铁路建筑的用款虽达4130余万元，但对于耗资巨大的铁路建设来说依然是杯水车薪。据统计，从铁路始建至1911年末，中国国土上共建成铁路9618.1公里，其中中国自建铁路5858.4公里，但这些自建铁路中本国投资极少，不得不仰给于外债（外债融资额约占82%）。至于列强直接投资兴建的铁路则有3759.7公里[1]，可见当时的铁路建设依赖

①严中平等编：《中国近代经济史统计资料选辑》，北京：科学出版社，1955年，第190页。

的基本是外资。其次，中国民族工商业的发展因财政自主权的丧失而在与外国商品的竞争中处于弱势地位，得不到应有的保护。西方国家在资本主义发展初期一般采取的是保护关税政策，即高额征收进口税而降低出口税，通过这种税制保护本国工业免受外来商品的打击，打开本国产品的国外市场；而中国却由于协定关税的束缚，实际海关税税率下降到5%以下。关于子口税和复进口税等的规定，还使本国商品须缴纳远高于外国进口商品的国内关税，民族工商业不仅不能从关税中获得任何保护，反而处于外国商品的打击之下。其三，财政管理和税制的紊乱亦严重制约着中国的经济活力。财政权的下移和管理的混乱，使得国内市场被人为分割，各省画地为牢、畛域分明，为筹措镇压太平天国的资金，各地普遍开办厘金，关卡林立，税制、税率不一，课税重复。厘金制度使得国内关税壁垒不断加重，严重束缚了国内市场的开拓，使中国民族资本主义近代工业的产品失去了在国内市场上与外国产品进行公平竞争的可能。这些问题，都涉及国家的治理能力，需要进行认真的研究。

张：美国汉学家柯文《在中国发现历史》一书中指出，要从中国发展的内在理路，而不是外力、外因来看待中国的历史与现状。您如何评价柯氏的这一理论？如果按照这一理论，那么仅从晚清财政经济史的角度来看，中国近代社会发展的内在理路是什么？

陈：美国汉学家柯文教授《在中国发现历史》是一本影响很大的著作，该书向西方汉学界指出了一条研究中国问题的新思路，即从中国发展的内在理路，而不是外力、外因来

看待中国的历史与现状。我不完全同意柯文的观点。笔者在
十几年前发表的《清代财政的近代转型》(《光明日报》"史
学版"2000年10月13日)中就已经指出:"清代财政的近代
转型有两种途径:一是中国传统制度的内在变化。就财政制
度而言,有些变化是从明代肇始,有些变化也许要上溯到唐
宋。在清代前期,这种变化也是明显的,不管是财政行政组
织还是钱粮奏销制度都处于不断完善之中。晚清财政制度的
变化也有其内在的因素。晚清的财权下移,中央财政对地方
财政的失控,财政的混乱与国家财力的不足,亦迫使清廷进
行财政的清厘和整顿。财政行政组织的变化、预算制度的实
行以及新税种的征收、新支出的开列,也可以看成是清廷主
动变革或力图摆脱财政困境的结果。二是财政制度近代转型
的外在因素。近代中国,积弱之局形成,面对外强的欺凌,
清廷内外的应对之策,有一个师夷之长技—自强求富—中体
西用的过程。在这一过程中,还只是处于'变器'和'变
事'的框架内,而未达到'变政'的境地。庚子之变之后,
八国联军进陷北京,丧权辱国的《辛丑条约》签订,清廷认
识到'晚近之学西法者,语言文字、制造器械而已,此西艺
之皮毛,而非西学之本源'。从而下定决心,要进行全方位
的变革。光绪三十二年,清廷宣布预备立宪,以此为契机,
政治体制和财政体制的变革被纳入宪政的轨道。无疑,晚清
的变政和预备立宪,均给财政的近代转型带来直接的影响。"
这主要是就晚清的财政制度变化而言。从整个社会发展变化
来看,晚清处于向近代社会转型的阶段,伴随着国门的洞
开,近代西方文明传入中国,一些新的理论、制度和管理手

段逐渐被介绍到中国。另一方面，国内政治经济局势的变化，也迫使晚清政府因应时势作出调整。外因占相当重要的因素。在不同的历史发展阶段，内因和外因是相互作用的，只是作用的大小不同。

张：您能否以清代财政经济史研究为例，说明当前中国社会经济史研究中存在着哪些薄弱环节？在今后的研究过程中，需要从哪些方面进行突破？

陈：在断代财政经济史研究方面，与其他朝代相比，应该说清代的财政经济史研究取得的研究成果丰硕，包括早期的20世纪上半叶的吴廷燮《清财政考略》、王振先《中国厘金问题》、罗玉东《中国厘金史》、木村增太郎《中国的厘金制度》、吉田虎雄《中国关税及厘金制度》、松井义夫《清代经费之研究》、百濑弘《清朝的财政经济政策》、高柳松一郎《中国关税制度论》、莱特《中国关税沿革史》、清水孙秉《清国货币论》、安东不二雄《清国国债事情》等。20世纪下半叶的许大龄《清代捐纳制度》，彭雨新《清代关税制度》《清代土地开垦史》，魏建猷《中国近代货币史》，杨端六《清代货币金融史稿》，叶世昌《鸦片战争前后我国的货币学说》，刘秉麟《近代中国外债史稿》，佐伯富《清代盐政之研究》《清雍正朝的养廉银研究》，川胜守《中国封建国家的统治结构——明清赋役制度研究》，景复朗《1845—1895年中国的货币和货币政策》，魏丕信《18世纪中国的官僚制度与荒政》，曾小平《州县官的银两》，王业键《中华帝国的田赋》（《清代田赋刍论》）、《中国近代货币与银行的演进（1664—1937）》，陈昭南《雍正乾隆年间的银钱比价变动》，刘翠溶《顺治康熙年间的财政平衡问题》，彭泽益《十九世纪后半期的中国财政与经济》，徐泓《清代两淮盐场的研究》，王树槐《庚子赔款》，庄吉发《清世宗与赋役制度的改革》，赖福顺《乾隆重要战争之军需研究》，何烈《清咸同时期的财政》《厘金制度新探》，王宏斌《晚清货币比价研究》，戴建兵《中国近代纸币》，宫下忠雄《近代中国银两制度研究》，滨下武志《中国近代经济史研究——清末海关财政与开港场市场圈》，许毅等《清代外债史论》，马陵合《清末民初铁路外债观研究》，李文治、江太新《清代漕运》，彭云鹤《明清漕运史》，吴琦《漕运与中国社会》，倪玉平《清代漕粮海运与社会变迁》，王振忠《明清徽商与淮扬社会变迁》，李向军《清代荒政研究》，陈支平《清代赋役制度演变新探》《民间文书与明清赋役史研究》，袁良义《清一条鞭法》，李三谋《明清财经史新探》，邓绍辉《晚清财政与中国近代化》，周育民《晚清财政与社会变迁》，刘志伟《在国家与社会之间——明清广东里甲赋役制度研究》，何平《清代赋税政策研究》，叶松年《中国近代海关税则史》，陈诗启《中国近代海关史》，戴一峰《近代中国海关与中国财政》，冈本隆司《近代中国与海关》以及笔者的几部著作，等等。进入21世纪，有关研究成果更多。即使这样丰硕的成果，也依旧存在着薄弱环节，且不说相关论题有研究深浅的区别，有些方面还存在着研究的空白，比如赋税征收册籍的研究、杂税的研究、皇室财政的研究、地方财政的研究，等等。

中国社会经济史研究范围广泛，存在的薄弱环节更多。今后的相关研究，我想至少要注意以下问题，或者说在以下问题上应该有所突破：

一是制度、政策史的研究。不可否认，制度史的研究，一向被学者重视，但仍然有研究的空间。从某种意义上说，制度与政策是相辅而行的，政策是制度的先声——某一种社会经济制度的形成与更张，总是踵行着政策变化的轨迹；制度又是政策的体现——某一种政策的颁布与实施，总能在社会经济制度的日趋缜密中寻出踪影。所以，探讨相关政策，也必须窥察有关制度的演变。也就是说，制度的研究要与政策的研究结合起来。这是问题的一个方面。另一方面，在许多情况下，政策的颁布是一回事，政策的实施又是一回事。官僚政治影响社会经济的一个显著特点就是政策在逐级执行过程中的变异，尤其是一种似是而非的带有缺陷的政策，各级官僚最后执行的结果可能恰恰就是对缺陷的逐级放大，从而导致统治者始料不及的种种弊端。在这种认识的基点上，对任何政策的研究，决不应止于政策本身，更为重要的是揭示出政策执行过程中的种种问题和症结。同时，以往的研究，大多注重上层制度的研究，对县级及基础制度的研究关注较少，对一些专门性的制度研究也较少。

二是区域社会经济史，特别是民族地区、边区的社会经济史研究。研究区域社会经济问题，对经济区的划分，是研究的初阶和立论的基点。著名学者、美国斯坦福大学教授施坚雅曾将区域体系理论引入中国史研究，他从"大规模经济区域"着眼，将传统社会后期的中国划分为东北、华北、西北、长江上游、长江中游、长江下游、东南沿海、岭南和云贵9个区域。台湾"中央研究院"进行的中国现代化区域研究，则分作 10 个区域进行。杨国桢先生在 1987 年国际清代区域社会经济学术讨论会（广州）上提交的论文《清代社会经济区域划分和研究构架的探索》认为："区域研究是自然科学和人文社会学科都采用的一种研究方法。作为不同学科特定对象的区域，其划分的标准不同，范围也不一致。如地理学上的自然地理区域、经济地理区域、历史地理区域，气候学上的气候区域，农学上的作物种植区域，经济学上的经济区域、市场区域，政治学上的行政区域，民族学上的民族区域，语言学上的语言或方言区域，人口学上的人口区域，文化教育学上的文化区域，宗教学上的宗教区域，民俗学上的民俗区域，等等，其覆盖、组合的范围大不相同。在同一学科内，由于研究的侧重点不同，区域的范围也随之而调整。"至于社会经济区域的划分，则要考虑到自然生态环境、经济环境、人文环境、政治环境等综合因素。近三十年来，区域社会经济史的研究有许多进展，但研究不平衡，一些民族地区、边区的社会经济史研究尤其缺乏深入的研究，导致中国社会经济史的研究主要是汉族地区的社会经济史研究。

三是基层社会和人民生活的研究。我在《中国经济史纲要》的"绪论"中已经指出过："人口、家庭、宗族以及乡村基层组织与社会，虽然更多的具有社会史色彩，但与社会经济特别是农村经济息息相关。在传统的中国社会，人口既是社会经济发展的必要条件和衡量社会经济发展的标尺之一，同时也是征收赋税、征发徭役的重要依据之一。人口数量的多寡往往决定着不同的社会生产方式和不同的征敛方法，进而也决定着不同的社会组织形态和社会结构。另一方面，在以种植业为主体的传统农耕社会中，人们往往聚族而居，地缘与血缘紧密结合，形成许多村落家族共同体。国家对基层社会的有效控制，也意味着有效地组织生产和征收赋役。"所以对基层社会的研究是社会经济史研究的重点，同时也意味着对社会经济史的研究要与财政史研究、社会史研究相结合、相渗透。而对人民生活的研究，除了需要在物价、货币、生活品类、社会保障等方面下功夫外，同样需要与财政史研究、社会史研究相结合、相渗透。

四是技术史、物质文化史以及一些细微问题的研究。技术史的研究既包括传统的生产工具、生产技术的研究，也包括专门的工艺。生产工具、生产技术貌似有研究基础，但各行各业有不同的生产工具和生产技术，所以许多研究还是很欠缺的。对专门的工艺研究就更加谈不上，或者说没有引起历史学者的重视。物质文化史的研究不单纯是文化史的研究任务，也是社会经济史研究的选题。这些年，除了我自己对砚台、造办处匠人待遇等进行过一些研究外，也指导学生将其作为博士论文的选题，如清代的玻璃生产与料胎画珐琅鼻烟壶的研究等。对一些细微问题的研究，也应该引起重视，在以往的研究中，许多重要的问题是似是而非的，比如赋税征收册籍，在具体的赋税征收过程中到底以什么为依据，就远没有说清楚。

张：在您的著作中既有微观细致的考证，也有宏观缜密的理论思考。对于初涉史学者，您有什么建议？

陈：历史研究首先是尽可能还原历史，把历史的情景和发展过程说清楚，这是治史的初阶，所以实证研究是第一位的。历史研究过程中的理论研究我认为有两个方面，一是在研究过程中的问题意识或指导思想，二是研究过程中的理论归纳或抽象。如果没有问题意识，就会影响到研究对象的选择、研究的路径和研究的功效；如果没有理论归纳，就没有研究的升华，就没有"大手笔"。对于初涉史者提出具体的建议，只有一点，那就是仔细阅读史料、感悟史料，在常见史料或稀见史料中发现一般人没有发现或忽略的问题。

张：最后一个问题，中国是一个高度重视历史的国家，可是在当下的社会环境，历史学研究似乎又面临着尴尬的边缘化境地。请问，您如何看待历史研究的社会价值问题？

陈：历史研究有重要的社会价值，是没有疑问的。我在20世纪80年代曾经发表过《时代变革与史学选择》《"以史为鉴"需要重新认识》《时代氛围与科技进步：历史的窥察》《论心理分析在历史研究中的应用》《灰色系统理论与中国经济史研究》等理论与方法论的文章，仍然有参考价值。对历史研究的价值可作两面观：首先，历史作为一门"学问"，无论社会如何变化，无论如何尴尬和边缘，大可不必去理会，潜心进行研究，有一点"藏之名山"的古风，其价值总有一大会被认识到。其次，一代人有一代人之学问，一代人有一代人之视野，史学研究之树常青。时代变革必然影响到历史学者的选择，在当今改革深入、社会转型的背景下，选择与时代合拍或对现实有借鉴意义的课题，诸如传统经济与现代化进程、市镇经济与城市化进程、经济发展与环境变迁，等等，其社会价值可能会比较直接地体现出来。当然，任何社会价值的体现，必须遵循历史研究的基本规律。

张：感谢您在百忙之中接受本刊的采访！希望您今后的研究工作取得更加丰硕的成果！同时也希望您继续关心和支持本刊的发展！

陈：谢谢！今后我会继续关注贵刊，也希望贵刊对我们的研究一如既往地支持。

（注：本文系本刊记者张卫东根据陈锋教授的谈话录音整理而成，并经陈教授亲自审定）

（原载《江汉论坛》2017年第4期）

序言与评论

彭雨新先生的为人为学及财政经济史研究

——《彭雨新文集》序

一、彭先生简历及友人、学生回忆

彭雨新（1912.10—1995.4）先生，曾用名彭凯南、霭云，是著名的经济史学家，专精于财政史研究。出身于湖南浏阳一个殷实的家庭（彭先生去世后，我代拟讣告，查阅彭先生的档案，彭先生自填的履历表，家庭出身一栏为"地主"，并注明祖父是地主，父亲是教师。另有一份材料中说"家有700亩水田"，由于是"文革"中的检举材料，不可尽信），先是读私塾，后入著名的浏阳公学（浏阳中学）读书，并担任班长，与后来担任中共中央总书记的胡耀邦同班。中学毕业后，考入中央政治学校大学部财政系学习。1939年8月大学毕业后，在中央研究院社会科学研究所读研究生，承陶孟和先生的青睐，同时参与有关研究项目，毕业后留所工作。这一时期，抗日战争爆发，彭先生的父亲在日本飞机的轰炸下死难，家道渐衰。彭先生随社会科学研究所辗转于桂林、昆明和四川南溪县李庄，同时兼任在李庄的同济大学教授。1948年，由陶孟和先生以及代理所务的梁方仲先生举荐，赴英国曼彻斯特大学经济学院研修经济学。1949年秋，彭先生回国，面临选择新的单位，或仍然回归中国科学院社会所（后为中国社会科学院经济所），或另择去向。有一次彭师母讲，她不适应北方生活，反对北去，适逢梁方仲先生新任岭南大学经济商学系教授兼系主任，受梁先生之邀，彭先生任岭南大学经济商学系及随后创立的经济研究所教授。1952年，岭南大学与中山大学合并，任中山大学经济系教授。

1953年，由于全国性的院系调整，调任武汉大学经济系教授，并任金融教研室主任。1955年，转入武汉大学历史系，协助李剑农先生整理《中国古代经济史稿》，并先后担

彭先生在岭南大学填写的履历表

任中国近代史教研室主任、历史系副主任、中国经济史研究室主任，同时兼任中国社会科学院经济所研究员。此后一直任职于历史系。1990年岁末，彭先生和师母去天津女儿家居住，直至1995年逝世。

在彭先生百年诞

1950年，彭先生（左一）在岭南大学与梁方仲（左二）、司徒森（左三）、王正宪先生合影

1953年，中山大学经济系毕业生与老师合影，前排右起第二人为彭先生

1955年，彭先生、饶运繁师母与母亲、子女在
武汉大学寓所前合影

1979年，与中国社科院经济研究所同行合影，前排右起
第三人为彭先生

1981年，彭先生与日本学者西村元照等合影。二排左二为
唐长孺先生，左三为时任武汉大学副校长高尚荫先生，右
一为彭雨新先生，右二为西村元照先生

1988年，彭先生、饶师母与早前弟子刘克祥（中）、
陈钧（左）、姚会元（右）合影

辰之时，我与张建民兄合作主编了《中国财政经济史论稿——彭雨新教授百年诞辰纪念文集》，并举办了纪念会议。"纪念文集"收录了学术界同行郭松义、黄启臣、薛国中、杨剑虹、代鲁、冯天瑜、叶显恩、江太新、鲁才全、刘石吉、史志宏、张研、刘志伟、马敏、朱英、石莹、吴琦、潘洪钢、彭南生、张艳国、鲁西奇以及陈钧、姚会元、陈锋、张建民、任放、彭涓涓、廖艳彬、任贤兵、张绪、金诗灿、潘浩等弟子、再传弟子的专业论文。本来是作为"民间"形式的纪念会议，所以会议由我主持，但时任武汉大学党委副书记蒋昌忠、华中师范大学党委书记马敏、中国社科院经济研究所副所长刘兰兮、武汉大学历史学院党委书记刘礼堂等领导闻讯参加了纪念大会。刘绪贻、赵德馨、周秀鸾、吴剑杰、冯天瑜、叶显恩、刘石吉、范金民、刘志伟、马敏、朱英、魏明孔、钞晓鸿以及弟子刘克祥、陈钧、姚会元、张建民、任放、杨国安等人在纪念会现场作了回忆发言。据武汉大学的新闻报道："张建民介绍了恩师彭雨新的生平，彭雨新之女彭海云表达了对父亲的爱戴和怀念之情，刘克祥追忆了导师对自己为人为学的深刻影响，马敏回忆了自己与彭雨新的交往过程和彭雨新的高尚师德。蒋昌忠在致辞中指出，彭雨新作为优秀教师，培养了一大批著名经济史学家；作为杰出学者，他的一系列著作对传承先辈遗产、启迪后学创新都具有重要意义。"刘绪贻、黄惠贤、萧致治、罗威廉、梁承邺、刘志伟以及刘克祥、陈钧、姚会元、李隆昌、张建民、熊元斌等授业弟子和彭先生家人的回忆文章也收录在该文集中。这些回忆文章涉及彭先生的为人与为学及相关行状。

百岁老人刘绪贻先生与彭先生同庚且长期为邻（刘先生住二楼，彭先生住三楼，有时去彭先生家，会碰到二人在楼下打羽毛球），刘先生说："我是1964年春末夏初调回武汉大学历史学系新成立的美国研究室工作时，认识彭雨新教授的。当时，他是历史学系副主任，为人平易谦和，负责任，仔细而恰当地为我安排了工作与生活的事宜，初步给我一个好印象。后来，尽管我们的专业不同，他从事的教学和科学研究工作属于中国史范畴，我从事的工作属于世界史范畴，业务上难打交道，但由于我们长期是邻居，来往还是比较密切的，是建立了相当感情的。……彭先生做学问刻苦认真，学风谨严，为人正直，从善如流。他的朋友和学生交口称赞。有的时候，甚至使我觉得他作出了不应有的让步，过分的吃亏。"

黄惠贤先生回忆说："大概1958年初，记得是早春时节，系里秘书计划安排我们毕业班的学生撰写毕业论文，指定我的指导老师就是专攻经济史的彭雨新先生。……为我确定的毕业论文的题目《关于曹魏屯田制度》，约在一周后，我再次来到彭师的家，彭师对我进行了系统的指导。……剑老（李剑农）逝世后，彭老师除上中国经济史有关课程外，还长期为了继承、发展中国经济史的工作，进行着三方面的工作。第一，招收研究生，为中国经济史的巩固、发展培养人才。早在1962年，彭师招收应届毕业生刘克祥为经济史研究生，毕业后分配到北京中国社科院经济所工作。'文革'后，又招陈锋、张建民等，毕业后留校工作至今。第二，先生高风亮节、委曲求全，为完成剑老未完成之事业，为建立中国经济史研究室（后成立中国经济与社会史研究所），彭师进行过长期、曲折、艰苦的努力。第三，为中国经济史研究室资料建设，长年到中国第一历史档案馆、中国社科院经济研究所、历史所等单位，阅读档案，抄录文献，搜集资料逾百万字。经过多方努力，在1992年12月，终于由武汉大学出版社出版60余万字的《清代土地开垦资料汇编》。为历史系留下了一笔可贵的遗产。"我和建民兄在跟随彭先生读硕士研究生后，跟随黄惠贤老师读博士学位，据说，专长魏晋南北朝史研究的黄先生之所以录取我们，与我们是彭先生的学生有莫大的关系。

萧致治老师的回忆文章，除缕述彭先生的经历和对他的指导外，一是谈了彭先生"为整理出版李剑农的著作所作的贡献"。认为，李剑农先生"在解放前对中国古代经济史的发展变化，作了系统的整理，编成《中国古代经济史稿》，油印发给学生学习。1943年，蓝田新中国书局曾铅印过先秦两汉部分；1947—1948年，武汉大学出版部也作为教材铅印过《中国经济史》上册（同为先秦两汉部分），但都仅供教学之用，未能广泛发行，更没有全面正式出版。李剑农先生1954年因患青光眼导致双目失明后，本人已无能力细加编辑，交出版部门正式出版。在此情况下，彭先生为了使李老的毕生心血之作不致湮没，促成该书正式出版。他作为历史系的副主任，曾花了大量精力，在原来油印讲义的基础上细加整理校勘，还补写了魏晋南北朝时期的田赋部分，以成全璧。正是在彭先生的热情和无私的协助下，该书才在1957—1959年间，分成《先秦两汉经济史稿》《魏晋南北朝隋唐史稿》《宋元明经济史稿》三册，由生活、读书、新知三联书店出版。1962—1963年间，中华书局又据原纸型进行重印。改革开放以后，全国高等学校教材会议将此书列为重要教材或教学参考资料。为了适应高等学校中国古代经济史教学的需要，复由彭先生牵头，邀请李则鸣、卢开万、殷崇浩，对全书分别再次进行校改，统一定名为《中国古代经济史稿》第一卷（先秦两汉部分）、第二卷（魏晋南北朝隋唐部分）、第三卷（宋元明部分），由武汉大学出版社于1990—1991年出版。彭先生去世十年后，该书又作为'武汉大学百年名典'之一，把三卷合并成《中国古代经济史稿》，由武汉大学出版社出版精装合订本。同样，李剑农的成名之作《最近三十年中国政治史》（1898—1928），自1930年由上海太平洋书店出版以后，解放前曾六次重印。新中国成立后，中华书局编辑部考虑到此书仍有重要参考价值，决定适当加以校改后重印，又是由彭先生承担起整理的任务。在'书的内容和观点，都基本上保持了原来的面貌'基础上，由彭先生和崇汉玺作了适当的校改，交北京中华书局再版"。二是谈了"促成美国学者罗威廉著的《汉口：一个中国城市的商业和社会》（1796—1889）一书由英文译成汉文出版"。萧致治老师谈到，罗威廉"于1980年12月底到达武汉，学校决定由我和彭雨新先生负责接待，指导罗威廉在武汉各图书馆查阅相关资料，并实地在武汉进行考察访问，为期4个月，直到1981年5月初始离汉回国。1984年，罗威廉的这本专著由美国斯坦福大学出版社出版后，曾分别寄给彭先生和我。彭先生接到此书后，认为此书对近代前期的汉口做了很有价值的研究，值得译成供关心汉口发展的读者参考"。后来经过一些曲折，在彭先生的儿媳江溶初译、彭先生校改的基础上，由鲁西奇加以整理，最后得以在中国人民大学出版社出版。

为了促成《汉口：一个中国城市的商业和社会》在国内出版，彭先生专门在《中国经济史研究》撰文《十九世纪汉口商业行会的发展及其积极意义》进行推介："1984年，美国斯坦福大学出版的罗威廉教授新著《汉口——一个中国城市的商业和社会》是一本对十九世纪汉口商业经济有着极丰富内容和独到见解的权威著作。该书的重要贡献，除细致阐述汉口作为商业中枢对有关地区各种商品集散转输起着综揽大局的作用以外，特别对商业行会的发展作了详尽的论证与精辟的分析。"实际上，该文不是一般性的推介，同时论述了"从同乡会到同业行会""为了解决同业间利害冲突而扩大行会——以药材贸易行会、木材贸易行会为例""为了茶贸的共同利益而组成的茶业公会""以发展商业稳定金融市场为主旨的钱业公会""汉口盐业公所在太平天国战后的新气象"等问题，进行相关事项的进一步阐发，进而认为："对十九世纪汉口商业城市历史地位的基本估价，在西方学者中存在着两派不同的看法：一派以欧洲中世纪城市居民区发展所形成市民自治的'都市团体'为模式，认为中国城市并不曾有过相同的政治制度和社会结构；中国城市主要是适应行政管理需要的产物，其作为地方政府所在地和军队驻地的政治作用一直是首要的；中国城市的兴盛主要不是依靠市民在经济政治上奋发进取精神而是依靠行政管理。在这些基本性质上，汉口当然也不例外。另一派则认为近代商业发展所形成的商品集散中心，推动着城市与周围乡村之间、大中小各层次城市之间以及远距离大城市之间的商品交流，从而加强着日益频繁的商业组织联系；商业团体为着本社团利益不能不考虑对方的利益，有必要订出本社团共同遵守的法则，建立在确信合理的有秩序的市场基础的质量管理，集体抵制对本行业有损害的外来压力（包括当地政府），并共同担负应分摊的当地社会公共事业的责任。这样，商业团体实际上进到自治政体的境界。这就是社会学者施坚雅（G.W. Skiner）用'中心地方'理论以研究中国城市的摹本观点，罗威廉正是宏扬这一派理论体系的杰出者，他以明显实例推重汉口行会组织的先锋作用，驳斥着韦伯之流的无稽滥调。……（汉口）行会在解决同行业内部纷争、发展汉口茶叶外贸、稳定汉口金融市场、复兴淮盐运销各方面的积极作用，不仅有利于本行业及华中地区商业发展形势，更重要的是各行业发展进程中有其时代前进的重要历史意义，这正是著者目光炯炯之所在。"

罗威廉先生在其回忆文章中，认为"彭教授是一位杰出的历史学家，为人十分亲善。他对我中国近代史观的形成曾起了重大作用"。同时也谈了在汉期间彭先生对他的帮助："在那期间，我正在进行对博士论文的修改出版工作。当时我们（罗威廉和他的夫人）居住在武大东湖边山坡上的一所小砖房里，彭教授经常来看我们，指导我如何运用史料或谈些别的有关我研究课题的问题。我清晰地记得有这么一天，我在向校方多次申请下得以与学校青年教工们一起打篮球，一场球下来，我汗流浃背。在我回屋淌着汗仅穿着运动短裤大口喝着啤酒时，彭先生不期而至，手里还拿着他刚发现的关于汉口历史的新资料。我当时为我的窘相不胜难堪，彭先生却丝毫没有在意。他一再告诉我他没有感到被冒犯，相反还觉得这个场面很有趣。在我离别武汉去北京档案馆之前，彭先生用一张精美的宣纸及秀丽的汉字亲笔赋诗一首送给我。我想这就是老一辈中国学者的风范吧。这首诗描述了中西方的友谊，我的武汉之旅和我在汉口研究上的辛勤耕耘。他还提及了我在家中喝着啤酒遥望东湖的一幕。现在这首诗还挂在我学校办公室的墙上，时时让我回忆起三十年前的武汉之行。"罗威廉还谈到了招收彭先生的孙女彭涓涓为博士研究生之事，说："如同她祖父一样，她也是一位杰出的中国经济史学生。每当我碰到她及读到她的文章时，总让我回忆起彭先生以及他在多年前对我的热情帮助。"彭涓涓的本科在武汉大学经济与管理学院就读，原非历史专业。有一次，我与李伯重教授谈及此事，伯重兄有点吃惊，说罗威廉从不招跨专业的学生，我将其中缘由相告，伯重兄释然。

梁承邺为梁方仲先生哲嗣，1962年毕业于武汉大学生物系，曾任中国科学院华南植物研究所所长。在回忆文章中，既谈到了彭家与梁家的交谊，也揭示了一些不为人知的学术史料："在社会科学所（中央研究院社会科学研究所）期间，彭伯伯与先父虽不是同一研究组，但他们从事的研究领域却都以财政史为主，只不过其着力的时代有所偏重，一是清季和现代，一是明代为主。大概是这样的缘故，他们经常磋商、研讨，甚至进行合作研究。彭伯伯在社会科学所发表的第一部专著便是1943年出版的《川省田赋征实负担研究》

（与陈鹤梅等合著）。在该书的前言中彭伯伯等曾有对先父致谢的言语（陈锋按：陈鹤梅即陈友三。'前言'即绪言所称：'笔者等于民国三十一年春进行川省田赋征实调查，承川省府及各县办理粮政田赋人员惠赐资料，提供意见，又本书草成后曾承陶孟和、梁方仲、丁文治三先生详细校正'）。为了使今人对该项研究的来龙去脉及其结果有更深更具体的了解，不妨照录如下一段至今尚未披载的珍贵史料：'各省田赋征实与粮征购之研究。民国三十年所施行之田赋征实与粮征购两大政策，为我国适应战时需要而行之财政上之一大兴革。本所鉴于此两项之重要，乃于三十一年春，值各省三十年度征实、征购已见结果之际，开始在川、湘、黔、桂、赣五省试作调查。调查之主旨，在以学术立场考察粮征实施对军粮、民食、粮价、政府收入、人民负担诸方面之影响，重在政策之研究，兼及政策相关联之机构手续问题。参加是项者，计有本所同人梁方仲、丁文治、彭雨新、陈鹤梅、陈思德（以上担任川省调查），刘隽（湖南）、严中平（湘、赣两省）、林兴育（黔、桂两省）等八人。此外向贵州省政府借调张馥庄君临时参加黔、桂两省调查工作……'"梁承邺所引用的材料，是当时社会科学研究所的工作报告，从中可以看出《川省田赋征实负担研究》的写作缘起，以及以调查为获取资料的研究特色。梁承邺还谈到，本科就读于武大的叶显恩、鲍彦邦之所以能成为梁方仲先生的研究生，也与彭先生的推荐有关。叶显恩老师也曾经告诉我，他的本科毕业论文即是彭先生指导。

刘志伟教授也是与彭先生接触较多者，志伟兄在为纪念会议提供的论文《略论清初税收管理中央集权体制的形成》附记中说："武汉大学要举行纪念彭先生诞辰100周年的活动，陈锋兄希望我写一点纪念的文字，我本来也非常希望写一篇小文表述缅怀彭先生之情，无奈几个月来一直被各种事务缠身，没有能够如愿。于是，翻出了这篇记录了在我求学道路上亲沐彭先生教泽的旧稿。"所谓"亲沐教泽"，是指为了编写国家教委委托的《中国封建社会经济史》教材，志伟兄来武大修改宋代至清朝部分，"一边向彭先生请教，一边着手修改整理稿子。我每隔一两天就到彭先生家里，向他汇报稿子各部分的情况，听取他的意见，再回住处修改文稿。本来我个人负责执笔的是北宋部分，但明清赋役改革部分的稿子彭先生提出要我重写。为了能够把握好彭先生对明清赋税制度的学术见解，我和彭先生就明清财政问题进行了比较多的讨论。为了理清自己的思路，我当时写了一些关于清代财政问题的笔记，向彭先生请教。其中关于清代财政管理的中央集权体制，我写了一篇稍长的文字，呈给彭先生请教，得到彭先生的认可，我再按这篇文字的基调去改写相关的文稿，终于在较短的时间里顺利完成了教材书稿的修改任务"。这篇《略论清初税收管理中央集权体制的形成》，就是志伟兄说的在武大期间专门写的较长的文字。彭先生也曾多次在我们弟子面前赞扬刘志伟、陈春声，后来也在给我的一封教材编写的信中说："刘志伟、陈春声两人写的都达到了较高水平。……经过长期周折磨练之后，获得这样的成果，这是我自认为值得安慰的事。特别是刘志伟通过这次编书（他也同时教这门课），有着很大的提高，将来必将更有发展、更令我欣慰。梁方仲先生是我的好友，我对他的学生有所帮助，也就心安理得了。"另据志伟兄说，彭先生不但专门去中山大学主持他们的研究生毕业答辩，在他晋升教授时，也专门写了评价至高的推荐信。

同门刘克祥、陈钧、姚会元、李隆昌、张建民、熊元斌等写的回忆文章，也多可观，不再一一赘述。

二、文集的出版及彭先生的研究起始和研究特色

在彭雨新先生百年诞辰之际，我和建民兄已经有出版彭先生文集的想法，但一直没有编辑出版文集的条件。在2012年的湖北省政协"联组"会上，我作为省政协常委，代表

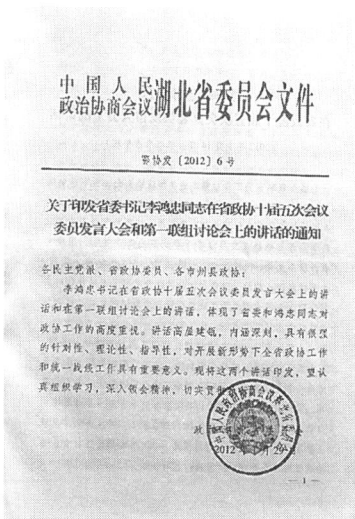

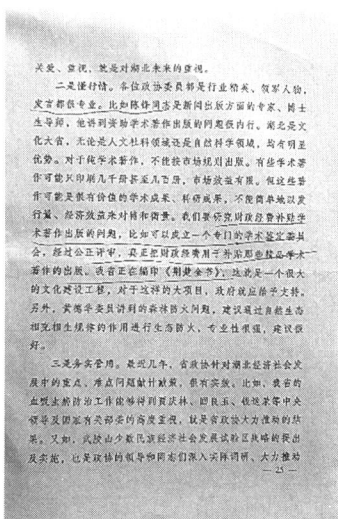

2012年，湖北省委主要领导对笔者在政协会议上相关建议的回复

"九三学社界别组"发言，提出设立湖北省学术著作出版基金的建议，得到省委、省政府的支持。

2013年，由湖北省新闻出版局管理的湖北省学术著作出版基金设立，每年有2千万元的经费可以动用。由于我当时兼任湖北省新闻出版局的副局长，彭先生又是我的老师，为了"避嫌"，尽管彭先生的年资和学问都很突出，也不便最先提议立项。在最初两年，《章开沅文集》和《冯天瑜文存》先后立项。之后，《彭雨新文集》在评审专家的支持下，得以立项。《彭雨新文集》的编选也提上日程，由我提议，专门召开了文集编选以及分工协作的会议，并在武汉大学任教的彭门弟子及再传弟子张建民、任放、杨国安、王美英、周荣、徐斌、洪均等诸位同仁的共同努力下，文集编成，并在湖北人民出版社领导及责任编辑的具体操办下，《彭雨新文

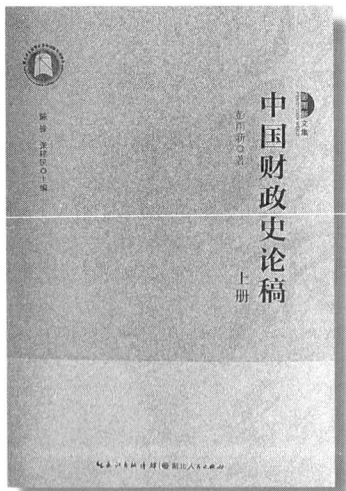

《中国财政史论稿》书影　　　《中国社会经济史论稿》书影

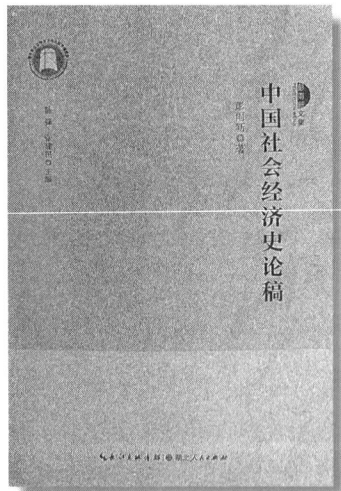

集》得以顺利出版。

《彭雨新文集》分为八卷，即：《川省田赋征实负担研究》《县地方财政》《明清长江流域农业水利研究》《清代土地开垦史》《清代土地开垦史资料汇编》《中国封建社会经济史》《中国财政史论稿》《中国社会经济史论稿》。本来还计划将彭先生的手稿、信件、笔记等专门作为一卷影印出版，但由于原保存在中国社会科学院经济研究所资料室的《战时粮食问题研究》几次寻找没有找到，一些保存下来的信件、笔记又涉及一些人事，最后和建民兄商量，影印一卷的计划作罢。

在《中国财政经济史论稿——彭雨新教授百年诞辰纪念文集》中，建民兄曾经整理了《彭雨新先生主要论著目录》，此次编选文集，又有新的补充，如《征兵制实施方法的商榷》，系从《民意周刊（汉口）》（第48期，1938年）中搜集补充。另外，又搜集了部分未刊稿，如《从一条鞭法到摊丁入地的历史意义》《论鸦片战争前广州地区棉纺织业的资本主义性质》《从旧中国的外债看帝国主义"援助"的性质》《西康财政概述》《建国前夕边疆少数民族残存的古代社会制度的剪影》等。另外，《清代关税制度》一书，由于篇幅较小，不作单独的著作，收录《中国财政史论稿》之中。在整理过程中，只对明显的语句错误作修正，尽量保持原貌；一些统计表格中的数据，间或有分目与总计的数字不合，由于是调查统计的数据，已经难以核查，也一仍其旧。希望读者谅解。

由于彭先生出身于财政学，又在英国曼彻斯特大学经济学院研修过经济学，其著述中所表现出的财政学、经济学理论特色是显而易见的，如在《清末中央与各省财政关系》中谈到"解协款制度"时即说："解协款制度之推行，隐有现代财务行政之岁计制度作用在内。岁计制度是以年度预算为基础，以审计方法稽核收支动态，以决算表示全年度收支静态结果。"其条分缕析的实证研究的严谨学风，也为学术界所熟知，毋庸多言。笔者在《桃李不言下自成蹊——纪念彭雨新先生百年诞辰》一文中，已经从"中国经济史的整体研究""清代及近代财政史的研究""明清经济史的研究"三个方面，概述过彭先生对中国财政经济史的贡献，也不再赘述。在这里，只对彭先生的研究起始和研究特色进行归纳。

1941年，彭先生在中央研究院社会科学研究所（1945年改称"社会研究所"）研究生毕业后，留所工作，当时被分在财政史组，按当时社会科学研究所1941.1—1943.12的"工作报告"（工作计划），该所的研究分为经济理论、社会经济史、一般经济、工业经济研究、贸易研究、金融物价、财政粮政、行政研究八个方面，其中财政史组的财政粮政研究计划，"含地方财政研究（严仁赓、彭雨新）、我国田赋制度之改进（丁文治）、资本问题（陈鹤梅、陈思德）、各省田赋征实与粮食征购之研究（梁方仲、彭雨新、陈鹤梅、陈思德、刘隽、严中平、林兴育）"。此后的研究计划，彭先生又被指定为进行中国税制研究[1]，彭先生承担的任务最初即是地方财政和田赋征实以及税制研究，这种"分派"式的研究，

①梁承邺：《无悔是书生：父亲梁方仲实录》，北京：中华书局，2016年，第117—118页、170页。

事实上奠定了彭先生一生以财政史研究为主的研究路径。又由于社会科学研究所特别强调和重视实地调查（这当与北平社会调查所与社会科学研究所的合并有关），彭先生早年的著作也体现出田野调查、调阅地方档案的特色。

彭先生在1943年3月所写《川省田赋征实负担研究》的"绪言"中说："笔者等于民国三十一年春进行川省田赋征实调查，承川省府及各县办理粮政田赋人员惠赐资料，提供意见。又本书草成后，曾承陶孟和、梁方仲、丁文治三先生详细校正。"在1943年9月所写《县地方财政》的"前言"中说："笔者近年从事各省地方财政调查，就已搜集之资料加以整理，将县地方财政演变情形以及现行制度概况，分述八章。……本书之作，承本所所长陶孟和先生指示进行方法，予以各省实地考察机会，获益良多。文稿经陶孟和、梁方仲、徐义生、巫宝三、吕恩莱诸先生加以指正，方仲先生尤多启迪教益之处，至所感激。笔者近年实地调查，承财政部地方财政司及川、黔、湘、赣、桂、粤各省省县地方财政机关多予方便，俾获详询实际情形、借阅有关档案、重要资料，得以搜集略备。又一部分资料，系严仁赓先生历年调查所得。"两本书的写作缘起，均特别提到了实地调查以及阅读地方档案，也提到所内有关先生的指教，并特别提到严仁赓的先期工作。《县地方财政》出版后，严仁赓专门写了书评，认为，《县地方财政》的出版，意义重大，"其一，社会科学研究所是最早开始研究我国地方财政当中的一个，而同时又是当中最有成绩的一个。而且内移以后，研究调查还能始终不懈，未曾间断。……其次，这本《县地方财政》，又不独是社会科学研究所研究地方财政的第一本整本的著作，同时它也不愧是研究地方财政整个领域里面的头一本著作。它在今日出版，可说为学界放了一个异彩，一部分也应了我们多年的期待和殷望，我们焉能不对它加以特别的重视。……本书著者彭雨新先生，从二十九年起，参加社会科学研究所的地方财政研究，曾先后在西南各省调查，经验相当丰富，工作尤最努力。这本书由他来执笔，也不啻使他几年来的辛劳，获得了一份高的代价"[①]。严仁赓早年在北平社会调查所和社会科学研究所工作，有《抗战四年来之地方财政》《中国之营业税》等论文，1941年赴美。1946年回国后，先后任浙江大学、北京大学教授，转而研究世界经济，所以在中国财政史研究中的地位不显。

彭先生的有关研究特色，可以归纳出几个方面：

第一，对经典作家的论述灵活运用，根据中国历史的实际进一步分析。在《略论清代苏松农田水利修治的经费筹措》中，注意到马克思《不列颠在印度的统治》一文中"公共工程的职能"的提法，认为："马克思所说的公共工程，指的是农田水利。农田水利的设施，既要保持经常性的灌溉，又要保证洪涝时的排水。有了这样的水利设施，才可能农业上旱涝保收，在这基础上加上人工施肥以提高土地的沃度，这就是农业生产发展的前提条件。所以国家政权不能不执行农田水利修治的职能；忽视了这一点，水利设施的荒废

[①] 严仁赓：《彭雨新著"县地方财政"书评》，见《思想与时代》1947年第42期。

也就意味着国家的衰落。"在《鸦片战争前夕我国社会经济的概况》谈到恩格斯《社会主义由空想发展为科学》的"（欧洲中世纪）农民家庭差不多生产自家所需用的全部物品：工具、衣服以及生活必需品"说法时，认为："一般说来，无论农家人数多少和耕地面积的广狭，都可按照自己认为适当的副业，组织家庭劳动力，进行耕种以外的生产。从七八岁的小孩以至白发的老年人，他们在按性别与体力的原始分工的基础上，分别担任各项内外的工作。在农忙的时候赶赴农事，在农闲时节进行手工业生产，或是白天操作耒耜，晚上动着机杼。男耕女织正是中国封建社会小农业与家内手工业相结合的基本内容；同时，种田与副业的配合，又是动员家庭劳动能手以求达到自给自足的途径。在粮食生产不够自给的情况下，通过出卖手工业或其他副业产品以换回粮食，这就使手工业或副业生产成了粮食自给的补充手段。"在《鸦片战争前夕我国社会经济的概况》中引用毛泽东的著名论断"地主阶级对于农民的残酷的经济剥削和政治压迫，迫使农民多次举行起义，以反抗地主阶级的统治"后称："同时，地主阶级也发动武装力量对起义的农民进行镇压。我国历史上每经过一次大规模农民起义战争，一面是地主阶级势力受到重大打击，一面是农业生产受到严重破坏。由于经过战争，土地荒废，地价跌落，农民们较易获得自耕的土地。同时新王朝为了缓和阶级矛盾以巩固其统治，也往往采取一些有利于农业及自耕的措施。但一当经济逐渐恢复的时候，地主、商人、官僚、高利贷者，他们又复进行各方面的残酷剥削，大量兼并土地，从而阶级矛盾，日益尖锐，终致农民不能安生，不得不爆发另一农民起义，导向历史的又一进程。这样一次又一次的农民起义，正是封建社会向前发展的动力。"在老一辈史学家中，学习经典作家的论述是一种自觉的行为，而灵活的运用和进一步的分析，则可以看作他们那个时代的"活学活用"。

第二，比较注意历史的回溯和宏观归结。彭先生在研究明清财政、经济、社会问题时，大多有历史的回溯和宏观归结，如在《清代田赋起运存留制度的演进》中说："在中国封建专制时代，中央与地方财政划分的体制问题，一向未受到重视。这个问题在唐代中期曾经提上日程，当时某些突出的方镇势力，为了扩充军事力量，将当地田赋收入大量留用，并在所属州县新增赋额。至宪宗时（806—820）情况有所改变，形成了'上供'（供中央）、'送使'（归节度使）和'留州'（留给各州）各占三分之一的局面。实际上是'起运'到中央的占三分之一，'存留'归地方的占三分之二。以后'上供'部分连三分之一也保不住了。本来，从秦汉开始，无论军事、财政早已加强中央集权，经三国、南北朝的分裂，至隋唐而复归集权。由于唐代天宝之乱所形成的半分裂局面是不正常的，因而财政上的划分也是不正常的。过了唐末五代以后，宋、元、明、清都是高度中央集权，全国财政收入首先是为了满足中央需要。因此，作为'维正之供'的田赋应尽量地由地方起运到中央政府所在地的京都，只很小一部分存留下来供地方开支。但是'起运''存留'并不是中央与地方财政划分的界限。"

在《明清赋役改革与官绅地主阶层的逆流》一文中，对中国历史上官绅地主阶层有总体的论述："在中国封建社会，官绅地主阶层以其特殊的政治地位，拥有与一般地主不同的经济势力。一般地主都通过占有大面积土地攫取地租收入，但他们与其他小土地所有者一样要按规定向国家纳税服役，而官绅地主则以本人在官的原因，免除本人及其全家服役。由于全家免役，于是一些企图逃避徭役的戚族人等将他们的家口连同家产一起寄托在官绅名下，成为受官绅荫庇并被任意支配的客户，这种依附关系受到国家政权的允许和默认，每当一个朝代赋役日益繁重的时候，这种避役的依附趋势便暗中增长。这样，官绅地主家族的势力日大，国家统治的基础便日益削弱。本来，封建政权是官绅地主阶级利益的总后台，但是一到官绅私家势力发展到足以威胁国家政权继续维持的时候，便不能不对官绅阶层有所抑制。"在《王船山的赋役论及其思想体系》中，将历史上的小农经济特征概括为："小农经济是封建社会的经济基础。小农经济的保持，意味着封建经济的稳定；小农经济的破坏，意味着封建经济的危机。小农经济包含着两个内容：一为封建主土地所有下的佃农经济，一为农民小土地所有下的自耕农经济。在这两者之中，佃农遭受地租剥削，生产上得不到发展；自耕农则在一定的条件下有向上发展的可能。所以，自耕农比例的增大是封建经济趋于繁荣的征象；反之，自耕农比例的减小则是封建经济趋于衰落的时机。至于进一步追问自耕农的比例何以减小，唯一的答案是土地兼并。"在该文中，对"重农思想"也有独到的见解："重农思想是儒家'王道'的重要组成部分。孟子言'王道'，对理想的小农经济作了细致的描绘。试看他所说的'五亩之宅，树墙下以桑'，'百亩之田，勿夺其时'，'五母鸡，二母彘'，'老者衣帛食肉，黎民不饥不寒'，加上'省刑罚，薄税敛，深耕易耨'，在井田式的农村公社之中，人们'出入相友，守望相助，疾病相扶持'，这种'王道'，实质上是儒家浓厚的伦理观念与朴素的民主因素的混合，同时也是政治思想与经济思想的最高境界。但是，在漫长的封建社会历史中，我们看到的却是'贫者地无立锥，富者田连阡陌'的现象，儒家的'重农'只成为纸上空谈而已。另一方面，封建统治政权在'重农'的虚幌之下，实行着对农民的残酷剥削，使农民的简单再生产不可能继续维持，从而封建经济进入危机之中。"

在《鸦片战争前夕我国社会经济的概况》中对中国传统的土地所有制的特点有如下归结："在封建社会里，地主阶级占有大量土地，成为残酷剥削农民和压迫农民的统治阶级。在欧洲，封建领主通过各种特权关系以占有土地，国家的法令不许土地自由买卖，并订有长子继承法以限制土地的分割。地主阶级的特殊地位，不是一般平民所易越取的。中国封建社会虽然同是地主阶级占有土地，但土地可以自由买卖。这是中国封建土地所有制与西欧不同之处。中国从战国、秦、汉以来，土地买卖早就开始，以后各朝代，虽法令上偶有某些限制（如占田均田等规定）以及习惯上有某些拘束（如卖田先卖给同姓房族及卖者有赎回权利等），但一般是土地可以自由买卖的。土地成为一种特殊商品，地价随时变动。由于土地可以自由买卖移转，因而土地也可作为债务的押品，作为遗赠的财物。中国一般人民没有长子独立继承土地所有权的习惯，而是多子分承，把土地加以分割。在自由买卖与遗承分割之下，土地一面集中，一面分散，阶级分化与社会经济的变动因之而呈复杂现象。"

在研究明清历史问题时，对先前的历史问题进行回溯和归结，不但是一种历史研究的方法论，也映现出对整个传统社会发展脉络的恰当把握。

第三，善于对所研究的问题进行高度概括和分析。在《清初的垦荒与财政》一文中，对复杂的"屯垦"系统有言简意赅的概括："屯垦是全面垦荒生产的一部分。历代封建王朝为了军粮和官府粮食需要，调集一部分军队，或组织一批劳动力，从事垦荒生产，叫做'军屯'和'民屯'。军屯、民屯既供应粮食的迫切需要，也具有财政上的重要意义。"在该文中又揭示了"屯租"与"民赋"的界限："屯租与民赋的意义是不同的。屯租建立于国有土地的性质上，屯民向国家交纳屯租，纳了屯租不再交纳田赋。在屯田制下，屯民只有土地使用权，没有土地所有权。有时官府为了鼓励屯垦，也承认屯民对所垦地有所有权，但不许出卖，因此，这种所有权仍是不完全的。屯租改为纳赋之后，不论官府是否明确承认纳赋人的土地所有权，实际上不再强调国有土地性质，时间既久，土地买卖的事实也就发生。这些土地成为私人所有，和一般民田没有什么区别了。这是民屯制的变化。"这段话相当重要，既指出了土地所有权的不同以及"屯租"与"民赋"的不同，也揭示了土地所有权的变动以及"屯租改为纳赋"亦即"租""税"的变更。顺便提及，彭先生的《清初的垦荒与财政》发表于1978年，是"文革"结束之后史学界最为重要的长篇论文，《武汉大学学报》分两期连载，后来研究屯田以及土地开垦者多所引用，但也多有不遵守学术规范，引用而未注明出处者。对于"租""税"的关系问题，在其他文章中也多次谈到，如《清代四川和东三省土地开垦中劳动力的调动》称："清末（东北）的放荒，性质上是国有土地（或者是清朝皇族的土地）对农民的出租，皇朝是大地主，千百万农民是皇朝的佃农。押租钱（或荒价）所起的作用是永佃权的保证，农民交了押租之后，可以长期耕种下去。但只有租用权，而非'永准为业'的土地所有权。农民交纳了押租钱及经费钱之后，必须从起科的年限开始每年照额纳租，租金比一般私租为轻。清廷所采取的剥削手段是重押轻租。……对开垦后自耕农的课税或对永佃制下的农民收租，性质上都属于租与税的合一，即纳了税的不纳租，纳了租的不纳税。""租"与"税"的问题，是税收学和税制史的重要问题，不可不察。

在《清代田赋起运存留制度的演进》一文中，对清代的边防、省情、协拨（协饷、协济），进行了概要的揭示："协饷制度是清代军费拨款中逐渐形成省际军饷协济的起运制度。……如同明代以九边为军事重镇一样，清代的边防着重东南的广东、福建，西南的广西、云南、四川、贵州，西北的甘肃（包括宁夏、新疆等地）和陕西。这些省有的原是贫瘠省份如甘肃、云南、贵州，有的正在进入自给但仍不充裕，它们在一定时期甚至是长时期有赖别省的财政接济。这时候中央对各该省的财政收入有必要加以重新调整。所谓重新调整，不是将财源在省际间转移，而是将岁入额在省际间转拨。为此，中央必须掌握各该省具体库存现金数，然后不致指拨落空。春秋拨制度保证了这种指拨的实现。"清代的"协拨"制度是一个引人注目的问题，这里用寥寥数语即解说清楚。

第四，对一些多面向的问题进行辩证论述。在《清代四川和东三省土地开垦中劳动力的调动》一文中，对土地开垦与移民的关系有如下论述："招徕流移，实际上是劳动力的调动。不过这种调动，仅凭统治者的发号施令是无济于事的，必须同时有劳动者一方的积极行动，乃能见于实效。同时，如果仅有劳动者一方的积极性而无统治者一方的对应措施，那也只是徒然。在统治者看来，招徕流移的主要目的：一是安流民以弭盗，二是报垦升科。而在劳动者看来，则存在着许多问题，如土地肥瘠问题、垦地产权问题、生产资料和生活资料供应问题、赋役负担问题，等等，只有这些问题得到了解决途径，垦荒的进行才能顺利，劳动力的作用才能发挥，社会生产力才能向前发展。"在《清代土地开垦史》一书中，对土地开垦与财政的关系也有精当的论述："土地开垦是农业生产的基础，同时是封建国家财政的根源，这两者的关系应是前者居第一位，后者居第二位，只有生产得到了发展，财政才有充裕的可能。然而封建政府之推行垦政，首先重视的是财政收入而不是农业生产。封建国家的财政收入绝大部分来自田赋，田赋提供了大量的货币和粮食，保证了国家军饷军需和官俸、禄米、工食的大量需求。田赋一旦缺少，封建王朝立感窘迫；特别是当一个新王朝初建的时候，战争尚未停歇，农业生产遭到了严重的破坏，这时田赋征收十分困难，军费支出急不可缓，新政权为了维持统治，不能不将土地开垦放在各项政务的首要地位。封建政权着眼于财政收入以推行垦政，也就同时促进了农业生产的恢复。但是，首重财政与首重生产，两者毕竟不同。首重财政，则政府对农民开荒，只图急于开征，急于重课，农民未获垦种的丰收，先已受到催征的逼迫，他们甚至无法继续生产下去，已垦复的土地又复抛荒，已回归的亲人又复离散。"历史问题哪怕是具体的类项，也往往有不同的意蕴，也往往涉及其他，由此及彼的阐发，也就显得特别重要。

第五，根据具体的研究对象，善于提出新的概念和新的解释。在《清代关税制度》中，指出了晚清海关在政治上的特务活动以及"特务网"的问题："海关分布全国，事实上是外国在华经济侵略和政治侵略的特务网。外国侵略者在决定它们的对华侵略政策时先要获得中国方面的详细情报。海关就是对各侵略国家供给各种情报的机构。……无可否认，英国以外的其他国籍的税务司，也将中国情况报告于各该国政府。本来，各国派有公使驻在北京，与各该国驻在中国各商埠的领事，早已形成政治上的情报组织，再加上海关洋员的分布，就更为深入而严密。当然，它们的活动，又是与传教士、游历者及外商等的活动有着密切的联系的。"海关的"特务网"及情报机构的问题，是彭先生首次明确提出。

在《从清代前期苏松地区丝棉手工业的生产来看资本主义萌芽》一文中，对苏州纺织业中被雇机匠的工资的"计日受值"提出了看法："事实上当时的'计日受值'，也不可能不按'工'来计算。……各种不同的工匠，技术有易有难，有高有低，不可能同是一样的工价。当时也没有'劳动日'的制度，每日劳动若干时没有共同的规定，所谓'计日'，不可能以时间来计算。只有把种种不同的织造技术，规定制成品若干单位为一个标准'日'，然后'计日受值'。这样的'计日受值'实质上是'计工受值'。"在20世纪五六十年代，研究"资本主义萌芽"问题为一时风尚，不管"资本主义萌芽"是否是"伪问题"还是其他什么问题，在彭先生参与讨论的几篇论文中，还是从历史的实际出发，对一些具体的问题进行探讨，并提出具有学术价值的见解。

在20世纪40年代的论文《清末中央与各省财政关系》中，已经关注到了晚清"地方财政"的形成以及民国初年的延续问题："我国省财政独立地位之形成起自清末。清代在太平天国战争中，各省财政实权，已随练兵筹饷之扩展，隐然聚于督抚之手，创办厘金，劝捐加课，多由各省分别举办，一纸奏闻，各项报销，已成有名无实。光绪中叶以后，对外战争几次失败，赔款偿债仰赖各省，筹解摊缴，办法益见纷歧。是后举办新政，筹备自治，地方收支自行经管，迄至宣统年间，办理各省预算，省之收支自成财政单位，隐具独立意味。民国改元以后之国、省财政错综关系与此段历史为一贯之延续。"这一论断，一直影响着后来学者的相关见解。该文又提出"内销"与"外销"问题："咸同以后，督抚专政，各项报销之如何编造，以督抚意旨转移，布政使司未必尚能据实汇编，或敢指出不尽不实之处，以与督抚相争持。自咸同军兴以后，各省财政收支内容，与原来报销制已不相吻合。收入方面，原来报销内容，仅为地丁、常关税、盐课三项，咸同以后，各省抽厘劝捐以应军需，此种收入原出临时办法，其用途不能预定，亦无一定款额之限制。……故当时报销，一部分系造报以达中央者，谓之'内销'，一部分系不造报者，谓之'外销'。外销之款，固非中央所能知悉，内销部分，则又因根据成案，在'则例'或'程式'之限制下，造成一套假账以欺中央。原来各项'则例'或'程式'，其中款项价值，定自远年之订制时期，与后来情形迥不相合，而外省造报，非依此程式，必干部驳，故不能不捏造虚言，期符成案，即使依限造销，而所报全非事实。"这种"内销"与"外销"的解释，也非常精当，为后来论述此问题者所沿袭。

三、彭先生的语言风格与诗词才情

历史研究固然有其"固化"的学术语言，但高明的写手一方面会在繁杂的史料引证基础上进行明晰的归纳，使读者知其所以然；另一方面，又善于使用非常形象的艺术化语言，使读者受到感染，加深体会。应该说，彭先生具有很好的文学素养，以《清代田赋起运存留制度的演进》为例，在谈到地方经费支出时说："除了养廉、部费、饭银几项外，其余属于州县的各项支出都是芝麻绿豆之类，而且前后若干年极少变化。"将州县的微末经费支出比喻为"芝麻绿豆之类"。在谈到"耗羡银"时说："耗羡银关系到大吏以至小吏们的俸额利益，所以他们又十分关切，于是一纸奏文之后，变不合法为合法，变贪政为廉政，赢得朝野上下，欣然皆有喜色。"将官员的耗羡银收入描绘为"欣然皆有喜色"。在谈到"协饷制度"时称:"至于协饷制度下极为复杂的春秋拨,有如一盘棋局,任随天才的棋手前后左右移动周围的棋子无不得心应手,这只能是大一统国家的财政统筹,是起运存留体制的活用,在这一点上,我们将理财看作是一种艺术当是可以的。"将协饷制度视为一盘棋局,"前后左右移动周围的棋子无不得心应手",同时将理财视为一种艺术。

在其他文章中,也有类似的表现,如《清道咸年间田赋征收的严重弊端》,谈到对"钱粮亏空"的清查时说:"(嘉庆年间)因州县亏缺钱粮而采取如此严厉的处分,是以前所罕见的。但是,州县地方官与上级司、道、督、抚,平日保持着贪污通贿的勾结关系,一旦朝廷追究钱粮亏空,州县官自然采用挪甲抵乙的一贯手法以自弥缝,或推称积欠在民,正在催追;司道督抚又多方给以掩饰搪塞,使之免受处分,于是严如秋霜的法令成了一纸空文。"这里,既用了排比,也用了修饰。在《论鸦片战前广州地区棉纺织业的资本主义性质》中,谈到"为什么商人资本不能在这棉业发达之区唤起旧生产方式的革命"时,用了这样的语言:"归根结底是由于商业发展的水平不够;而商业发展何以不能更加前进,则是在于商品销售市场的受限。当时就全国棉布市场来说,绝大部分地区还处于自给自足或半自给自足的境界,每一地区对于从外运来的棉织品具有很坚强的抵抗力量,商人资本不可能在棉织品的贩卖上开创一个新的市场,因而它就不可能以巨浪般的力量冲破自然经济的最后障碍。"这里,既用了递进句,又有形象的比喻。在《明清赋役改革与官绅地主阶层的逆流》的原稿中，有"今当梁（方仲）先生八十寿诞之期"撰写此文，"操布鼓于雷门，愿与梁先生的弟子们同声相应"之语，在《中国经济史研究》1989年第1期发表之时，被删掉了。"操布鼓于雷门"，自然是彭先生的自谦之语；"与梁先生的弟子们同声相应"，则含交谊和期待之情。

写诗填词、友朋唱和，是彭先生那一辈人的才情雅趣，后来者大多不及，或成绝响。彭先生有随时吟诵的习惯，刘绪贻先生曾说："彭先生很喜欢中国的古典诗词，这也是我的兴趣，工作之暇，他常常赋诗填词，送给我欣赏并求和。"可惜彭先生的诗词旧稿已经难觅，不能辑录成册。在刘绪贻先生的回忆文章中[1]，记录了彭先生的几首七律和七绝，其一为《春节前新居瑞雪》：

> 玉树银花一万重，漫天瑞雪兆年丰。
> 喜将新屋连琼宇，坐看青山拥素封。
> 伴得高松耐寒岁，迎来两袖有清风。
> 归家儿女逢春节，杯酒倾谈意兴浓。

> 送请邻翁刘公指正，诗中"高松"二字即指邻翁阜德之意。

这当是1980年彭先生搬入位于珞珈山麓半山腰的北三区

---

①刘绪贻：《深切怀念彭雨新教授》，见陈锋、张建民主编《中国财政经济史论稿——彭雨新教授百年诞辰纪念文集》，武汉：湖北人民出版社，2012年，第1—3页。

25栋，恰逢春节将届，家人聚会，那一年的雪又下得特别大，积雪一尺有余，满山素裹，有感而发。

其二为《七绝·记事二首》：

> 燕燕莺莺闹宇寰，春光不让老人闲。
> 名花虽有倾城色，白发何曾得驻颜。

> 白发斑斑不改颜，客来客去一偷闲。
> 楼台不负时光好，共对名花换笑颜。

此诗注明"绪贻翁正之，雨新即日"，未署具体的日期，写作时间当在1981年春。彭先生已年届七十，仍然为历史系七七、七八级授课，学生登门求教，友朋来往不绝，住处环境优雅，彭先生欣喜之情溢于言表。

其三为《消夏偶吟呈刘绪公》：

> 半安半逸讬山庄，消夏阴多风亦凉。
> 对镜方知春去远，贪眠转觉夜来长。
> 成文一稿常三改，入水轻游许自强。
> 且问邻翁刘仲子，为何斗志倍昂扬。

此诗的写作时间为1981年初夏，"且问邻翁刘仲子，为何斗志倍昂扬"，既有诙谐赞叹刘先生精神矍铄、文思敏捷之意，也有唱和之请。"成文一稿常三改"一语，也道出了彭先生的为文谨慎。但据我所知，彭先生在正式写稿时，是用复写纸一式三份，并且每天标好页码写500字（有一次彭先生指着正在用武汉大学的方格稿纸写的稿子对我说："你看，我是每天先标好页码的，每天500字。"我说："我年轻精力好，以后也标好页码，每天2000字。"），一次成稿，并不轻易改动。所谓的反复改稿，当是在酝酿准备期间。

其四为《谨和叶老（叶剑英）八十抒怀》：

> 八秩奇翁数废兴，南征北战降天人。
> 进军百旅如飞虎，杀敌千锋若扫尘。
> 左袒安刘真柱石，神州巩固不沉沦。
> 黄昏云气蒸蒸上，夜景苍茫月色明。

这首和诗不知写于何时，但表现出彭先生对时势的关切。"左袒安刘真柱石，神州巩固不沉沦"之句，恐怕也有深意。

彭先生作诗迅即，并不作过多的斟酌，在为中州古籍出版社的十周年庆所作题诗："敢将典籍付爬梳，百代菁英汇石渠。秦火不焚云梦简，鲁琴犹奏壁中书。激扬文字千钧笔，管领春风万丈旗。共道洛阳花似锦，怎知纸贵独愁予。"我正在现场，彭先生略作沉吟，用毛笔一挥而就。可能是彭先生认为，诗为心声，有感即发。

彭先生也有写诗赠予学生辈的习惯，在我本科未毕业在中国社科院经济所查阅钞档，欲游览长城时，彭先生在经济所的办公室用圆珠笔写下"壮行"诗，不知夹在哪本书中，翻检不得。上述罗威廉离汉之时，彭先生也有诗作书法相赠。彭先生离开武汉在天津期间，也有诗作寄回武汉，据陈钧老师（陈老师为师兄，由于是彭先生"文革"前的学生，一直以"老师"称之）《忆恩师》载："1992年收到恩师寄来全家福照片一帧，照片后作有一段文字及诗一首：八十生辰喜接陈钧好友寄来新著一本，近照一帧，作芜诗以答盛意：良朋久别意绵绵，千里音书一雁传。新著喜居添筑垒，赢生愧我废耕田。高楼南望难归也，泽畔行吟每惘然。盛世欣逢十四载，小康正待二零年。老妻举酒陪欢笑，儿女蒸糕作寿宴。赢得白头慵对镜，此生忧乐究何缘。"[1]彭先生的全家福以及先生与师母八十寿辰的合照也同时寄给了我和建民兄，照片后面也有题诗，诗作系赠陈钧老师诗的"节本"，有"良朋久别意绵绵，千里音书一雁传。高楼南望难归也，泽畔行吟每惘然。盛世欣逢十四载，小康正待二零年。老妻举酒陪欢笑，儿女蒸糕作寿宴"之句。正映现出彭先生当年的心情，至今捧读，一读一泫然。

（2023年12月14—18日初稿）

---

①陈锋、张建民主编：《中国财政经济史论稿——彭雨新教授百年诞辰纪念文集》，武汉：湖北人民出版社，2012年，第29页。

《最忆珞珈779》序言

为"纪念恢复高考40年暨武汉大学77级入校40周年",武汉大学历史系77级编写《最忆珞珈779》一书,负责筹备的同学希望我写一序言,坚辞不果。于是提出用文言或半文半白的形式写出,以免过于写实,有所得罪。就成了下文的模样。

岁月荏苒,弹指四十年。诗云:

历历四十堪回首,
穗黄叶红已知秋。
珞珈林密燕纷飞,
一夕归林觅醉酒。
779!
779!

戊午孟春聚桂园,
青葱岁月梦如烟。
龙腾马跃显身手,
梦中犹忆珞珈山。

珞珈山！

珞珈山！

珞珈山，吾侪心中之山。四十年前，1977，岁当丁巳，邓公决策恢复高考，时语为"拨乱反正"。乱者，或大学停办，或推荐工农兵，寒门学子无晋途，十载贡院空凋零，才俊星散乡野间。正者，贯其学统而考之，正其位，复其善也。古语云："欲天下足食，则劝耕；欲天下足用，则行俭；欲天下致治，则选贤任能。"选贤任能岂能无规乎？当时之规，在于恢复高考选择人才矣。一夕定策，560万参加高考，浩浩荡荡；27万步入黉宫，喜笑颜开。吾武汉大学历史系77级92人，男将67，女将25，即此27万之翘楚也。更有奇者，时呼吁恢复高考之教授，乃我武汉大学之查公全性，时主持

恢复高考工作之教育部高教司司长，乃刘公道玉，刘司长道玉又为我辈读书时之武汉大学校长也。开篇云"珞珈山，吾侪心中之山"，盖涵深意焉。

1977丁巳岁恢复高考，1978戊午岁入学，仍称77

作者（右一）读大学本科期间，与同学在珞珈山下东湖岸边合影

大学毕业三十周年之际，作者（左二）与同学在武汉大学
校内办公楼前合影

级，时势使然，必当空前绝后。号称"779"者，77为我年级，9为我历史系别。入学划分3班，即7791、7792、7793，班虽有别，上课则在一处，造就"一班亲"之兄弟姐妹情结。故此次恢复高考四十年聚会之纪念文集，定名曰《最忆珞珈779》，渊源有自。亦有起名曰《青春珞珈，其气久韧》者，曰《珞珈风华，其气久韧》者，曰《黉门珞珈，七七九人》者，曰《梦回珞珈779》者，曰《珞珈学子779》者。名虽不同，其情则一。

黉门珞珈，山清水秀；桂园八舍，藏龙卧虎。栖息桂园八舍诸同窗，论籍贯东西南北中，北则黑龙江，南则广西，东则浙江，西则甘肃，中则河南。论年龄，长者已过而立，幼者尚在韶龄。论出身，工农兵学商，各显异彩。地不分南北，年不论长幼，身不问门第。同窗四载，诸事不问，惟在学习尔，惟在立志尔。司马迁曾谓"究天人之际，通古今之变，成一家之言"。张载曾谓"为天地立心，为生民立命，为往圣继绝学，为万世开太平"。志向大矣，格局大矣，标的高矣。论在当下，几为笑谈，然于我荒废数载无缘求学者，颖脱而入武汉大学殿堂者，洵非虚语。正所谓机不可失，时不再来，不立志，不向学，其情难也。樱顶图书馆，抢占座位时有；桂园八舍，熠熠灯光不夜；珞珈密林，习外语之婉转鸟语常鸣。其景恍如昨日。大儒若唐师长孺者，若吴师于廑者，慨然授业。饱学诸师，亦循循教导，倾囊而授。其情时在念中。噫！吾辈亦不负春光，成绩优矣，学业优矣，频出成果者有之，提前读研者有之，提前毕业者有之。间有收获爱情者，才子佳人，亦是良缘。师长惊为多年未遇之良才，世人目为天之骄子。何以若此，略可归结为三：一曰经历不凡，知世间之冷暖。二曰求学若渴，知时间之宝贵。三曰风气淳朴，良驹驽马可辨。世移时迁，年年有高考，岁岁有拔贡，77级难再现。

聚为一团火，散开满天星。走出珞珈山，闯荡江湖，吾辈之足迹遍布大江南北、东西各洋。曾有箴言："木秀于林，风必摧之；堆出于岸，流必湍之；行高于人，众必非之。"学历史之人未尝不深谙，然"蹈之而弗悔"者，并非"遂志而成名"，实为报效社会不计得失矣。

四十年岁月沧桑，四十年风云激荡。吾辈已耳顺之年，垂垂老矣。回首往事，检视行状，略可告慰师长，不辱珞珈者：经商，拥资巨万者有之；实业，开疆拓土者有之；从政，官至高品者有之；问学，站立鳌头者有之，开宗立派者亦有之。即使在最普通之岗位，亦兢兢业业，鞠躬尽瘁，无愧于心，无愧于民，无愧于社会。

有所伤感，有所痛惜者，杨生翔，王生金聚，韩生韬，常生保红，唐生长胜，先后故去。天妒英才，不假其年。追思不胜唏嘘！当诸君把酒言欢、把酒抒情、把酒惆怅之时，洒清酒数盏，寄心香一瓣，不可不祭也。

正所谓，忆往昔，峥嵘岁月稠。聚会珞珈，其情难已：

珞珈仙山，
东湖碧水。
山灵水阔，
流风甚美。

最忆珞珈，
灼灼其华。
游子来归，
心醉思遐。

文以记事，诗以言志，汲深绠短，勉为是序。

（2017年6月28日初稿，7月11日二稿）

论说宰相

——《中国宰相传》序

　　我在《中国历代外戚传》的"序言"中已经指出过："皇权政治的特质，就是帝王的独裁和专制。但即使是拥有绝对权力的英明帝王，也不可能事事躬亲，所谓的独裁，有时仅仅是一种象征。在权力与能力之间，任何帝王都难以弥合。因此，帝王要行使至高无上的权力，一方面，要设官分职，通过一整套政治机构来实现他的意志；另一方面，在帝王的左右，在朝廷的统治枢纽之地，又要寻找、利用辅臣，作为皇权的辅助者和政令的直接执行者。一般来说，帝王左右有三股力量可资利用，一是朝臣，二是宦官，三是外戚。三股力量因着各种情由，有时是平衡制约，有时是交互利用，有时是抑此扬彼，但不管是何种手段，都曾构成中国传统社会政治的重要内容。"①在朝臣之中，宰相位高权重，从其地位来看，有"一人之下，万人之上"之说；从其权力来

　　①《中国历代外戚传》，台南：大行出版社，1993年，第1—2页。

153

看，有"佐天子，总百官，平庶政，事无不统"之称。要想较深入地了解中国政治史或中国历史，是需要特别留意"宰相"的。

一

"宰相"或"丞相"是最通常的称呼，人们大都耳熟能详。但它还有许多喻称，如"股肱""屋柱""舟楫"等；也还有许多别称，如"宰辅""卿相""枢相""首辅""中堂"等。而宰相名称和宰相制度在历史上又多有变化，非一般读者所易知晓。

据陈梦家《殷墟卜辞综述》，在商代，已出现"宰"的官职名，但当时的"宰"官，实际上是商王的家臣，负责管理内廷事务；负责管理外廷事务的最高政务官称作"尹"，"尹"大致类似于后世的宰相。所以，《史记·殷本纪》索引说："尹，正也，谓汤使之正天下。"《史记·殷本纪》正义引《帝王世纪》又说："伊尹名挚，为汤相。"伊尹的儿子伊陟在帝太戊时期，也继续为相，即"帝太戊立伊陟为相"。不过，在《史记·殷本纪》中也曾记载：帝武丁即位后，"思复兴殷，而未得其佐。三年不言，政事决定于冢宰"。可见，"宰"或"冢宰"在商代后期已演变为"相"，或者说代行"相"的职权。

周初武王即位后，任命姜尚为"师"。当时的"师""保""宰"（"太师""太保""太宰"）统领百官，成为事实上的相。春秋战国时期，随着周王室的衰微和各诸侯国的崛起，各诸侯国纷行变革，官制逐步趋于规整，"相"这一具有"辅佐""辅助"之意的动词，演变为名词，成为百官之长的官职名，同时，"相邦""相国""宰相""丞相"也渐成为相的通称。

秦始皇统一中国后，一方面确立了皇权的至高无上，另一方面也确立了以丞相为首的中央行政系统。汉初因袭之。《汉书·百官公卿表》即云："相国、丞相，皆秦官，金印紫绶，掌丞天子助理万机。秦有左右（丞相）。（汉）高帝即位，置一丞相，十一年，更名相国。"

西汉成帝以后，宰相的名称与设置又趋纷乱，东汉的太尉、司徒、司空号称"三公"。三公名义上虽为宰相，但却不能发号施令，只能说是假宰相，尚书台的长官尚书令、仆射，才是综理政务的真宰相，这就是所谓的"虽置三公，事归台阁"。魏晋南北朝时期，形成尚书省、中书省、门下省"三省"官制，能够亲近皇帝的中书省、门下省长官监、令、侍中等也渐有宰相之名和宰相之实。正像学者已经指出的：从东汉至魏晋南北朝时期，有一种共同的特殊现象，就是宰相无定员、无定名，也无定职。两晋诸王及王敦、王导等人任"丞相"，皆因人而设，并非定制[1]。

经过魏晋南北朝三百六十多年的实践，到隋唐时期，以"三省制"为核心的职官制度进一步整齐划一，这时的三省制已经具备三省首长制、三省并重制和三省分权制三个要

---

①陈茂同：《历代职官沿革史》，武汉：华中师范大学出版社，1988年，第178页。

素。所谓三省首长制，是指仆射、侍中、中书令既分别为尚书、门下、中书三省首长，又共同为当然宰相①。唐太宗时，杜淹以吏部尚书参议朝政，魏征以秘书监参与朝政，都有宰相之实。其后，渐以他官加"参知政事""参议得失""同中书门下三品""同中书门下平章事"等职衔行宰相之职，也都有了宰相的名分。即如《通典·职官三》所概称的："以他官参掌者，无定员，但加同中书门下三品及平章事、知政事、参知机务、参与政事，及平章军国重事之名者为宰相。"

北宋初年，宰相称"中书门下平章事"，大致沿袭晚唐的规制。另置"参知政事"为副相，参知政事亦称"执政"，宰相与副相合称"宰执"。宋神宗"元丰改制"后，以尚书省长官左、右仆射为宰相，以门下侍郎、中书侍郎、尚书左丞、尚书右丞为副相。宋徽宗以后，又有许多变化。大要说，宋代的宰相纷乱而无多少实权，与宋代皇权的高度集中相一致，宋代的宰相已难与前代的宰相相提并论。

元朝以中书省总领政务，中书省的长官中书令由皇太子兼领，其下，设左右丞相，又设平章政事为副相；另外，尚有右丞、左丞、参政，亦均为副相。除右丞相（蒙古人尚右，以右丞相为尊）、左丞相各设一人外，其余平章政事、右丞、左丞、参政等副相均设置多员，所以有"元之相职，较前代独多"之说。由于左右丞相、平章政事等"均隶中书令下"，所以元代的宰相，不但要受制于皇帝，还要受制于

① 陈仲安、王素著：《汉唐职官制度研究》，北京：中华书局，1993年，第88—89页。

太子，亦是相权弱化的表征。

明初的宰相之设，系沿自元制，在中央设立中书省，并置左右丞相、平章政事等官以"统领众职"。由于左丞相胡惟庸的"专权"，明太祖朱元璋于洪武十三年（1380年）诛杀胡惟庸，并废除中书省及宰相，随后，于洪武十五年仿宋代之制设置内阁大学士。洪武十三年废中书省与革丞相之职，标志着中国传统宰相制度的终结，也标志着大学士为宰相变名的肇始。但初置大学士位卑权轻，尚不能与传统的宰相比附，只是到了成祖永乐年间以后，大学士才渐有宰相之实。当然，所谓的"遂为真宰相"或"渐有宰相之实"，只是与初置大学士相比较而言，从根本上说，后世的大学士是不能与先前的宰相同日而语的。

宰相名称的纷乱与宰相制度的沿革，虽大多与朝代的更替相关，但究其实，则有两点要义：一是历代帝王在沿袭前代典制的基础上，不断对中央统治机构进行变革；二是根基于皇权的至高无上，不断分割相权和削弱相权，并使各种政治力量互相牵制。

二

在传统社会中，不管宰相制度和宰相名称如何变化，宰相所拥有的地位和权力依然是十分显要的。其上辅帝王、下统百官，也就意味着在权力的主轴上呈现出君—相—臣三者的衔接关系和制约关系。

就君、相、臣的衔接关系而言，宰相是一个奉上御下的重要环节。对上，宰相要辅佐帝王，有所谓"辅佐帝王之道"；对下，宰相要统领百官，有所谓"总领百官之道"。

宰相辅佐帝王不易，可谓是伴君如伴虎，如果是"以天下为己任"，有一番纠偏治弊、奋发图强或救亡图存的抱负，事事出策决断，难免有"专权"之嫌和被罢黜之危。如果是与帝王争权夺利，要么埋下隐患，拿身家性命作赌；要么作威作福，甚至改朝自立。如果事事顺着帝王的意旨，帝王指东不向西，难免要受"媚上阿主"之讥，不但为时论、后人所不齿，自己的宰相也做得窝囊。如果因着某种机缘，侥幸做了宰相，自己又没有宰相之才，唯唯诺诺，晕头晕脑，遇事既不能做主更不能作断，宰相虽做得"逍遥"，却难免为千夫所指。所以说宰相不好做。这里的关键问题是：宰相要有宰相之才，宰相要有宰相之道，宰相辅佐帝王要"言不伤君，行不害主，礼不压（僭越）君，名不震主"，用权有度，顺主有规。同时，还要看宰相所辅佐的是明君还是暗主，是长君还是幼主。

宰相统领百官也不易，可谓是官场多是非。做了宰相就要有宰相的样子，就要有宰相的肚量。即使是有才能的宰相也不见得才高八斗、独步天下，有宰相之才而未能做宰相而又暗怀不满者恐怕大有人在，更何况还有门户之见、派别之分。宰相统领百官是其职责，但能否统领百官，能否令行禁止，能否让百官口服心服，则是其本领。这种本领也是一种"道"。宰相统领百官，首先在"立法"选官，以国事为重，不能怀一己之私念。其次在善于用权，该用的权力一定要用，该断不断，反受其乱。不该用的权力一定不要用，一些权力要留给帝王，让帝王去威风；一些权力要留给臣僚，让臣僚去施展。

就君、相、臣的制约关系而言，宰相处在权力的制约中心。宰相与帝王是一组制约关系，宰相与臣僚是另一组制约关系。

宰相与帝王的相互制约，根基于皇权专制制度。一方面，帝王虽有至高无上的威权，但又不可能事事躬亲，必须利用宰相或其他权臣进行辅佐，这就是荀子《荀子·君道》说的"人主不可以独也。卿相辅佐，人主之基、杖也"。按照荀子的说法，大凡明君，都会委相治事，委贤相治事，就会得人心得天下；大凡昏君，必然自治百事而独裁，自治百事而独裁，则会导致国家危亡。帝王委任宰相，在实操与理念上都显得十分重要。另一方面，帝王一旦委任宰相，宰相必然"夺"走帝王的部分权力，宰相的"总百官，平庶政，事无不统"，以及对帝王的不时"谏诤"，极易对帝王的威权形成牵制，甚至形成宰相的专权。任何有主见的成年帝王都难以容忍宰相权力的日久坐大，所以帝王在可能的情况下，也就不断地削弱相权、分割相权，或者频繁地更换宰相直至罢废宰相。

宰相与臣僚的相互制约，情景要更为复杂一些。虽说宰相统领百官，从总体上制约着臣僚，但事实上也存在着强烈的反制约。宰相也没有可能事事躬亲，政务大多委任于臣僚，宰相与臣僚之间，原本就存在着权力界限和权力分割的不甚明了。臣僚对宰相的反制约有可能来自权力行使的规则不明，也有可能来自有意无意的令出不从，也有可能来自帮派朋党的利害冲突，更何况传统政治制度还允许臣僚直接对宰相奏章弹劾。同时，"以近臣制权臣""以微臣制贵臣"从来就是帝王牵制、削弱相权的两大法宝。

三

历史上的宰相可谓多矣。各朝各代很少有设置一位宰相的情况，宰相一职大多是数人共同担任，既有左右丞相共同秉政的时代，也有三省长官共同秉政的时代，也有大学士共同辅政的时代。众多形形色色的宰相以其所处的时代不同，以其所辅佐的帝王不同，以其个人秉性、资质不同，也就各有不同的政治命运。

如果以上下五千年的历史来窥察，与皇权的定尊和中央集权的逐步加强相一致，先前的宰相要比后来的宰相幸运得多。大要说，先前的宰相权重，后来的宰相权轻，权重的宰相容易在历史上创造一番伟业，所以，唐代以前的宰相多有以"贤相"而名垂青史者，唐代以后的"贤相"则寥若晨星。

如果以开国时期、治国时期、亡国时期三个不同的历史阶段来划分，开国时期的宰相大多历尽坎坷，具有丰富的人生经历和政治经验，与开创基业之帝王的关系也比较密切，很容易成为名相。治国时期的宰相，要么继往开来，励精图治，奋发有为，使国家由乱到治，走向兴盛；要么尸位素餐，得过且过，平庸无为，使国家危机四伏，由盛转衰。亡国时期的宰相，在客观上已难有大的作为，即使有经天纬地之才，也难以施展，更何况还有"天下安，注意相；天下危，注意将"之说。

如果以宰相的举动行止、命运归宿来分类，则可以大致归结出几种类型：

一曰兢兢业业、鞠躬尽瘁的宰相。他们大多以文武才略而拜相，拜相之后又积极辅佐帝王，或建言献策，治国经邦；或进谏劝诫，矫正帝王的过失。立下了不世之功又不骄狂，有崇高的威望又没有权力欲，受到帝王的信任又不专权，与帝王的关系密切又保持一定的距离。这类宰相是历史上的贤相，以诸葛亮、魏征等人为代表，倍受后人的推崇。

二曰能谋天下而不能谋自保的宰相。他们或者性情率直，不敛锋芒，才干、谋略又足以为帝王所疑惧；或者功勋卓著，位高望崇，但又不知进退，不思满盈易亏；或者权力欲太强，不安分守己，窥伺王器。这类宰相是历史上的名相，以王敦、长孙无忌等人为代表，大多不得善终，后人的评价也毁誉参半。

三曰媚主谀君、恭顺逢迎的宰相。他们不一定有宰相之才，也不一定懂辅佐帝王、统领百官之道，但却工媚主谀君之术。他们着意揣摩帝王的喜好，刻意逢迎，奴颜婢膝，无所不用其极，或以"狎昵见宠"，或"专以谄媚取容"。这类宰相是历史上的庸相，以贾充、裴寂等人为代表，虽为帝王所容，却为时人、后人不齿。

四曰阴险狡诈、专权弄术的宰相。他们或许有宰相之才，也或许懂奉上御下之道，但德行极差。他们或者指鹿为马、残害忠良，或者口蜜腹剑、笑里藏刀，或者拉帮结派、瞒上欺下，或者为所欲为、祸国殃民。这类宰相是历史上的奸相，以杨素、李林甫等人为代表，大多遗臭万年。

四

我们编写的这部《中国宰相传》，分为"开国宰相""治国宰相""亡国宰相"三卷。所谓的"开国""治国""亡国"，只是一种历史时段的大致划分，并不标示某一时段任职宰相的好坏；换句话说，开国宰相并不一定都立下了丰功伟业，治国宰相也不一定都有治国之才，亡国宰相也并非全是庸才。凡是在某一时期有特色的宰相，均在本书的选取之列。同时，我们考虑到，"开国""治国""亡国"三个历史时期只是一个相对的概念。一个王朝的第一代帝王的统治时期，并不一定就是完整的开国时期，可能会延续到第二代；一个王朝的末代帝王统治时期，也不一定是完整的亡国时期，可能早有亡国之兆。因此，我们一般将第一代或第二代帝王在位时期的宰相归为开国宰相之列，一般将末代帝王或前一代帝王在位时期的宰相归为亡国宰相之列，余则归为治国宰相之列。当然，有的王朝立也匆匆，亡也匆匆，有关宰相的归类也只有视情而定了。

本书在编撰之初，在长江文艺出版社的支持下，全书主编与分卷主编对传主的选择及编写原则进行了数次讨论，陈昭芳、孙东临、刘传铁等数位教授也提供了很好的意见。在编撰过程中，我们曾要求作者严格按照本书的编写原则及技术要求进行撰写，至于对材料的取舍，文章的结构、行文的风格等，只求大体一致，以便发挥作者本人的专长。

由于我们编撰此类读物尚缺乏经验，确定的传主名单可能有不当之处。若干传主的撰写也还存在着这样那样的问题。有些问题我们已经在审稿过程中予以修正，至于未经发现的问题甚至舛误之处，可能还有一些。虽云文责自负，但主编亦不能辞失检之咎，期待着读者的批评指正。

（该序言收录本书，略有修改，删掉了一些史料，又扩充为论文《中国传统社会宰相刍论》，发表于《求索》1999年第6期，可以参考）

家训与家国情怀

——《中华家训讲读》序

家训，或称家规、家范、内范、家则、家诫、宗教、世训，是中国传统社会治家教子、修身处世的规条，既是家庭、家族良好规矩养成的重要载体，也是中国传统文化的重要组成部分。先秦时期，虽然没有家训的文本传世，但在孔子、孟子等先贤的有关论述中，有家训的内容是没有疑义

《中华家训讲读》书影

的，孔子提出的尊礼、处恭、有信、敬事、俭用，孟子强调的仁、义、正、礼、恭、俭等修身要义，无不映现着"修身为本""修己以敬"的旨归。

诸葛亮的《诫子书》、颜之推的《颜氏家训》是最早以完整的文本形式呈现并流传下来的家训文和家训著作，特别是颜之推的《颜氏家训》由于内容宏阔，被视为"古今家训，以此为祖"，反复刊刻，几至家喻户晓。此后历朝历代，家训著作延绵不绝，除了耳熟能详的《朱子家训》《钱氏家训》等外，不太著名的家训著作也连绵不绝，如《千顷堂书目》卷一一《儒家类》著录的家训著作有《周自修家训》《曹端家规辑略》《徐氏家规》《李裕归田训》《杨廉家规》《端肃公家训》等。《明史》卷九六《艺文志一》则著录有郑绮《家范》、王士觉《家则》、周是修《家训》、杨廉《家规》等。在地方志中，家训也作为各地方的重要著作予以著录，如乾隆《浙江通志》卷二四五《经籍志》记载的宋明以来浙江的主要家训有孙景修《古今家诫》、叶梦得《石林家训》、吴叔元《家训四诫》、章樵《章氏家训》、杨子祥《家范》、郑绮《家范》、周凯《家规》、徐履诚《徐氏家规》、孙植《孙简肃公家训》、沈异《思永堂家训》等。另外在族谱家谱中，家训也是谱牒的重要组成部分，被代代传承。

除了单独刊刻的家训外，各种文献典籍之所以不断著录各种家训，一方面正说明中国人对家训的关注，可以认为，家训是中国人的传家宝典，只有传习家训，才能立身处世，才能延续家族的繁盛。另一方面，家训又是"家、国一体"的重要体现，也许正是家训的"家、国一体"化，才更被统治者重视和提倡。

中国传统社会的"家、国一体"化，在《孟子·离娄上》中已经说得很清楚，即所谓"天下之本在国，国之本在家，家之本在身"。只有修身，才能"齐家治国平天下"。而修身的前提，又在于"心正"，即《礼记·大学》说的"心正而后身修，身修而后家齐，家齐而后国治，国治而后天下平"。明人徐有贞《武功集》卷三《史馆稿·序海虞徐氏家规》也说："父由父道，子由子道，而父子正矣。兄由兄道，弟由弟道，而兄弟正矣。夫由夫道，妇由妇道，而夫妇正矣。……家正而余无不正，故曰正家而天下定矣。是以圣人之经王业，于天下立法制治，必自家始。"心正—修身—齐家—治国—平天下的价值体系，正是以《颜氏家训》为代表的传统家训的终极关怀，也是中国传统文化中"家国情怀"的凝练表达。

传统家训，有的可称为巨制，像《颜氏家训》全书二十篇，包括教子、兄弟、治家、风操、慕贤、勉学、名实、涉务、省事、养心等诸多内容，有的只有寥寥数十字或数条。有的耳熟能详，有的只在家族中流传。不论篇幅长短，不论是否彰显，大都从细微处着眼，其精华都与遵礼守法、报效国家、乡邻和睦、交接友朋、孝顺父母、长幼有序、修身齐家等关联。即使览观不太彰显的家训，也颇有意味。又如桐城怀义堂《义门陈氏宗谱》所载家规，有修宗谱、立宗长、严家训、重祖坟、供赋税、敬师长、谨名讳诸条，其"供赋税"条云："凡有产业，必有税粮，务必依期急纳。谚云：公税完，心便宽。"岳阳颍川堂《义门陈氏宗谱》载有家训二十二条，其"急公税"条云："公赋乃朝廷军国所急需，义当乐输者。故凡我子姓，于差粮开限追征，及时上纳，不惟省吏胥追呼之扰，而家室亦享凝谧之福。"只有按时纳税，才不会与官府冲突，才能保家族安宁。长沙雍睦堂《石岭陈氏族谱》更是将家训直接分为"孝、弟、忠、信、礼、义、廉、节"八字，其"忠"云："大哉忠字，日月齐明，尽忠报国，万古名存。"其"信"云："人生处世，信字为先，格鱼贯石，誓日指天。"其"廉"云："凡人洁身，以廉为本，一念贪污，身名俱损。"可谓谆谆告诫。

也正是由于传统家训的丰富内涵及其在中国传统文化上的重要意义，所以受到历朝历代的重视，广泛传播。时至当下，学者不断对家训进行总结、汇编、解读，以期发挥其应有的作用和价值。

张艳国教授撰著的《中华家训讲读》有其鲜明的特色，在笔者看来，其主要特色，可以归结为以下三端：

第一，对家训的历史演变和文化内涵有很好的归纳。作者认为，中国传统家训的发展经历了三个历史时期，一是先秦到两汉时期，二是三国两晋到隋唐时期，三是宋元明清时期。三个时期各有不同的特点和发展路径，从而构成完整的家训肇始、发展、演变的历史全景。家训的文化内涵，从本质上讲，以儒家文化作为价值轴、理想轴和参照系，是中国传统文化的具象体现，并通过家训的具象体现，使家庭—家族—社会成员顺畅地接受儒家伦理道德、价值体系的教化，从而构筑儒家"修身齐家治国平天下"和"家、国一体"的理想模式。

第二，谋篇布局精当，在通俗化的外表下阐释深刻的学术识见。该著分为两大部分，一是家训名言选粹，二是家训通览。体会著者的本意，在第一部分，是想在有限的篇幅内把数千年间上起周公、下至章学诚的家训精华予以集中展示。除原文、注释和译文外，重在"讲读"。注释和译文当然也反映着著者的学术功力，但"讲读"更能体现作者的见解。在第二部分，则是把家训的主要内容分门别类进行归纳和论述。这一部分，共分五章，分别是家庭（包括夫妻观、兄弟观、长幼观）、家政（包括齐家之道、理财之道、教子之道）、修身养性（包括立志为要、修身为本、养生为基）、勉学（包括学习志趣、学习内容、学习之道）、经世应务（包括为政以德、交友得贤、涉世周全），基本上涵盖了家训的重要内容。除阐释各个具体部分的思想内涵外，每一部分的引言，可以视作著者对相关问题的论述。

第三，资料选取审慎，资料来源广博。第一部分，主要选取历代的名家、名篇、名句，如周公对其子伯禽尊贤的训诫，刘邦劝诫其子刘盈勤学的敕文，马援对其侄谦约节俭、不可妄行的训导，诸葛亮对其子静以修身、俭以养德的告诫，等等，大多属于立志、勤学、修身的范畴。资料来源除家训著作外，主要是文集和纪传体史书。第二部分，涵盖的内容更为广泛，资料来源也更加多样化，除家训、文集、纪传体史书外，也包括了《国语》《左传》《吕氏春秋》《晏子春秋》《礼记》《大戴礼记》《世说新语》《说苑》《十六国春秋》《资治通鉴》《太平御览》《艺文类聚》《明太祖实录》《潜书》《文史通义》等各类著作。资料来源的广博意味着资料梳理的艰辛和选材的多样化，有些资料也因此有首发之功，对家训的进一步深入研究，多有助益。当然，如果再进一步扩大选材范围，如家谱中有关家训的选取，则会更上层楼。

可以期待，张艳国教授这部著作的出版，对传统家训的普及，对家国情怀的人格塑造，对新时期和谐社会、和谐文化的构建，将会有积极的意义。

笔者对传统家训没有多少研究，只是一个热心的读者，在有幸读过艳国教授这部著作的样稿后，有所体会，略叙数语以为序。希望作者、读者指教。未能感悟和概括者，读者诸君也可以各自领略。

（2021年1月25日于百研斋。收录本书，略有精简）

《知勖斋砚谱》序

孔可立先生是著名的书法家、篆刻家，又是著名的收藏家。在中国历史上，书法家以嗜砚、藏砚，又编有砚谱，著有砚文者，代不乏人，特别著名者如唐代的柳公权有《论砚》，宋代的欧阳修有《砚谱》、米芾有《砚史》、苏东坡有《砚评》、陆游有《砚录》，清代的朱彝尊有《说砚》、高凤翰有《砚史》、纪昀有《阅微草堂砚谱》，等等。在中国的传统社会中，读书人离不开砚，书法家（画家）就更离不开砚。砚甫经诞生，便与文化人相依相伴。

砚台既是实用器，又有深厚的文化内涵，把砚台作为一种收藏，作为一种研究对象，又非博雅淹通者不能为之。眼力来自实践，学养决定砚识。可立先生兼书法家、篆刻家、收藏家于一身，从数百方藏砚中选其精华以编砚谱，可谓适其道，得其要。

可立先生之《知勖斋砚谱》在编成出版之际，嘱余作序，以同为山东人、同为政协委员、同为文史馆员之情缘论，不能推脱。犹豫数月不能成文者，实砚之学力未逮。砚者研也，抛开文字学上的"砚""研"相通，砚亦可称之为砚学，涉及材质、雕刻、美术、书法、民俗、文学、文化、历史等诸多方面，实难兼通。

以材质论，有石砚、陶砚、澄泥砚、紫砂砚、瓷砚、瓦砚、砖砚、玉砚、水晶砚、木砚、金属砚等。一种材质又有多种，石砚即有百种之多。一种材质又有若干区分，如宋人唐积《歙州砚谱》在"品目第四"中述歙石时称："眉子石，其纹七种：金星地眉子、对眉子、短眉子、长眉子、簇眉子、阔眉子、金眉子。外山罗纹，其纹十三种：粗罗纹、细罗纹、古犀罗纹、角浪罗纹、金星罗纹、松纹罗纹、石心罗纹、金晕罗纹、绞丝罗纹、刷丝罗纹、倒理罗纹、乌钉罗纹、卵石罗纹。金星，其纹三种：葵花、金晕、金星。"

以名砚论，有所谓的"四大名砚"之说。不同时期又有不同的名品，如唐、宋之红丝石砚，清代之松花石砚，都被列为首品。宋代李之彦《砚谱》即称："苏易简作《文房四谱》，……谱中载四十余品，以青州红丝砚为第一，斧柯山端石为第二，龙尾石为第三，余皆中下。"乾隆《钦定西清砚谱》则把松花石砚"冠于砚谱之首，用以照耀万古"。王士祯《香祖笔记》亦认为，松花石砚，"品当列洮河、龙尾、红丝之上"。

以砚之形制论，则有足支形、几何形（方形、长方形、圆形、椭圆形、六棱形、八棱形等）、仿生形、随意形等，宋人撰《端溪砚谱》记载砚之形制，即有平底风字、有脚风字、合欢四直、斧样、瓜样、卵样、人面、荷叶、仙桃、蟾样、龟样、钟样、圭样、笏样、琴样、双鱼样、团样、砚板、琵琶样、月样等数十种典型样式。每种形制的砚台又有不同的雕刻。而且越到后来，特别是明清时期，形制更多，雕刻更精，并有了从实用性向赏玩性的倾向。

以砚之铭文论，藏砚界素以"有铭为贵"。"有铭为贵"，不但可以从铭文中鉴古知人，欣赏錾刻，更可窥探文化底蕴。一般来说，砚铭主要分为三类，一是赞砚，二是记事，三是抒怀。如唐代褚遂良款砚铭："润比德，式以方，绕玉池，注天潢。永年宝之斯为良。"又如明代隆池（彭年）款砚铭："我砚有百，惟此最坚，方寸墨池，磨如涌泉。"再如清代王文治款砚铭："读书世受和平福，学佛人多欢喜缘。"

以砚之文学论，唐代刘禹锡有两首咏端砚诗，一首为《唐秀才赠端州紫石砚以诗答之》，诗中有"端州石砚人间重"之句；另一首为《谢遗端溪砚诗》，诗中有"娲天补剩石，昆剑切来泥。著指痕犹湿，经旬水未低"之句。李贺《杨生青花紫石砚歌》中"端州石工巧如神，踏天磨刀割紫云"更为人所熟知。北宋著名诗人、书法家黄庭坚的《砚山行》，赞誉歙砚为"不轻不燥禀天然，重实温润如君子。日辉灿灿飞金星，碧云色夺端州紫"。清人查慎行《赴召集》则记御赐松花砚"绿云新斫松花砚，特撤文房赐老臣"。

以砚史论，更是洋洋大观。《四库全书总目》卷一〇五《子部二十五·谱录类》所录，即有《文房四谱》《砚史》《歙州砚谱》《歙砚说》《辨歙石说》《端溪砚谱》《砚谱》《砚笺》《钦定西清砚谱》等。古人对砚史砚谱的编纂，十分重视。

上述种种，略可管窥砚之意韵。《知勉斋砚谱》的出版，正为我们提供了欣赏、学习的机会。该谱所收砚台，上全南北朝的铁砚、唐代的端砚，下至清代、民国年间的松花江石砚、红丝石砚、洮河砚、瓷砚，跨度千余年，品类数十种。更有李东阳、项东井、王士祯、徐元文、高士奇、陈鹏年、张照、王文治、吴昌硕、徐世昌等名家用砚，以及清代吴门著名女琢砚家顾二娘雕刻的砚台。正所谓，览之赏心悦目，藉以增见闻也。

浅识陋见以为序，尚请方家批评。

明代财政研究的新视野

——《明代内库与财政体制变迁研究》序

　　传统社会的财政，是一种"理财之政"，通过财政收入和支出对一部分社会产品进行分配和再分配，从而形成以国家为主体的收入与分配关系。在中国历史上，自秦汉以来，长期存在着"公""私"两套管理系统。就制度层面而言，国家财政与皇室财政已经有明确的划分，形成较为严密的内廷和外朝的制度分野，内库的收入与贮藏，越来越具有皇室私藏的性质；户部的收入与储备，越来越具有国家财政的性质。松井义夫在早期的著作中已经注意到清朝户部与内务府的关系："作为皇室的经费，一般有皇室财产收入、例贡和各省解输的内务府经费三项，但又不拘泥于此，内务府经常向户部'借拨'银两以充经费，然而这种所谓的'借拨'，又往往成为永久的借入。"[1]同时，内库的私藏也有拨充国家财政的事例。这就意味着国家财政与皇室财政或内库与部库的交叉混同。这实际上是皇朝时代在"家国一体"的制度环

　　① ［日］松井义夫：《清朝经费的研究》，1935年版，第17—18页。

境下，两套管理系统之间存在着财政上的不可避免的交织关系。"公为私用"或"私为公用"，几成为传统社会财政运作的两种常态。因此，对于传统社会财政的研究，不能局限于一个方面或一个视角。

我在新近发表的文章中已经指出："对皇室财政的研究，主要集中在明清两代，明代以何本方、高寿仙、赵中男、苏新红等人为代表，近年又有李园的相关研究。清代以台湾学者赖慧敏的研究最为突出，我恰好评阅了她的《乾隆皇帝的荷包》（中研院近代史所专刊2014年版）的送审稿，其送审稿的名称就是《乾隆朝的皇室财政》，该著对乾隆一朝涉及皇室财政的许多问题进行了细致研究。大陆学者祁美琴、汪茂和、成嘉玲、魏鉴勋、关嘉录、滕德永、申学锋、陈锋等人也有相关论文，但未见系统全面的专著。"[1]其意旨在于说明学界对皇室财政研究的薄弱。

明代是我国传统财政的重要变革时期，这种"变革"表现在许多方面：首先，以明代中后期的货币白银化为契机，国家财政的运作形态经历了一场以实物为主体到以白银货币为主体的财政转型，这一转型的直观体现就是皇室库藏和国家库藏收支形态（实物—白银）的变化，而在收支统计口径上的变化，则是由粮石（或其他）为统计标准转变为以银两为统计标准，笔者称之为"统计银两化"[2]。其次，内库作

---

① 陈锋：《近40年中国财政史研究的进展与反思》，见《江汉论坛》2019年第4期。

② 陈锋：《明清变革：国家财政的三大转型》，见《江汉论坛》2018年第2期。

为宫廷御用库藏和皇室财政的体现，在明代经历了几个阶段的变化，特别是明初的内库，虽然有皇室收支的职能，但更多地体现着国家财政的职能，或者说皇室财政和国家财政高度混同。在户部太仓银库和南京户部银库设立后，皇室财政和国家财政才趋向明晰化。明代皇室财政与国家财政的关系及其变动，要远比清代复杂。其三，从学理上讲，皇室财政以内库为载体，国家财政以户部为载体，除了明初内库明显承担过户部的职能外，在其他时期，除了户部外，兵部、工部在相当程度上也承担了国家财政的职能，兵部太常寺常盈库和工部节慎库独立于户部的财政体系之外。这种状况，也远比清代复杂。因此，研究明代财政，在许多方面具有挑战意义和广阔的研究空间。该书选取明代内库为研究对象，不仅为我们展现了此前较为"神秘"的明代内廷财务的运作机制，也为我们认识明代财政的体制设计及其变迁路径提供了一个独特视角。

选取内库为研究对象，从总体上说属于皇室财政的研究范畴，作者在对内库的规制、内库的监管体制、内库的收支结构进行研究的基础上，又对内库与基层上供负担以及内库与国家财政的关系进行了个案考察和宏观探讨，可以说是独辟蹊径。通过对明代内库收贮结构及其形态变迁的考察，探讨了明代中央财政体制从单一到多元、从高度集权到相对分权、从明初实物体制到后期白银货币体制的转型路径。在这一转型过程中呈现出来的内库与部寺财政之间围绕财权、财力、事权、责任之间的互动关系，值得学界注意。

而该书提出的一些新见，如通过考察洪武时期内库钱、银、钞等货币支取情况，对明初"实物型财政体制"的重新评估；通过考察内库物料折银对内廷既得利益的损害，分析晚明"财政白银化"的局限原因；通过对万历"矿税"之征的后期变动考察，重新估算了万历"矿税"的上解内库数额；通过对明末内库支饷和金花银逋欠情况的数据考察，反驳了自清代以来出现的明亡内库"厚积"之说；通过选取松江府的地域个案考察，探讨了明代基层赋役变革与上供构成之间的关系，以及国家账簿以外的地方实际上供承担问题。凡此见解，也值得学界注意。

该书是作者在武汉大学获得博士学位后的第一本专著，相信该书出版后，会促进相关问题的探讨。

2019年5月8日

《明清长江中游市镇经济研究》序

　　十多年前，在不同的场合与李华、郭松义等先生以及同辈的学界朋友聊天时，都曾提到过一个问题，就是开展长江中游地区社会经济史的研究。提出这个问题，是基于两点理由：一是在武汉大学做学问，具备一定的地区优势，在学术研究领域，应该凸显地方特色，对长江中游特别是两湖地区的社会经济进行较为系统深入的研究。自从李剑农、彭雨新先生开启武汉大学的经济史研究以来，逐步形成了实证、缜密的学术风格和路径，继承之，理应有所成。二是其他区域的社会经济史研究走到了前面，即使在长江流域，长江下游的研究也已经非常突出，如果长江中游不能与之匹配，势必制约区域间的比较以及整体的研究水准。这是学界师友的希望，也是我们的责任与义务。但对于我本人来说，囿于财政史研究一隅，难有多余的精力身体力行，好在还有研究群体的劳作和研究生的学术接力。

　　20世纪90年代初以来，我们专门史（经济史）方向的研究生已大多从明清时期的两湖入手选做课题，作为学位论文。但由于各方面的原因，成绩不明显。我总觉得，不管是硕士学位论文，还是博士学位论文，最好在他们入学的第一

《明清长江中游市镇
经济研究》书影

个学期就定下选题，以保证有充足的时间查阅资料和撰写、修改，否则，难免仓促，难免急就。只不过受功力和视野的限制，大多数研究生做不到。

    任放在攻读博士学位之前，已经发表了若干论文，如《历史研究》刊载的《张之洞经济思想散论》《张之洞经济伦理思想探真》等文，并出版过《世纪末的兴衰——张之洞与晚清湖北经济》《经济伦理与社会变迁》等专著，有较厚实的学术积累和理论基础。1998年初秋，他从我读博士研究生，最初交谈时，我谈起学界的研究现状，也谈了一些粗略的想法，希望他围绕着明清时期的两湖或长江中游地区来做学位论文，至于什么专题，可依兴趣而定，没想到他已有成熟的思路，很快就确定了"明清长江中游市镇经济研究"这个题目。也许正是由于他厚实的研究基础和善于思考，论文选题在第一时间就能确定，加上他的勤奋努力，因此出色地完成了学位论文。在论文的送审和答辩过程中，得到了有关专家的一致好评，问序于李伯重先生，也得到伯重兄的充分肯定。日前传来消息，任放的博士论文《明清长江中游市镇经济研究》获得2003年全国优秀博士论文提名奖，虽然离"百篇优博论文"一步之差，有点儿遗憾，但也从一个侧面标示出学界的认可。

应该提及的是，任放在学问上可以说是孜孜以求，对取得的成绩并不满足。他的博士论文2001年完成，经过一年的修改后才请伯重兄审阅、写序，本来可以交付出版，为了增补调整，还是又经过了近一年的修改，使之臻于完善。

在我看来，任放这部著作的主要特点，有如下数端：

第一，对明清市镇研究的学术史进行了系统的评述。这种评述既包括了研究时段的纵向叙述，也有对市镇经济研究对象与方法的检讨。前者标志着对研究现状的总体把握，后者则意味着对相关理论与方法的关注。无论是前者还是后者，都十分重要：一方面，任何研究都是在前人相关研究的基础上进行，对研究现状的总体把握，不仅仅是便于研究的深入展开，也是基本的学术规范和学术品格。伯重兄在前"序"中已经指出："以往国内市镇史研究（以及其他研究）中一个明显的缺陷是许多研究者不严格遵循基本学术规范，不注意（或者假装不知道）前人在此方面的研究成果，或者是在评述前人成果时有意贬低他人以抬高自己。"我十分赞同，所以再次彰示。另一方面，治经济史者，虽然有理论与实证结合近乎完美者如吴承明、李伯重等，但相当一部分学者由于不同的出身（经济学、历史学）和不同的师承，多少都有所偏重。对于我们历史学出身者，往往对理论关注不够，需要有意识地补课，因此，对相关理论与方法的关注，应该看作是一个好的趋向。

第二，对资料的爬梳下了很大的功夫。以往明清长江中游地区的社会经济史研究之所以较为薄弱，资料的相对欠缺是一个重要的原因，而且，这一地区的方志编撰质量要比江南地区差得多，对市镇经济的记载既不详细又很零散，本书从近400部方志中一点一点地筛选相关资料，难度之大可想而知。另外，也注意了对清代档案的利用，从浩瀚的档案中梳理出市镇经济的资料，亦属不易。当然，与大量细致地利用方志资料相比，档案的利用还显得不够，还可以进一步挖掘。

第三，对明清长江中游市镇所依托的自然与人文地理环境进行了探讨。市镇的出现与发展受制于多种因素，而某一市镇的衰落也受制于多种因素，这是没有疑问的。但也必须注意到，某一市镇的崛起或衰落，也可能与社会制度、经济政策等变量无关或关联甚少，而主要的是由于单一的地理环境变迁导致结果的迥异。近年，我们对湖北刘家隔镇、丁泗桥镇的调查显示，这两个镇的发展与衰落，就主要是由于河流的变迁而导致。在过去的市镇研究中，就市镇而言市镇的倾向明显，对相关的自然与人文地理环境基本上未加注意。本书用一章的篇幅集中探讨了地理环境与市镇的关系，在其他章节中，也注意到了市镇发展变迁的多种因素，从而使市镇研究的广度与深度向前推进了一步。

第四，对市镇的归纳与分析有独到之处。如果单纯对独立（单独）的若干市镇进行研究，有可能做到毫发毕现，但无助于规律的总结；从细致的微观研究过渡到宏观的把握，是很难的一件事情。作者对市镇的归纳与分析，正是试图做到微观与宏观的结合。在市镇的归纳方面，注意到了市镇的地域分布与发展周期，注意到了从历史沿革、地理环境、人口规模、经济功能、商业地位、管理机构等角度对市镇类型的划分，还注意到了市镇与市场层级、市镇墟场与集期。在市镇的分析方面，既有单一的对市镇功能的分析，也有对长江中游市镇以及其他地区市镇的比较分析。

上述只是就该著的主要特点而言，读者还可以加以体味和品评。当然，书中也存在某些尚需斟酌之处。比如，在综述市镇研究的学术史时，基本上没有涉及20世纪五六十年代的资本主义萌芽的研究，只是把"资本主义萌芽"作为一种理论提出。我认为，"资本主义萌芽"不管是一种什么样的理论，姑且抛开不论，但由此导致的20世纪五六十年代对资本主义萌芽的研究，在中国史学界和日本史学界都取得了相当重要的研究成果，这些成果在很大程度上都与明清时期的市镇经济有联系，应该加以充分的注意，特别是需要注意当年日本学者的研究成果。而且我也觉得，20世纪70年代以后明清市镇研究的渐次兴盛，与前此的"资本主义萌芽"研究也不能说没有关系。

最后还想说的是，任放的这部著作不但系统研究了明清时期长江中游市镇经济，使长江中游社会经济史研究较为薄弱的局面得以改观，也使得明清市镇的研究水平提高到一个新的高度。今后的明清市镇研究可以进一步在市镇与乡村的关系，市镇与金融，市镇与商人，市镇与会馆，市镇与物价，市镇与商税、杂税的征收乃至地方财政的关系，以及市镇的市政建设、市镇的近代转型等方面加以开拓。

2003 年 5 月 26 日

《明清两湖地区基层组织与乡村社会研究》序

　　中国是历史悠久的农业大国，在漫长的古代社会，农业是主要产业，农民是劳苦大众，社会是乡土社会。几千年的农业文明孕育出中华文化的精华，也昭示着乡土中国的过去、现在乃至将来。因此，对中国传统乡村社会的"解读"也就成为认识中国社会本质的前提和基础。从20世纪30年代的"乡村危机"，以及随之引发的"救济农村""复兴农村""乡村建设"等思想浪潮和学术探讨，到80年代农村联产承包制改革之后，学界有关"民工潮""城镇化""村民自治"等的研究，以及对现实社会中农业、农村、农民（即"三农问题"）问题的关注，对历史上相关问题的重新审视，可以说，中国乡村问题的研究已经成为国内外研究中国问题的一个热点。中西方的历史学、经济学、社会学、人类学和政治学等学科的学者从不同学科出发，运用各自的理论对中国乡村问题展开了多学科、多角度的研究，他们的研究涉及中国乡村的社会政治、经济、文化各个方面。其目的都在于从中国几千年的乡村社会中探寻出中国社会的特征和发展轨迹。因此对于中国传统乡村社会的研究不仅具有极高的学术

《明清两湖地区基层组织与
乡村社会研究》书影

价值，还具有一定的现实意义。

目前，就明清社会经济史研究而言，区域性、地方化倾向成为一种主导趋势。越来越多的学者认识到：我国幅员广阔，各地区的自然环境、社会经济与文化发展的过程互有差异，必须分区域进行细致的研究，切实把握各地区历史发展的多样性区域的特点，才能正确认识中国历史发展的共性；同时，也唯有通过对区域社会经济发展的细致解剖，才有可能挖掘新史料，提出新问题与新思路，从而不断深化对有关问题的探讨。近十年来，许多研究者与研究群体在研究趋向与侧重点上都表现出强烈的地方色彩，并且都在摸索适应本地区研究的思路与方法，并力图提出一些基于本地区研究的、对中国社会发展的总体认识。

武汉大学地处长江中游地区，对于两湖地区的社会经济进行深入的研究应该说具有得天独厚的优势。而且杨国安在南京农业大学农业遗产研究室攻读硕士学位时的论文选题就是明清鄂西山区的农业开发，故此，他在1999年从我攻读博士学位时，在研究区域上，很早就选定以两湖地区为研究对象，并从入学开始就在武大图书馆古籍部系统地查阅有关湖北、湖南的地方文献。在研究内容上，受到近年来蓬勃发展的乡村社会史研究的影响，杨国安将自己的研究侧重点选择在乡村社会组织与控制体系的演变方面。而在此之前，他在由万国鼎先生开创的农业史研究的重镇——中国农业遗产研究室中曾经接受过有关农业史的系统训练，并且钻研过农业经济史，这种背景知识对于乡村社会史研究而言是非常有利的。所以他有关两湖地区乡村社会史研究的博士学位论文完成后，在送审和答辩的过程中，得到了有关专家的好评。近年发表的相关论文也受到学界的关注。毕业后的两年中，作者又根据专家的意见和建议进行了大幅度的修改和补充，同时利用下乡进行田野考察的机会，在搜集民间文献的同时，也不断加深对两湖乡村社会的感性认识，最终形成了这本《明清两湖地区基层组织与乡村社会研究》的专著。

在这本著作中，作者以里甲、保甲、团练等乡村基层组织为切入点，着力探讨中国传统国家权力向基层社会的渗透、基层社会中的国家权力、基层社会与国家权力的互动关系等相关问题。并通过对明清时期湖南、湖北乡村基层组织的设置、演变过程及其在户籍管理、赋税征收、社会控制等方面功能的考察，在阐释乡里基层制度实施实态与演变的同时，也揭示出两湖地区的地域性特征。不仅如此，本书还通过对乡村社会中宗族、士绅的研究，探讨了中国传统乡村社会基层权力结构及其变迁。

本书以明清乡村基层组织里甲、保甲等为线索展开研究，具有制度史研究的意味。但与传统的从"文本到文本"以及"表象"的制度史研究不同，作者注意将王朝制度放在特定的时空进行考察，从事件和过程中来考察制度实施的实态，即走向"活"的制度史，走向"内里"的制度史，这无疑是深化制度史研究的重要途径。比如将朱元璋洪武年间里甲制的推行放在明初两湖地区政治、经济、军事、社会发展变化的大变局中予以考察分析，不仅注意到当时两湖地区特殊的地缘政治导致里甲制推行的区域差异性，而且还分析了里甲制对两湖移民型社会所带来的社会结构、宗族形态的影响等，从而揭示出王朝制度与民间社会的互动关系。就团练而言，并不是严格意义上的乡村基层组织，应该说是特殊时期的特殊产物，也可以说是乡村基层组织的一个变种，两湖地区的团练又有其他地区不可取代的特色，对团练的深入分析与研究不但多了一个观察视角，也有利于相关问题的深化。

另一方面，区域史的研究必须具有总体史的学术理念。换言之，当我们在"眼光向下"的同时，也不能忽视来自国家制度层面的影响，毕竟中国是一个有着长期中央集权的传统并且具有极其严密的制度化的国家。所以既要坚持从下向上地认识历史，又要注重系结"大传统"与"小传统"的纽带，即双向、多纬度地探讨国家与基层社会的关系，追求在个体特色的基点上从总体上认识中国社会的历史。从西方近代史学发展的渊源看，"新史学"主要是以"总体史"为其使命和特征。法国学者雅克·勒高夫在论述"新史学"的特征时，提出了"任何形式的新史学都试图研究总体史"的命题，并且指出新史学"以无所不包的总体历史自居，并要更新历史的全部活动范围。新史学在任何领域中的开拓性著作全都表现它们不受任何专业限制的雄心壮志。它们是旨在介绍和研究社会整体的历史著作"。由此可见，以研究长时段和深层次结构著称的"年鉴学派"实际上就是"总体史"的代表，也因此成为西方"新史学"的代表。事实上，无论中西，现代史学潮流都是以"总体史"为旨归，"总体史"既是"新史学"建构的目标，也是"新史学"的研究范式。

对于乡里基层组织而言，由于它具有政治、经济、社会甚至文化等多重职能，因此使得有关乡村基层组织的研究兼跨制度史、经济史、社会史等多个领域，这更需要作者用整体史的方法来进行综合研究。我们看到，尽管由于论述的需要，作者从户籍管理、赋役征派、社会控制三个方面对里甲、保甲制进行了探讨，但在论证过程中，作者始终注意用关联的理念和方法，揭示出各项职能之间相互联系、彼此制约、互为因果的特征。比如从赋役变革的角度出发，论证了清初里甲性质的变异与向保甲制的嬗变等。此外，本书不仅局限于里甲、保甲等官方法定（或半官方的）基层组织，还考察了乡村社会中重要的民间组织、家族集合——宗族，以及重要的社会阶层、等级结构——士绅，并着力探讨了族权、绅权、政权在乡村社会中相互交织、彼此依赖的运作实态。

从某种意义上讲，本书与其说是一本有关乡里基层组织的制度史著作，不如说是以乡里基层组织为线索的区域社会经济史著作。因此在文章的余论部分，作者从地理区位、地缘政治、经济格局三个层面总结出明清时期两湖地区的地域特征为"中间地带过渡形态"。这一提法在目前来看应该是比较准确地勾勒出两湖地区的社会特征，并为今后的两湖地域社会史及其他地区社会经济史的研究提供了一个参照体系。

最后想说的是，详细、全面地占有史料是历史研究的基本方法，也是保证结论客观、公正的前提条件。本书作者对于资料的搜集和整理下了很大的功夫，对于地方志、家谱、文集、碑刻材料等相关文献尽可能地爬梳，既到北京国家图书馆、湖北省图书馆等公藏机关抄录资料，又深入乡村田野寻幽探古，从而使本书建立在实证的基础之上。

当然，学无止境，本书在理论分析上略显单薄。此外，也许由于时间的缘故，余论部分涉及了一些重大的问题，但并没有展开充分的论述，给人以戛然而止的感觉。比如，作者提出随着地方公共事务的不断增多，绅权与族权只是填补了传统国家因受政治资源限制而留下的权力空白，并没有全面侵夺原本属于国家政治权力管辖的范围。也就是说，双方并不必然造成一种对抗性的权力竞争或冲突。这是一个有趣的话题，显然还有进一步阐明的必要。无论如何，该书的出版将会使得两湖地区乡村社会史研究较为薄弱的局面得以改观，希望作者今后继续努力，进一步深化两湖地域社会史的研究。

2004年6月28日

杂税杂捐与国计民生

——《晚清杂税杂捐研究》序

　　很长时间以来，相对于田赋、关税、盐课、厘金等税收的研究，杂税以及杂捐的研究一直相当薄弱。我在回顾20世纪晚清财政史研究时已经指出，晚清财政史"存在着研究的空白""某些财政专题的研究甚少或阙失"，其中重要的阙失即是杂税的研究，遑论杂捐（《20世纪的晚清财政史研究》）。进入新世纪以后，这种现象陆续有所改变，笔者在为改革开放40年所写的文章中有如下评述：在晚清杂税杂捐的研究方面，"以王燕近年的研究最为突出，……陆续发表《晚清杂税名目及其产生之必然性初探》《晚清杂税的征收特征》《晚清财政摊派与杂税产生之研究》《试论晚清杂税的不确定性特征》《晚清妓捐征收与警费之来源》《晚清财政变革与国计民生》《晚清杂税与杂捐之别刍论》《晚清印花税的引进与窒碍》等一系列文章，引起学界的注意"（《近40年中国财政史研究的进展与反思》）。王燕在其博士论文及前期研究基础上完成的《纾困抑或危局：晚清杂税杂捐研究》，值得特别推荐，笔者也乐于为该书作序。

在中国财政史上，"杂税"又称为"杂赋"，是一个相对的概念，"杂税"是相对于"正税"而言，或者说，"杂赋"是相对于"正赋"而言。检索历史文献可知，《宋书·孝武帝本纪》中已经出现"杂税"一词，《旧唐书·食货志》有了唐代的税收"有两税焉""有杂税焉"的明确分类表述。到清代前期，盐课、关税有了单独的征收系统，征收数额也达到了一定的数量，盐课、关税与田赋一起，被视为正税，正税之外，均称之为"杂税"，从而形成田赋、盐课、关税、杂税四大财政收入。

晚清与清代前期甚至整个中国传统社会有别。正如王燕在该著中所揭示的，咸丰以降，在战争、赔款、外债以及举办新政的情势下，除了厘金的征收外，各种杂税、杂捐的征收以及爆发式增长，成为一个突出的现象。为了应付军费、外债、赔款、新政支出，有了财政摊派，有了"旧税"的加征和"新税"的开办，有了名目繁多的杂税杂捐，有了"就地筹饷""就地筹款"政策的出台。晚清"旧税"的加征与"新税"的开办，一方面改变了财政收入的构成，由清代前期的田赋、盐课、关税、杂税四大财政收入，变为田赋、盐课、关税、厘金、杂税、杂捐六大财政收入；另一方面，"苛细杂捐"或"苛捐杂税"虽然是对财政日益困窘的补苴，但对国计民生的影响前所未有。

一般所说的"国计民生"，字面上所表现出的是财政与民生问题，或税收与民生问题；而其深层意义是财政收入结构、财政支出结构对国家机器正常运转、人民社会生活带来的影响。正如《新唐书·杨炎传》所载："财赋者，邦国大本，而生人之喉命，天下治乱、重轻系焉。"财赋"与国家治乱兴衰以及"生人之喉命"的关系密切。

在中国传统社会"量入为出"的基本原则或财政范式下，正常的财政收入必须等于或略大于财政支出，财政收入是支出的前提条件，财政支出必须在财政收入的额度内安排、协调。这就意味着不能任意增加赋税，更容易做到"取之有度，用之有节"。这是在正常时期维持财政秩序的一个方面。一旦战事兴起，特别是较大规模的战争，军费支出陡增，伴随着战火的燎烧而出现的问题就是收支程式的打破，必然出现国家财政的入不敷出，在这种情势下，统治者亦不会束手无策，必然采取相应的措施加以弥补，这也就是笔者已经申说过的国家财政在非常时期由"量入为出"转变为"量出制入"。"量出制入"当然意味着收入政策与支出政策的相互影响和相互制约，更容易导致"取之无度，用之无节"。也正是在这个基点上，古人已经认为："量入以为出，是谓仁政；量出以为入，是谓虐政。"晚清杂税杂捐的爆发性增长，正是晚清财政支出结构改变、各项支出膨胀的必然结果。晚清在原有军费、俸禄、河工三大财政支出的基础上，新增加了"勇营饷需"（即"勇饷"）及其他军费支出（包含海军军费、军事企业、购买军械）、赔款、外债、新政支出。新的财政支出导致财政的空前困窘以及新的经费筹措，必然与"伤财害民"系结在一起。

一般而言，"杂税"是历史的沿袭，但晚清的"杂税"与清代前期或其他朝代相比，已经判若云泥。"杂捐"则是传统社会后期出现的税收种类，而且光绪年间的杂捐也与咸丰年间的杂捐迥然有别。王燕对晚清的杂税杂捐及相关问题进行专门的系统研究，其重要的学术价值自不待言，藉此也可以进一步窥察晚清的"变局"。

王燕博士《纾困抑或危局：晚清杂税杂捐研究》，是一部填补学术空白的力作，在全面系统研究的基础上，以下几个方面所呈现出的特色尤其值得注意。

第一，对"杂税"与"杂捐"进行了辩证，并分析了杂税杂捐与厘金的关系。前此学者大多认为，杂税与杂捐"同类异名"，有许多模糊的认识。而实际上杂税与杂捐在税目设置及征收过程中，既有关联，又有明显的不同，作者将其归结为：一是杂税的名目较为单一，命名正式，一税之后，一般不会反复征税；杂捐则往往名目繁杂，命名随意，对一种物品反复征捐。二是征收机关不同，征收、报解方式和税、捐款项的去向不同。杂税的征收，一般要经过户部的批准，征收税则、征收数目以及银额拨解、留存等都要按时奏报，出入皆有案可查；杂捐的征收，大多由地方各州县议定，有些杂捐，属于地方私自开征，留作地方之用，并不咨报。三是杂税的征收较为规范，具有相对稳定性；杂捐的征收则具有随意性，多呈现纷乱之象。四是杂税一般由地方征收，汇解上缴，"向系报部"，大多属于中央财政或国家税性质；杂捐征收，"向不报部"，并为地方所用，大多属于地方财政或地方税性质。

至于杂税杂捐与厘金的关系，作者认为："相对于田赋、盐课、关税等正课而言，厘金从广义上讲亦属于杂税的范畴，但由于其有单独的征收系统，又不等同于一般所说的杂税。"就税收统计来看，厘金自从咸丰年间开征以后，不但有单独的征收系统，而且有专门的奏销系统，逐步成为岁入大宗，已经是一个单独的税种。就课税范围和课税对象来看，厘金虽然有百货厘金、盐厘、茶厘、鸦片税厘以及铁路厘金等名目，但主要是对商品流通中的物品进行抽税，课税相对单一。而杂税、杂捐的课税范围和对象更为宽泛、繁杂。各种杂税、杂捐不但名目繁多，也没有统一的奏销制度可言。同时，厘金与杂税杂捐又有交集，有些杂税杂捐是由厘金转化而来，特别是在光绪后期，各省陆续改厘金为"统捐""统税"，在"裁厘改统"或"裁厘加税""加税免厘"之后，有些"统捐""统税"就是原来的厘金。指出这一点非常重要，有利于辨析税收统系和税制沿革。

第二，对晚清各省杂税杂捐的税目做了细致的统计，对杂税杂捐的征敛总额做了分析与估算。晚清"苛细杂捐"或"苛捐杂税"之多之杂，是一种一般性的表象共识，但杂税杂捐的名目（税目）到底有多少？时人已经难究其详，每每以"不可胜举""不胜枚举"概而言之，晚近大多数学者也每每以"苛捐杂税"的笼统说法来论述税捐的繁杂和晚清财政困窘下的搜括。根据作者的学术史梳理，最早进行初步统计的学者是国立中央大学经济系主任朱偰，朱偰以及后来的有关统计大多粗疏舛误。王燕经过细致的爬梳，对杂税杂捐的"税目"进行了分省统计，各省全部杂税共有733种、杂捐共有1545种，杂税杂捐二者合计共2278种。从而对繁杂的杂税杂捐有了一个基本的"量"的认识，这是一个重要的贡献。

晚清杂税杂捐的征收总量，也大多模糊不清。作者经过考证后认为："咸丰年间至甲午战前，杂税岁入在200万两以内，典籍中的有关统计数据没有包括咸丰以来已经开征的杂捐在内。哲美森统计（估计）的'杂税'岁入555万两应该包括了杂捐在内，较为接近实情。甲午战后至庚子事变以前，'杂税'岁入已经达到1500万两，也包括了杂捐在内，但由于当时财政的外销已渐次凸显，一部分留充地方经费的杂捐仍然不在统计数字之内。"其中，甲午战后"杂税"突增至1500万两，是一个重要的节点。之所以有这个认识，是由于查到了中国第一历史档案馆现存的候选主事、举人孔昭莱的"呈文"，由此也可见利用档案资料研究财政史的重要。庚子事变之后，赔款、外债、新政用项迭增，清廷对各省的财政摊派加剧，以及各省的"就地筹款"，杂税杂捐的征收跃上一个新的台阶。同时也由于清廷对"外销"款项的清理，各项税收数据渐次浮出水面，但有关资料残缺不全，税收统计依然繁难。王燕通过对有关资料、数据的辨析，认为：庚子之后的杂税杂捐岁入额当在5000万两以上。

第三，在研究体例和方法论上，注重整体与个案的研究。晚清的杂税杂捐十分繁杂，如果在体例结构和研究方法上不予以注意，既容易陷入繁杂而头绪不清，又容易导致面面俱到而无法深入。通览该书，可以窥察作者的匠心独运。在整体研究方面，作者紧紧围绕杂税杂捐征收的动态过程与晚清"大事件"之间的密切关联展开论述。作者梳理出一条清晰的脉络，晚清三大事件对应着税收变化的三个阶段：其一，太平天国军兴所需款项，除了新开办的厘金外，杂税杂捐也有所增长，但仅是局部的。其二，甲午战争赔款，特别是庚子赔款的硬性摊派，导致杂税杂捐的爆发性增长。其三，光宣之际大力开办新政，在中央"以地方之财办地方之事"的授权下，杂捐渐成筹款的主力，导致杂捐的遍地开花。抓住了太平天国军兴、甲午战争与庚子赔款、开办新政三大事件，也就在总体上把握了杂税杂捐在晚清的变化历程。

不论是历史的史迹还是现代的税收，税收"征管"都是一个重要的问题，其影响也带有"整体性"。作者对晚清杂税杂捐的征收管理，给予了充分的注意。一方面，从中央、省、府州县三级税捐管理机构的变化中，探寻其特征，探寻晚清"变局"过程中的制度变迁。另一方面，也是最为值得注意的，从人（管理者）的角度入手，研究"委员"及"士绅"在税收过程中前所未有的作用。一个突出的现象是，"委员"在晚清税捐征管中多以官方委派为主，具有一定的官方身份和官方色彩；而"士绅"多以民间身份办公家之事，在晚清的税捐征收中地位凸显，有"大抵税多收于官，捐多收于绅"之说。前此学者对晚清士绅在基层社会的作用已多有研究，但主要是探讨士绅与地方社会控制、地方社会事业、公益事业，等等，很少或基本没有涉及士绅与杂税杂捐的征收。作者认为，地方士绅（主要是乡绅）在税捐征收中的作用，凸显出皇权和公权社会化的趋势，为晚清杂捐征收所特有，之所以如此，受三个方面的因素所决定：其一，乡绅与官绅相比，更加容易被下层社会接受。其二，士绅参与税捐征管，是对传统社会后期国家基层治理能力弱化的弥补。其三，晚清士绅参与税捐征管，是中央财权下放、就地取财的现实所迫，清廷对地方士绅参与税捐征管在制度和法理上也予以认可。并且对士绅参与新税捐的开征、旧税捐的加征、税目税则的设定，以及士绅在税捐征收局所的设置、税捐征收银两的使用等方面的作用进行了论证分析。

杂税杂捐的征收，具有明显的地域特色是毋庸置疑的。清代前期的杂税虽然有地域性特色，但有些名目是相同的，如契税、牙税、牲畜税等，征收方法也基本固定。与清代前期相比，晚清杂税、杂捐的征收呈现出更加明显的地域特色，必须有个案研究才能够探究其详。在个案研究方面，作者既注意了黑龙江、奉天、直隶、河南、山西、陕西、福建、广东、贵州等省的杂税杂捐征收实态和差异化，又专门选取了契税、妓捐、印花税三个税种进行深入分析。契税是沿袭自清初、晚清又有较大变化的税种；妓捐是为敛财而不顾社会善良风俗甚至朝廷颜面的"恶税"；印花税是效仿西方，与近代税制接轨，费尽心力"引进"的"良税"。这三类税种，各自具有明显的特色，以此为个案，颇具深意。

第四，遵循由财政到经济、社会的研究路径，体现出制度史研究的宏阔视野。税收—理财—财政，既是国家治理的基础和重要支柱，又关涉到经济、社会的各个方面。晚清杂税杂捐的研究，从本来意义上讲，是对财政制度的研究，但又不能就财政而论财政，所以，在该著中，有"杂捐与新政：警察系统与新式学堂的创建"及"苛捐杂税与民变：晚清社会的动荡"专章，并在其他章节中对晚清的时局及社会经济背景多有论列。而"杂税杂捐与财政变革：晚清地方财

2018年5月26日，武汉大学历史学院博士论文答辩合影
（左前任放、张建民、作者、彭南生、赫治清、虞和平、李少军；
后排为作者指导的博士王燕、何强）

政的初步形成"一章的设置，以及"渊源与流变：清代前期的杂税与财政"与"余论：民国苛捐杂税的泛滥及阶段性废止"，又表现出作者对晚清财政近代转型的强烈关怀，以及长时段溯源寻流的旨归，这无疑是一种很好的研究路径或视角选择。王燕作为武汉大学培养的历史学博士，受到财政史研究的系统训练和研究风格的熏陶，在研究晚清杂税杂捐时，遵循由财政到经济、社会的研究路径，在实证研究的前提下，尽量做到视野宏阔，理所当然。同时，也希望在今后的研究中更上层楼。

（2021年7月8日于百研斋。收录本书，略有精简）

《近代汉口市政研究(1861—1949)》序

    城市化是历史发展到一定阶段的一种社会现象。与历史的发展相一致,学界对市镇的研究起步较早,对近代城市史的研究相对滞后。在城市化进程逐步加快的今天,学界对中国城市发展的历史越来越关注,对中国城市史的研究特别是对近代以来城市的研究日趋深入,城市史研究因之成为中国史研究领域中的一大热门。相对于历史上的市镇研究,近代城市史研究的内涵与外延大为扩展,有关近代市政的研究无疑是城市史研究中一个不可或缺的重要课题。

    从近代中国城市的发展历程来看,"市政"一词的出现,市政建设的起始、发展、演变,在城市社会发展进程中起着至关重要的作用。可以说,在近代中国城市史研究领域中,市政研究具有举足轻重的地位。国外史学界比国内史学界更早地认识到这一点。在20世纪90年代国内近代中国城市史研究兴起之前,国外学者就已关注近代中国的市政,并有成果刊布,如伊懋可的博士学位论文《1905—1914年上海的士绅民主》(剑桥大学,1967年)、玛丽露丝·科尔曼的博士学位论文《民国政府时期中国的市政纲领:1927—1937年的南京》(哈佛大学,1984年)、罗威廉的专著《汉口:中国城市

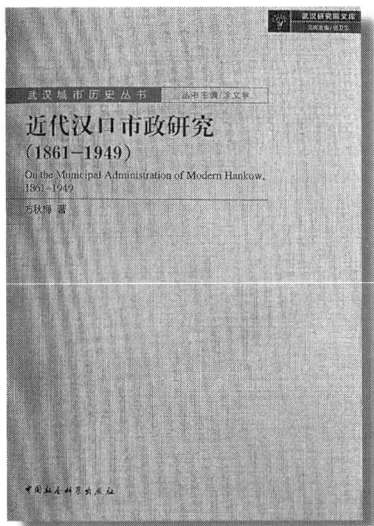

《近代汉口市政研究
（1861—1949）》书影

的商业与社会（1796—1889）》（斯坦福大学出版社1984年出版）等。这些论著，或多或少都会对后续研究提供启迪和借鉴。其中，罗威廉有关19世纪汉口市政管理达到了自治程度的论述，引起了较大的争议，魏菲德、杨念群等国内外学者提出了质疑。从学理上讲，相关论述和质疑，都会加深问题的认识。但我们注意到，前此学者的论述和质疑，在很大程度上缺乏深入系统的实证分析，大多流于表象。令人感到欣喜的是，方秋梅的这部由博士论文改定的专著——《近代汉口市政研究（1861—1949）》，正是以实证的方法，积极回应了这一具有争议性的论题，并进而将研究对象扩展为整个近代汉口市政。因此，这是一部有着明确问题意识的史学论著，也是一部着力于实证研究，非常有特色的市政研究专著。

在博士论文的评阅和答辩时，赫治清先生、朱英、张建民、任放、王日根、杨国安教授等已经给予了很高的评价，并有一些好的意见和建议。历经数年，作者在博士论文的基础上修改补充而成书，笔者在阅读修改后的文稿后有一些体会，认为该著的特色主要表现在下述几个方面。

第一，在大量占有资料的基础上展开论述，史料运用的广度和深度前所未有。

除了大量利用历史档案、方志、文集、笔记外，报刊资料的运用非常全面。近代报刊产生于城市社会，报刊资料很自然地成为反映近代中国城市社会的广角镜。近代汉口市政史乃至近代中国城市史研究的深入展开，自然少不得报刊资料的滋养。粗略统计，该著所网罗的近代报刊资料，总计在60种左右。其中，对《汉口中西报》《国民新报》等具有全国影响或重要地方影响的报刊资料的空前深入的发掘，大大地丰富了清末民初汉口城市史乃至近代武汉城市史研究的史料。

也正是基于大量报刊资料的发掘与运用，该著得以编制出富有参考价值的图表。例如，《民国中后期汉口建制变动一览表》，就是在大量梳理近代报刊等资料的基础上编制出来的。针对该表的分析说明性文字达2000余字，展现出著者的史料功底和研究功力。再如，《清末民初汉口商会领袖人物表》，是通过爬梳近代报刊、地方志及相关档案等资料编制出来的，它在时间上接续民国《夏口县志》，在内容上亦补充了地方志。《民初主要汉口重建机构和马路修筑机构变迁图》，也是在大量梳理报刊资料的基础上编制出来的，其反映出来的信息简要而明确。这些图表的编制，不但为我们了解近代汉口市政与城市社会提供了便利，也是实证研究和计量分析的有机结合。

第二，对近代汉口不同时段的市政研究多有创新。

前此学者对近代汉口市政的研究成果最集中的时段是晚清和民国中期，尤其是晚清时段的研究较为深入。即便如此，该著还是在清末汉口市政研究方面取得了突破：一是通过梳理清末新政以前汉口官办市政与民办市政的基本情况，反驳了罗威廉有关19世纪汉口实质性自治的观点，认为那只是基于西方中心史观而描绘的历史虚像。二是认为在清末新政时期，张之洞对于汉口市政不是没有规划，而是制定有一个整体性的规划，只不过它还是框架性的。这显然有别于前辈学者的观点。三是认为在清末新政时期汉口市政革新的过程中，张之洞个人对湖北省府主导汉口市政的格局形成具有决定性影响，湖北新政对近代汉口市政发展具有导向性作用。而对清末市政建设给汉口城市环境带来的影响的探讨，则是目前有关该问题的最为全面而深入的研究。

学界有关民初汉口城市重建等市政问题的论述，多表现为政治史（主要指辛亥革命史）论述之后的简单点缀，缺少深入的专门性研究成果。相关研究的寥落，与汉口城市重建问题在民初的喧嚣一时，两种镜像之间，存在着巨大的反差，显示出史学研究的缺失和加强对民初汉口城市重建研究的必要性。该著对民初汉口官办市政机构、城市重建的经过与结果以及城市重建良机错失的原因，均进行了细致梳理与考察。对民初警政的发展、商人自治型市政的进步、商界变革市政体制的努力及其失败的原因，亦进行了深入探讨。对商营型市政各主要方面的发展及其在城市现代化进程中的作用，进行了论述，强调了商人主体意识觉醒对民初汉口民办市政的影响。这些不乏新见的探讨，很好地弥补了既有研究的不足，丰富了民初汉口市政研究的内容。

有关民国中期的汉口市政，已经有专著予以论述。在研究时要想创新，就有必要转换视角，开掘新史料。该著在发掘档案、报刊资料的基础上，用图、文、表相结合的方式，论述了汉口"市制"创建、演变及其大背景——市制在全国范围内的确立，探讨了法制保障在汉口市制建立及市政府主导市政格局形成中的作用，以及汉口商人自治型市政如何在政府（或国家）的社会治理的强势下，逐渐发生蜕变，沦为官治的附庸，从而再次回应了罗威廉有关汉口自治的论述，理清了民国中后期汉口市政发展的基本格局与总体走势。

第三，对近代汉口市政体制发展演进的系统梳理，展现出较好的理论与方法。

该著对近代汉口市政进行了长时段的纵向动态考察，认为近代汉口市政体制经历了这样的演变：由湖北新政前夕的传统官绅商协作共治，到湖北新政时期的湖北省府主导市政，再到民初的官治与商人自治并存，最终演变为市政府主导市政。在这一演变进程中，民间力量尤其是商界，曾经在某个或某几个市政领域取得过主导权，但始终未能取得对整个汉口市政的绝对主导权。这样的论述大体符合近代汉口城市发展的历史实际。朱英教授曾经这样评阅其博士学位论文《近代汉口市政研究（1861—1949）》："本文是迄今为止从长时段系统梳理汉口市政体制演进，全面研究近代汉口市政发展演变最为翔实的成果。"现在，该博士论文变成了专著，我认为这种评价非常恰当。而透过该著对近代汉口市政体制的梳理，我们实际上就可以窥见近代中国市政体制演进之大概。

该著对近代汉口市政发展与社会转型过程中国家与社会之间的关系，进行了比较合理的处理，相关论述深化了我们的认识。首先，在对近代汉口市政展开论述时，该著没有将市政等同于官办市政，而是将市政大体分为官办市政和民办市政两个方面。其中，民办市政又包括商人自治型市政和商营型市政——前者具有自治性和公益性，后者侧重于营利性而兼具公益性。其次，作者没有把官府与民间、国家与社会置于对立或对等的地位，而是在爬梳民初市政史实的基础上，探求在近代汉口城市社会发展进程中官府与民间（或国家与社会）之间微妙的共生关系，认为民初汉口商人自治型市政与官办市政之间、官治与民治之间，既互补共存、协作共生，又低度争锋。这种有关近代汉口官办市政与民办市政之间、官府与商界之间关系的论述，既吸收了"国家—社会"研究范式中的国家（官府）与社会（民间）两分法中的合理方面，又避免了陷入国家（官府）与社会（民间）二元对立的思维定式，从而使我们对近代中国国家（官府）与城市社会（民间）之间的关系有更切合历史实际的认识。

该著还对市政在城市社会变迁与社会转型中的作用进行了理论提升，认为"市政自始至终是影响近代汉口城市社会变迁的一个重要因素，市政的现代化既是近代汉口城市社会发展的需要和城市社会转型的结果，又是进一步促进城市社会转型的关键因素。因此，市政发展是近代汉口城市社会转型的必要环节"。

当然，该著也存在着一些不尽如人意的地方，或者说不如我意的地方，即有些地方没有完全按我的意见进行处理。我曾经多次讲过，市政与城市的近代化密切关联，城市的近代化在很大程度上也是市民生活的近代化，比如，汉口自来水管道和电力线路的铺设（架设）到底铺设到什么地方，最初是哪些阶层在利用，水费、电费如何收取，如何改变不同阶层的生活习惯和生活质量。又比如汉口的公共厕所如何兴建，最初是在什么地方、什么单位兴建，男女分用的厕所什么时候出现，等等。当年，方秋梅的博士论文已经达到60余万字，这些要求难免加重负荷。沉淀数年后，有些问题依然没有解决。希望在以后的研究中，对一些看似一般而又不一定一般的问题多加留意，不断取得新的进展。

尽管相对于苛刻的要求还有些距离，但我相信该著的出版，会引起相关学者的关注，而且随着时间的推移会进一步引起重视，并推动相关领域的研究。

（2016年12月20日。收录本书，略有精简）

财政与地方社会的历史镜鉴

—— 《近代河南县域财政的变迁与地方社会研究》序

岁有生教授的新著《近代河南县域财政的变迁与地方社会研究》成稿后，希望我写一个序言，义不容辞。通读该著后，平时的一些体会，可以藉此在这里进行归纳。我觉得，研究历史上的财政问题，有三个值得注意的特性：

一、财政史研究的重要性

我在拙著《清代财政史》已经指出过："传统社会的财政，从总体上体现着国家政权为实现其职能，对一部分社会产品进行分配和再分配而形成的以国家为主体的分配关系。这种分配关系的简明形式就是国家对财政收入与支出的把握，其实质则是国家凭借权力对剩余产品的占有和重新分配。在不同的社会制度下，国家财政具有不同的性质，财政随着国家的产生而产生，并随着国家本质（社会性质）的变化而变化，但其主要职能并不因社会制度的变化或朝代的更替而改变。"财政是国家治理的基础和重要支柱，其重要性，自先秦以来就不断有先贤予以论述，明人李承勋在前人的基础上更是总结出"仁政"说、"虐政"说、"无政"说："夫量入以为出，是谓仁政；量出以为入，是谓虐政。既不量入为出，又不量出为入，杂然而牧，泛然而用，是谓无政。"①晚清名臣赵尔巽在财政空前危机的特殊情势下，也有新的认识："庶政繁兴，在在需款，财力竭蹶，百事空谈。从来富强之基，理财为要。我国理财之方，固难于开源，尤难于节流，不在多取民财，而在剔除中饱。从前凡有税捐新增之款，无不归地方官经征，贤者例取平余，不肖者多所侵蚀，而丁书差役染指不知凡几。"②也就是说，财政关乎"国计民生"，国家治乱兴衰、朝代更替，往往与财政制度、财政治理能力以及官吏的财政素养、政治品格息息相关。

二、财政史研究的繁杂性

财政史研究是专门化程度较高的专门史研究，既涉及财政制度、财政管理、财政收入、财政支出、国家财政、地方财政、皇室财政等大的类项，又有田赋、关税、盐课、厘金、杂税、杂捐、所得税、营业税、消费税、国家税、地方税、俸禄、养廉、规费、军费、河工水利等"税捐""税费"

---

① （明）李承勋：《定经制以裕国用疏》，见《明经世文编》卷一〇〇《李康惠公奏疏》，上海：上海书店出版社，2019年，第2册，第971页。

② 档案，朱批奏折。光绪三十四年八月十八日四川总督赵尔巽奏：《为通省经征事宜设局试办，以维财权而清积弊事》。档案号：04-01-35-0586-032。中国第一历史档案馆藏。

的具体筹措与开支，以及奏销册、会计册、赋役册、丈量册、鱼鳞册、税票、由单、清单等册籍凭据和计量统计。有相当大的研究难度，也非一般的泛泛研究所能厘清。晚清处于百年大变局的特殊时期，财政更加繁杂纷乱，《甘肃财政说明书·总序》所说："财政至今日紊乱极矣，收支浮滥，视若故常，下既不报，上亦不究。一省之财政淆，伸缩操纵之权，封疆不得而主之。外销闲款，向不奏咨，入既无额，出亦无经。各省之财政淆，盈虚调剂之权，中央不得而主之。无财无政，何以立国？……夫借债也，加税也，搜括也，裁并也，皆筹款之技也，非财政也。财政者，以财行政，即以政生财。……自军兴后，库帑不敷，各省自筹自用，因有外销名目。是为财政紊乱之始。此后课税、厘捐日益增加，新筹之款数倍于前，不复入拨造报。间或奏咨立案，而不实、不尽，莫可究诘。江河日下，渐至泛滥而不可收拾。"辛亥革命推翻"帝制"，中华民国建立，特别是在民国初年的一段时期内，在政治体制变更，政治、军事、财政、经济、社会的变局之下，既有对传统财政的承继，又有东西方农业文明和工业文明的交汇，也有国计与民生的纠结。同时，在很大程度上呈现出在国弱民贫、军阀割据、地方自治的状态下，谋"财"多于谋"政"的财政范式。这意味着，研究晚清民初的财政，更加繁难。

三、财政史研究的融通性

这种"融通性"可作两面观，一方面是学科间的融通，对此，我在《近40年中国财政史研究的进展与反思》中已经有所表述："财政史作为历史学与财政学、经济学的交叉学科，财经学界的学者和历史学界的学者在研究历史上的财政问题时体现各自的特色是毋庸置疑的，但问题在于，历史学界的学者注重史实的罗列和考辨，一般不太注意财政理论与方法的探讨，影响到财政史研究的理论归纳和宏观视野。财经学界的学者则大多不愿在史料的挖掘和考证史实上下功夫，人云亦云，以致错讹百出。之所以如此，是由于对财政史的学科特征和本身的定位有关。财政史作为专史，具有交叉学科的特征，财政史学者的出身、经历、学养不同，有的偏重于历史学，有的偏重于财政学，研究方法会有所不同，但不管如何不同，并不能改变财政史的历史学特征。笔者认为，财政史毕竟是历史研究，一旦研究财政史，必须遵循历史学的研究规律，尽量还原历史，把财政史实缕述清楚，史料是基础，实证是主要的手段，财政学以及经济学理论与方法，只能是一种理论与方法，处于从属的地位。"另一方面，是研究路径的融通。财政史研究是制度史研究，财政史研究的主题是相关财政制度的分析，但由于财政是传统社会统治者最为重视的类项，传统社会的经济政策更多地表现为一种财政政策，财政涉及并影响到社会的方方面面，牵一发而动全身，所以应该遵循财政—经济—社会的研究路径。反过来说，财政史又是研究经济史、社会史的重要基础，历史上的大多事项，均与财政有关，所谓历史上的财政问题，往往是经济问题、社会问题，财政与经济、社会交织在一起。在这个意义上，一般性的历史研究，特别是经济史研究，应该对财政问题予以关注，财政史研究更应该跳出就财政论财政的窠臼，根基于财政，探讨由财政问题生发出来的各种面相。

我觉得，认识以上三点，对财政史研究是有助益的。有生教授在中国人民大学清史研究所跟随张研教授读博士期间，主要关注的是清代社会经济史研究，随后有几年时间在武汉大学做近代地方财政史的博士后研究，与笔者以及其他老师有了更多的沟通机会，连续获得博士后面上资金和国家社科基金的资助，发表了一系列财政史的论文，并出版专著《清代州县经费研究》，逐渐形成目标明确的研究方向，对财政史主要是晚清民国财政研究以及上述三点有了更多的感悟。

《近代河南县域财政的变迁与地方社会研究》聚焦于河南的"县域财政"（县财政）和地方社会，有其独特的视角和研究时段的选择，更多地体现出财政史研究的本体性和融通性色彩。

晚清民初是地方财政从酝酿到形成的关键期，该著用"近代地方财政思想的引介与传播""近代地方自治实践与县地方财政的形成""近代河南县域财政支出""近代河南县域财政收入"四章的篇幅，系统勾勒地方财政的形成过程和河南的个案，无疑是很好的谋篇布局。其研究时段如该著的副标题所示是1901—1927年，下限断在1927年，不存在问题；上限起于1901年（光绪二十七年），作者或许有自己的考虑，但没有给出理由，应该不是一个恰当的年份，尚值得斟酌。

研究中国传统社会财政史、经济史的学者，经常使用

"中央财政""地方财政"的用语，只是一般的套用。大要说，在中国传统社会，与"中央财政"对应的是"地方财政"，与"国家财政"对应的是"皇室财政"（或"宫廷财政"），中央、地方、皇室这三大块，基本能代表传统社会财税的分割和财权的划分。笔者在《清代中央财政与地方财政的调整》中已经说过，传统社会并没有严格意义上的中央财政与地方财政的分野，但有以"起运"与"存留"为标志的中央财政与地方财政的划分和调整。这里需要特别指出的是，从严格意义上说，"存留"不具备"地方财政"的性质，或许称为"地方经费"更为合适。而且，所谓"起运"与"存留"比例的划分，只是就主要的税收田赋而言，在盐课、关税等税收中既有另外的起解方式，也有与皇室财政的关联，并没有这种比例划分。

太平天国军兴之后，清廷陆续提出"就地筹饷""就地筹款"的政策，地方有了自主筹措经费之权。"就地筹饷"与"就地筹款"虽然只有一字之别，但其包含的意蕴有所不同。"就地筹饷"的最初提出，主要是针对咸丰初年镇压太平天国筹备饷需而言。同治、光绪年间，依然有"就地筹饷"的谕令，也依然是针对饷需，特别是筹办海防和编练新军而言。"就地筹款"的范围则广泛得多，主要是针对光绪以降筹措时局所需的各种款项而言。"就地筹饷"已经意味着户部财权的下放，逐步改变了清代前期以来中央财权一统的格局，地方财权日益扩大。"就地筹款"主要实施于"庚子之变"以后，地方官员从此有了自主筹设财政机构以及自主举办杂税杂捐开征之权和财政收入的支配权，地方财政渐次形成。此后，随着"宪政"的推进和《城镇乡地方自治章程》和《府厅州县地方自治章程》的颁布，随着国家税和地方税的划分等系列措施，地方财政在清季已经具备雏形，并在民国初年进一步完备。

该著认为："近代国家税和地方税的划分，主要是在中央和各省之间进行，县地方税并不在考虑之列。"这种认识大致不误，也是学界一般性的说法，但并不完全准确，实际上，在宣统二年黑龙江巡抚周树模的奏折中，针对黑龙江财政说明书的编纂，已经指出："订成全省财政沿革利弊说明书，计上中下三册，……以用项属于中央事业者为国家税，以用项属于地方事业者为地方税。地方税约分三级：其由司库经管者，曰省税；由各属就地自筹者，曰府厅州县税；由自治团体抽收者，曰城镇乡税。"①这说明，在清季的地方税中，已经有"省税""府厅州县税""城镇乡税"之区别。财政问题至为复杂，各省的情况也不一致，一些细致的环节尚需认真梳理和考辨。

至于县级财政，业师彭雨新教授是最早的系统研究者和开拓者，早在1945年已经由商务印书馆出版了他的专著《县地方财政》，有生教授已经予以关注，并对其他先贤时俊的研究成果有较好的把握。这是严谨的学术研究所必须遵守的学术规范。

---

① 档案，朱批奏折。宣统二年八月初三日黑龙江巡抚周树模奏：《为江省财政说明书依限编成咨送备核事》。档案号：04-01-35-1097-007。中国第一历史档案馆藏。

有生教授对河南地方财政与地方社会的关联研究，仅有"吏风、吏治与河南的县行政"和"近代河南的农业政策、农村经济与农民负担"两章，略显单薄。在地方财政和地方社会的研究方面，可以论述的问题很多，这或许需要作者进一步努力。希望作者以本书为新的起点，不断做出新的贡献。

（2021年9月9日于百研斋。收录本书，略有删节）

史学理论对史学研究的观照与导引

——评《唯物史观与史学理论》

  历史是从悠远的过去导向现在的一个连续因果进程，对于历史学者来说，其职责是对逝去的历史进行描述和解释，并在描述和解释中显现史学的社会功能，架起沟通历史与现实的桥梁。但是，史家对历史（课题）的选择及其描述方式、研究方法，有时难免被讥讽为"剪刀加糨糊"（柯林武德语）或"迂腐穷酸地追逐细枝末叶"（巴勒克拉夫语），甚至是"得血遗肉""得骨遗髓"（梁启超语）。或多或少会影响到史学的学术价值和社会功能。从这一点上说，史学理论对史学研究的观照与导引也就显得特别重要。

  尽管如此，在我国的历史学界，对史学理论的偏见和史学理论研究的滞后仍是一个突出的问题，正像著名史学家陈启能先生所指称的，"我国的历史学长期以来没有自己的学科理论"。这当然并不等于说中国的传统史学没有自己的"理论"，传统的考辨、校勘、辨伪之学仍相当成熟，只是这种"理论"是从属于史料、服务于史料的，在更大的程度上是一种"史料学"。现代意义上的史学理论，强调史学家的

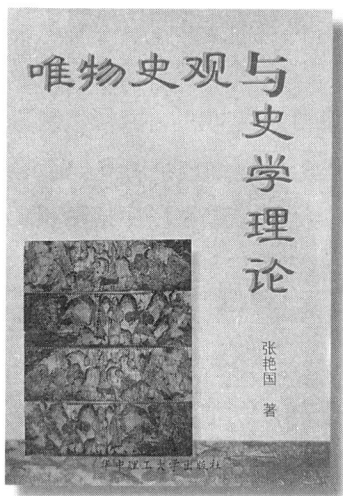

《唯物史观与史学理论》书影

主体能动认识，强调对历史的总体构建，强调对历史事件的重新解释。一如柯林武德（R.G.Collingwood）在《历史的观念》中所说："一切历史，都是在历史学家的心灵中重演过去的思想，……历史学家不仅是重演过去的思想，而且是在他自己的知识结构之中重演它，因此在重演它时，也就批判（品评）了它，并形成了他自己对它的价值的判断。"这当然是有别于"让史实本身说话"的传统认识的。现代史学理论研究在我国的起步也就是十年多一点的时间，张艳国教授对史学理论的研究大体上同步起始，新近出版的《唯物史观与史学理论》（华中理工大学出版社1997年出版），正是他十多年来的研究结晶，是对史学界的一个重要贡献。该书不但有较高的理论价值，而且有理由相信，该书的出版，将对史学的进一步繁荣和发展起到促进作用。

我们注意到，对"唯物史观的理论反思"是张艳国的一个研究重点。如所周知，马克思主义科学的历史观是唯物史观，它的创立与完备，同历史科学的发展步履密切相关。按照张艳国的界说，马克思、恩格斯撰写的《黑格尔法哲学批判》《神圣家族》《关于费尔巴哈的提纲》《德意志意识形态》《哲学的贫困》《〈政治经济学批判〉序言》等是马克思主义唯物史观创立和完备的几个重要界标；而《德国农民战争》《德国的革命与反革命》《路易·波拿巴的雾月十八日》等利用唯物史观（新历史观）所做的具体的史学研究，又证明了唯物史观的正确性和科学性。没有疑问，马克思主义唯物史观使历史学变成了科学，正如李大钊早已指出的："自有马氏的唯物史观，才把历史学提到与自然科学同等的地位。此等功绩，实为史学界开一新纪元。"

但是，在史学界，把马克思主义唯物史观等同于史学理论的认识和做法并不鲜见，这种"等同"，事实上有意无意地降低了唯物史观的指导作用，把"指导"和"等同"相混淆，并有意无意地对其他史学理论进行拒斥。笔者在1989年发表的《时代变革与史学选择》一文中曾指出："马克思主义应用于历史研究仍然是必须的，仍然具有非常重要的指导意义，同时我们也反对不分事实、不切实际的言必称马列，在历史研究中，像兰克的实证理论，汤因比和斯宾格勒的历史文化比较理论，费弗尔和布罗代尔的历史综合理论以及弗洛伊德、荣格、马斯洛的心理学理论等都有其独到的功用和意义。多层次、多元的史学理论实际上处于一种综合效应的互补地位，任何偏颇和拒斥都无益于史学的发展和繁荣。"对此，张艳国在他的著作中也有很好的论述，并具体指出三点：一是注重从世界历史观角度研究中国历史，从大量的具体研究结论中抽象出具有理论意义的思想，丰富和发展马克思主义唯物史观。二是吸收当代自然科学和科学哲学的有益成果，丰富马克思主义唯物史观。三是批判地借鉴和吸收当代西方史学研究成果，丰富马克思主义史学的认识。同时，又明晰了唯物史观与史学理论的区别，首先，唯物史观与史学理论的学科不同，前者属于哲学学科，后者属于历史学科。其次，唯物史观与史学理论研究的角度及其范围、方法不同，这是由其学科属性决定的。因此，唯物史观并不能代替史学理论对史学研究的观照与导引。

对史学社会功能的探讨，是张艳国关注的另一个重点。在张著中包括了"论历史学的学科个性及其相关问题""论史学思维模式的转换""历史学家的社会责任感与历史使命感"等几个相关论题。

史学本身是否具备社会功能？这本来是没有疑问的。鲁迅所说的"历史上都写着中国的灵魂，指示着将来的命运"。恩格斯所说的"我们对未来非资本主义社会区别于现代社会的特征的看法，是从历史事实和发展过程中得出的确切结论"。《孟子》中记载的"孔子作《春秋》，乱臣贼子惧"，等等，都明白无误地标示和意味着史学的社会功能。史学若没有这种鉴古知今、资治垂训、明理富聪的功用，也就失去了存在的意义和价值。但是，史学社会功能的显现，并非与之俱来，需要史家的主观能动，需要史家的社会责任感和历史使命感。

随着当今史学研究方式的转变以及史学家的智能结构调

整，史学的价值认识与审美标准会发生相应的变化。同时，随着党中央对社会主义精神文明建设的进一步强调，史学的社会功能亦将日益凸显。以此为基点，张艳国认为，史学的社会功能可以分解为四个层面：其一，对于个人而言，有助于净化心灵，陶冶情操，予以智慧的启迪；有助于激扬人的真、善、美。其二，对于国家和民族而言，有利于聚结历史感和时代意识、未来意识、世界意识，振奋民族精神，自强于世界民族之林；有利于增强民族凝聚力，弘扬优秀的民族文化传统，培育时代精神的精华，促进社会进步；有利于增强民族和国家的认同感，战胜任何艰难险阻，立于不败。其三，对社会的现实发展而言，有利于人类正确地处理同自然的关系，避免自然对人类的惩罚；有利于执政党和政府进行科学的决策，减少失误，少走弯路。其四，就科学功能而言，能够给临近学科以智慧的启迪，带来发展与创新的契机。

洋洋32万字的《唯物史观与史学理论》，其精华，当然不只我之所述评，读者诸君尚可自作领会。

（原载《中国图书评论》1998年第3期）

与时代同行：中国经济史研究70年

中国悠久的历史传统和丰富的历史文献传承决定了梁启超所谓的"中国于各种学问中，唯史学为最发达；史学在世界各国中，唯中国为最发达"。史学的发达与繁荣是一种历史的现象。中华人民共和国成立70年来，经济史研究在历史研究中占有重要的地位，70年的中国经济史研究，经历了新中国成立初期、"文革"时期、改革开放初期、"中国特色社会主义新时代"等重要的阶段，经过几代学人的努力，成就斐然。经济史研究与一般历史研究相比，更加关注经济发展和社会变革，与时代脉搏的跳动更加契合，不同的阶段各有特点。本文从大的历史时段着眼，分为改革开放前30年和改革开放40年两个阶段，对中国经济史研究的整体状况进行回顾和反思。

一、改革开放前30年经济史研究的拓新与曲折

1949年中华人民共和国的成立是亘古未有的大事件，在中国共产党的领导下，各行各业都发生了翻天覆地的变化，在思想和历史研究领域，马克思主义的定尊是最为重要的变

化。如所周知，恩格斯在《资本论》英文版序言中曾经指出过，马克思的"全部理论是他毕生研究英国的经济史和经济状况的结果"。或者可以说，马克思在经济史研究中抽象出的生产力与生产关系、经济基础与上层建筑等一系列经济学理论，以及历史唯物主义和辩证唯物主义世界观和方法论，更加适合于经济史研究的理论指导，更加具有方法论意义，所以在新中国成立初期的经济史学家那里，更加乐于接受，并心悦诚服地运用于经济史研究之中。唐长孺先生虽以魏晋南北朝隋唐史研究名世，但经济史始终是他关注的重要领域，他在《魏晋南北朝史论丛》跋语中说的"在研究过程中，我深刻体会到企图解决历史上的根本问题，必须掌握马克思列宁主义的理论"；傅衣凌先生说的"解放后，通过学习马克思主义理论，……认识有了很大的提高，研究的信心增强"[1]，即是一种真实的表达。日本著名学者池田温也说："此《跋语》所见唐先生的谦虚品德及其对卓越的马克思列宁主义理论之敬仰。"[2]在新中国成立初期，经济史学者普遍接受马克思主义，用马克思主义的理论和方法指导自己的研究已经是一个普遍的现象。在当时的学者中，一部分人如傅衣凌等在1949年前就已经"开始接触到新兴的社会科学，初步学习马列主义经典著作"，一部分人如唐长孺等那样开始

①傅衣凌著：《傅衣凌治史五十年文编》，厦门：厦门大学出版社，1989年，第47页。

②池田温：《怀念唐长孺教授》，见武汉大学中国三至九世纪研究所编《魏晋南北朝隋唐史资料》第二十一辑"唐长孺教授逝世十周年纪念专辑"，2004年，第30—34页。

认真学习，经过几年的学习，还唯恐"学不到家"。同时，尽管在新中国成立初期有这样那样的运动，但不可否认，鼓励学者进行学术研究，是中国共产党和有关部门的一项方策。杨端六在1959年为《清代货币金融史稿》写的"卷头语"中就特地提到"武汉大学党及行政领导在这几年中对科学研究工作的大力提倡与支持"。南开大学历史系在1959年编选出版的《清实录经济资料辑录》"前言"中也提到是在"校党委提出大搞科学研究"的前提下完成。

在马克思主义理论和方法指导以及在倡导科学研究的氛围下，新中国成立初期的经济史研究取得引人注目的成就，在两个方面表现突出：一是1949年前的旧有著作经过改写和补充有明显提高，一是新的著作填补经济史研究的空白。

就前者而言，李剑农、严中平、彭信威堪为代表。李剑农先生的《中国经济史讲稿》，在1943年曾由中国书局出版，但只是一般讲义性质；1949年后在彭雨新先生的协助下，重新编写的《先秦两汉经济史稿》《魏晋南北朝隋唐经济史稿》和《宋元明经济史稿》由三联书店在1957年至1959年出版，成为最早的中国经济史多卷本著作和各高校的参考教材，其权威性为学术界公认。彭雨新先生在该书1991年的"再版前言"中称："全书着重阐述中国封建社会生产力的发展和生产关系的变化。在说明封建社会生产关系变化中，著者十分重视政治与经济相互作用的关系。……关于周代社会性质，向来存在奴隶制社会说和封建社会说以及春秋前为奴隶社会、春秋战国以后为封建社会等等不同看法，李氏对周代的封建制度的论述，对于我们认识周代社会性质和讨论中国古代社会分期是有帮助的。"言下之意，该书虽然没有明确标榜，但事实上是在马克思主义理论指导下完成，并参与了当时"中国古代史分期""封建土地所有制形式"等问题的讨论。严中平先生于1943年在商务印书馆出版《中国棉业之发展》，1955年修订再版，改书名为《中国棉纺织史稿》，并加副标题"从棉纺织工业史看中国资本主义的发生与发展过程"，参与"资本主义萌芽"讨论的意旨明显，亦如作者在"导言"中所言："本书企图以棉纺织业的发展历史做典型，分析百年来中国资本主义发生发展过程的特殊性。"既是第一本系统论述棉纺织业发展史的专著，也是研究中国资本主义发展史的第一部著作。更为重要的，如汪敬虞等先生在《经济研究》1958年第7期写的书评所说，本书初版的写作，"著者还没有遵循马克思列宁主义经典著作"，新版则完全是以马克思主义理论为指导。彭信威先生的《中国货币史》，1943年开始撰写，初稿只有十几万字，1954年的初版本字数达到45万，1958年为第二版，1965年的修订本达到77万字。如作者1962年写的三版"序言"所称："本书的第三版，比起初版来，内容几乎全部刷新。"马飞海在2007年《中国货币史》新版代序《一个敢于开拓中国钱币学新局面的学者》也说，新中国成立后，钱币工作者提高了认识，扩大了眼界，"努力学习和运用马克思主义理论和方法"，使"古老的钱币学向新的学科的转变"成为可能，"彭信威先生就是勇敢地开拓钱币学研究新领域、新路子、新局面的出色学者"。李剑农、严中平、彭信威等先生延续1949年前的研究并取得新的突破是毫无疑义的。

就后者而言，傅衣凌《明清时代商人及商人资本》（1956）、《明代江南市民经济试探》（1957）、《明清农村社会经济》（1961），梁方仲《明代粮长制度》（1957），王毓铨《我国古代货币的起源和发展》（1957）、《明代的军屯》（1965），杨端六《清代货币金融史稿》（1962），王亚南《中国地主经济封建制度论纲》（1954），唐长孺《魏晋南北朝史论丛》（1955）、《三至六世纪江南大土地所有制的发展》（1957）、《魏晋南北朝史论丛续编》（1959），贺昌群《汉唐间封建的土地国有制与均田制》（1958），谷霁光《府兵制度考释》（1962），韩国磐《隋唐的均田制度》（1957）、《北朝经济试探》（1958）、《南朝经济试探》（1963），胡寄窗《中国经济思想史》（上、中册，1962、1963），张家驹《两宋经济重心的南移》（1957），陈述《契丹社会经济史稿》（1963），戴裔煊《宋代钞盐制度研究》（1957），景甦、罗仑《清代山东经营地主经济研究》（1959），韦庆远《明代黄册制度》（1961），等等，都是这一时期的代表作。有些成果虽然在改革开放后出版，实际上也是写作完成于这一时期，童书业的《中国手工业商业发展史》、梁方仲的《中国历代户口、田地、田赋统计》属于这种情况。这些作者有的在1949年前就已经成名，有的则是新中国成立初期成名的新锐。如果梳理这一时期的论文，可述者尚多。

近年来，坊间多有夸大民国学术成就的言论。就经济史研究而言，上述著作及相关论文，就其开拓性和学术性而言，已经远超民国年间的同类成果，即使以目下的学术眼光衡量，上述著作依旧是经典性的学术名著。

较全面评价改革开放前30年经济史的研究成果，也需要注意"文革"前关于中国古代史分期、封建土地所有制形式、资本主义萌芽、农民战争和汉民族形成五个重大问题——所谓"五朵金花"的大讨论。对这些讨论，近年来有些学者曾经提出尖锐的批评意见，有"伪命题""假问题"之讥，也有学者如李伯重、仲伟民、陈支平等认为应该慎重评价。必须指出的是，这五个问题多与经济史研究关联（李根蟠认为，"这些问题中的前三个问题直接与古代经济史有关"①。李伯重认为，除汉民族形成外，"有四个属于经济史研究"②)，其对中国经济史研究的影响与推动不容忽视，其积极意义主要表现在四个方面：

　　第一，促使经济史学界对马克思主义理论进一步关注，既提高了理论水准，又加深了对中国经济发展的整体认识。其中，侯外庐《中国封建社会土地所有制形式的问题》(1954)、《论中国封建制的形式及其法典化》(1956)、《关于封建主义生产关系的一些普遍原理》(1959)，童书业《论亚细亚生产方式》(1951)，李文治《关于研究中国封建土地所有制的方法论问题》(1963)，李埏《试论我国的封建土地国有制》(1956)、《试论殷商奴隶制向西周封建制的过渡问题》(1961)，胡如雷《试论中国封建社会土地所有制形式》(1956)、《关于中国封建社会形态的一些特点》(1962)等论

---

　　①李根蟠：《二十世纪的中国古代经济史研究》，见《历史研究》1999年第3期。

　　②李伯重：《中国经济史应当怎么研究》，见《中国经济史研究》2006年第2期。

文，都具有强烈的理论色彩和宏大叙事风格。

第二，讨论热烈，研究深入，对历史上的相关问题有纵深的拓展，特别是在土地所有制形式、资本主义萌芽研究方面表现突出。在土地所有制形式方面，有关先秦井田制、秦汉名田制、三国屯田制、西晋占田课田制、北魏至隋唐的均田制，等等，有许多经典名篇。同时，对与土地制度相关联的赋役制度也有深入的讨论。在资本主义萌芽研究方面，据南京大学历史系《明清资本主义萌芽研究论文集》的"附录"统计，"文革"前有218篇论文讨论资本主义萌芽问题，涉及铺户作坊、丝织业、棉纺织业、踹布业、矿冶业、制瓷业、造纸业、榨油业、制糖业、井盐业、手工业、农业等种种部门和行业，大多数有名的学者都参与了这方面的研究，有些新人也因此研究而崭露头角。

第三，相关研究特别是资本主义萌芽问题的研究，引起国外学者的重视与跟随。日本著名明清史和经济史专家森正夫在2013年商务印书馆出版的中文版《明清时代史的基本问题》"前言"中做过揭示：1955年12月，以中国科学院院长郭沫若为团长的学术考察团访问日本，中日历史学者就包括资本主义萌芽等历史问题进行了座谈。在此次座谈的基础上，日本学者专门编辑出版《中国历史的时代区分》一书，该书除收录翦伯赞《论十八世纪上半期中国经济的性质》外，也有田中正俊专门撰写的《中国历史学界关于资本主义萌芽的研究》。森正夫称："日本的中国明清史学界对中国同行们的研究之重视，由此可见一斑。"同时，森正夫还提到傅衣凌、李文治、从翰香、王毓铨、王守义、刘重日、魏金玉等学者相关研究对日本明清经济史学界的影响和启发，进而称："自新中国成立不久的50年代起，日本学者在从事作为外国历史一部分的中国明清史研究时，即已通过中文著作和论文等，汲取着中国学者在研究作为其本国历史一部分的明清史时所取得的成果。"

第四，相关研究继续开展，并催发了新的研究领域。20世纪五六十年代对历史重大问题的讨论，特别是土地制度、资本主义萌芽等，在"文革"后的一段时间内，仍为经济史学者关注，并不断有代表性成果问世，如徐喜辰《井田制研究》（1982），赵俪生《中国土地制度史》（1984），林甘泉等《中国封建土地制度史》（1990），杨际平《均田制新探》（1991），傅衣凌《明清封建土地所有制论纲》（1992），李文治《明清时代封建土地关系的松解》（1993），李埏、武建国《中国古代土地国有制史》（1997），等等，以及李文治、魏金玉、经君健《明清时代的农业资本主义萌芽问题》（1983），许涤新、吴承明《中国资本主义发展史》（1985、1990、1993）等。同时，笔者也认为，在重大历史问题讨论中的研究视角及资料挖掘，催发了后来成为经济史研究热点的农民负担研究、乡村社会研究、资产阶级研究、市镇研究、近代化研究。

从总体上说，中国经济史学界在20世纪五六十年代取得的成绩应该充分肯定。

"文化大革命"期间，经济史的研究陷于停顿；但在"文革"后期，有些研究已经在恢复。"文革"结束后不久，在当时"出版难"的情况下，也有著作迅速出版，如中央财政金融学院财政教研室编写的《中国财政简史》在1978年出版，胡如雷《中国封建社会形态研究》、张国辉《洋务运动与中国近代企业》均在1979年出版，即是明证。

二、改革开放40年经济史研究的辉煌与特色

改革开放40年来，快速的经济发展、安定的学术研究环境，既造就了新一代学者，也出现了划时代的研究成果，从而呈现经济史研究的辉煌局面。

经济史研究的辉煌，有三个重要的前提条件。一是研究机构和研究队伍的壮大。中国经济史研究的重镇，在改革开放之前主要是中国社会科学院经济所、中山大学、厦门大学、云南大学、武汉大学"一所四校"，这些单位既有严中平、李文治、巫宝三、吴承明、汪敬虞、梁方仲、傅衣凌、韩国磐、李埏、李剑农、杨端六、彭雨新等老一辈代表性学者，又培养了经济史研究的传承者。改革开放之后，除上述院校外，清华大学、南开大学、河北大学、首都师范大学、华中师范大学、中南财经大学等一批高校，中国社科院历史所、近代史所以及上海社会科学院等地方社科院先后成立了经济史研究所（室、中心）或集聚了较多的经济史学者，中央财经大学和上海财经大学甚至建立了经济史系。全国性的中国经济史学会和省级经济史学会也相继成立。经济史研究机构、组织和研究人员空前扩大，仅中国经济史学会就有会员一千余人。二是专业性研究刊物从无到有，大量增加。改革开放以后，《中国社会经济史研究》《中国经济史研究》先

后创刊，《农业考古》《中国农史》《农史研究》《当代农史研究》《古今农业》《海交史研究》《海洋史研究》《城市史研究》《中国经济与社会史评论》《中国经济史论丛》（现改为《中国经济史评论》）等专刊或集刊的创立呈蓬勃之势，一些综合性刊物如《清华大学学报》《河北大学学报》《江汉论坛》等也较多发表经济史文章，为经济史论文的发表提供了阵地。三是全国哲学社会科学规划和教育部社科规划项目，把经济史研究课题放在重要的位置，近年则有较多的经济史重大招标项目、重点项目、攻关项目、委托项目立项，意味着政府主管部门对经济史研究的高度重视和有力的经费支持。

　　经济史研究的辉煌，有两个重要标志。首先是中国经济通史及断代经济史的研究出现标志性成果。傅筑夫先生在十一届三中全会之后，虽已70多岁高龄，基本以一人之力完成了5卷本的《中国封建主义经济史》。其后，有孙健独自完成的3卷本《中国经济通史》，田昌五、漆侠主编的4卷本《中国封建社会经济史》，宁可主编的5卷本《中国经济发展史》，周自强、林甘泉、高敏、宁可、漆侠、陈高华、刘重日、方行等任分卷主编的9卷本《中国古代经济史》，赵德馨主编的10卷本《中国经济通史》。这些多卷本经济通史各有特点，虽然参差不一，但在总体上达到了较高的学术水平。其中，赵德馨先生主编的《中国经济通史》，有30余位断代经济史名家共同撰写，该书的下限至1991年我国改革开放和经济建设取得阶段性成果为止，是研究时段最长、篇幅最大的集成之作。在断代经济史中，高敏的《魏晋南北朝经济史》，漆侠的《宋代经济史》，葛金芳的《宋辽夏金经济研析》，漆侠、乔幼梅的《辽夏金经济史》，严中平、汪敬虞、刘克祥等主编的《中国近代经济史》，赵德馨主编的《中华人民共和国经济史》，董志凯、武力主编的《中华人民共和国经济史》，属上乘之作。

其次是专题性经济通史著作层出不穷。专题性经济通史涉及农业、畜牧业、纺织业、盐业、工商业、交通业、人口、海关、财政、货币金融、经济思想、科学技术各个方面，品类繁多。具有代表性的成果如杨宽《中国古代冶铁技术发展史》（1982），郭正忠《三至十四世纪中国的权衡度量》（1983），谢成侠《中国养牛羊史》（1985），唐启宇《中国作物栽培史稿》（1986），梁家勉主编《中国农业科学技术史稿》（1989），杨向奎、张泽咸、王毓铨主编《中国屯垦史》（1990—1991），范金民、金文《江南丝绸史研究》（1993），陈诗启《中国近代海关史》（1993），游修龄《中国稻作史》（1994），郑学檬主编《中国赋役制度史》（1994），黄惠贤、陈锋主编《中国俸禄制度史》（1996），郭正忠主编《中国盐业史》（1997），李根蟠《中国农业史》（1997），郭松义、张泽咸《中国航运史》（1997），葛剑雄主编《中国移民史》（1997），赵靖主编《中国经济思想通史》（1998），吴琦《漕运与中国社会》（1999），张家骧主编《中国货币思想史》（2001），魏明孔主编《中国手工业经济通史》（2004），吴慧主编《中国商业通史》（2004—2008），葛剑雄主编《中国人口史》（2005），叶振鹏主编《中国财政通史》（2013），马敏主编《中国近代商会通史》（2015），李昕升《中国南瓜史》

（2017），等等。这些著作，大多具有拓荒或集成性质，有的属于多卷本巨著，作者多为一时之选，达到了目前的研究前沿水平。如葛剑雄主编《中国人口史》6卷7册，作者按写作时代依次为葛剑雄、冻国栋、吴松弟、曹树基、侯杨方；马敏主编《中国近代商会通史》4卷，作者为虞和平、马敏、朱英、郑成林、魏文享、付海晏，均为"章门弟子"；叶振鹏主编《中国财政通史》10卷18册，陈明光和我担任副主编，近20位作者多为断代财政史名家，也值得特别注意。如果没有安定的社会环境和深厚的人才、学术积累，以及团结协作精神，实在很难想象。

改革开放以来，中国经济史研究在取得巨大成绩的同时，也呈现出诸多特色，新的研究领域的拓展，是主要特色之一。经济史新的研究领域，有的是原有历史研究的延续和发散，更多的则是随着改革开放以来中国社会经济的发展、社会主义市场经济体制的建立，经济史学者反思历史、关注现实的必然选择。

在市镇研究方面，傅衣凌先生应该是主要的开拓者，他在1964年已经发表《明清时代江南市镇经济的分析》。傅衣凌认为，探究明清江南的市镇经济，要充分估计其中的商品性程度，并注意资本主义生产因素的萌芽。这也就是前述资本主义萌芽等问题的讨论催发了市镇经济等研究的缘由。1980年代以后，洪焕椿、王家范、樊树志、陈学文、蒋兆成、梁淼泰、陈忠平以及吴承明、方行、郭正忠、傅宗文、钟文典、陈春声、姜守鹏、乔志强、许檀、吴量恺、牟发松、任放等人的一系列研究，从江南的市镇扩展到其他区域的市镇，由明清市镇上溯至唐宋时期的草市以及区域市场、全国市场的形成。同时，又进而开展近代主要城市史的研究，相继有张仲礼主编《近代上海城市研究》、隗瀛涛主编《近代重庆城市史》、罗澍伟主编《近代天津城市史》、皮明庥主编《近代武汉城市史》、何一民《中国城市史》的出版。从某种意义上说，徐鼎新、胡光明、虞和平、马敏、朱英等人的商会史研究，也与市镇、城市史研究相关联。

在区域经济史研究方面，如果说早年关于"经济重心南移"的讨论有肇始意义，美国学者施坚雅对清代"大规模经济区域"的划分、冀朝鼎《中国历史上的基本经济区与水利事业的发展》，以及台湾"中研院"的中国现代化区域研究有启发意义，那么，1980年代在广东召开的区域经济史会议则具有促进意义。叶显恩主编的会议论文集《清代区域社会经济研究》由中华书局出版，既有专题研究，也有区域理论和方法论探讨。1980年代以来，区域经济史研究著作宏富，较有代表性的成果集中在江南、华南、华北和长江流域，如叶显恩《明清徽州农村社会与佃仆制》（1986），傅衣凌《明清福建社会与乡村经济》（1987），洪焕椿、罗仑《长江三角洲地区社会经济史研究》（1989），李伯重《唐代江南农业的发展》（1990）、《江南的早期工业化，1550—1850》（2000）、《中国的早期近代经济：1820年代华亭—娄县地区GDP研究》（2010），王笛《跨出封闭的世界——长江上游区域社会研究》（1993），范金民《明清江南商业的发展》（1998）、《国计民生——明清社会经济研究》（2008）、《国计民生——明清社会经济新析》（2018），唐力行《明清以来徽州区域社会经济研究》

（1999）、李金铮《传统与变迁：近代华北乡村的经济与社会》（2014），陈锋主编"15至20世纪长江流域经济、社会与文化变迁书系"，以及张海鹏、王廷元、王世华、李琳琦、陈支平、牟发松、罗一星、陈桦、刘森、王振忠、王日根、张海英等人的相关研究。区域经济史研究既体现出多元化发展的特征，也有研究方法的创新和研究视野的拓展，特别是李伯重、范金民的研究有许多新的理念和价值取向。

在环境变迁与经济发展方面，史念海先生在1980年代初撰有《黄土高原及其农林牧分布地区的变迁》《历史时期黄河中游的森林》《历史时期森林变迁的研究》等系列论文，在1990年代则有朱士光《历史时期农业生态环境变迁初探》《历史时期我国东北地区的植被变迁》，李文澜《唐代长江中游水患与生态环境诸问题的历史启示》等论文对相关问题的关注。近十年，钞晓鸿、张建民、鲁西奇、张全明、王建革、吴海涛、方修琦等人的研究非常突出，先后出版有《生态环境与明清社会经济》《明清长江流域山区资源开发与环境演变》《10世纪以来长江中游区域环境、经济与社会变迁》《历史时期长江中游地区人类活动与环境变迁专题研究》《两宋生态环境变迁史》《水乡生态与江南社会》《江南环境史研究》《淮河流域环境变迁史》《历史气候变化对中国社会经济的影响》等著作。这些作者分属于历史地理学界和经济史学界，标示着不同领域学者对环境变化导致的连锁反应的重视。

其他如历史上的经济转型与社会变革、民族地区经济史、海洋经济史、中外贸易史及经济全球化的研究也多有可观之处。

在研究方法上，除了史料运用的科学化、计量经济史的开展、"量化历史"的推广，以及经济学、财政学、社会学的理论与方法在经济史研究中的运用外，不同门类历史学之间的互相融合也是重要特色。表现最为突出的是历史地理与经济史的融合、社会史与经济史的融合。

前述史念海等先生的研究已经揭示出从历史地理与环境变迁的角度对经济史研究的关照，西北历史地理学派也确实做出了重要贡献，特别是在农业历史地理方面，其门下弟子陆续撰写出版《宋代农业地理》《辽金农业地理》《元代农业地理》《明代云贵川农业地理研究》《苏皖浙赣地区明代农业地理研究》《明清山东农业地理》《清代两湖农业地理》《清代两广农业地理》等重要著作，无论是对区域经济史研究还是对传统农业研究都有重要意义，有利于历史地理、生态环境与社会经济研究的互动。吴松弟主编的9卷本《中国近代经济地理》，由历史地理学界和经济史学界的学者共同完成，更是对历史地理与经济史融合的直接推动。

社会史与经济史的融合表现得更为突出，这不但表现在研究社会史的学者兼做经济史，研究经济史的学者也兼做社会史，社会史及"华南学派"的代表人物冯尔康、乔治强、唐力行、常建华、行龙、郑振满、刘志伟、陈春声、赵世瑜等人均有重要的经济史论著，像唐力行、刘志伟、陈春声很难单纯界定是社会史学者还是经济史学者。更为重要的是他们研究经济史时的社会理念，研究社会史时的经济理念。笔者在《近四十年中国财政史研究的进展与反思》中已经论述了包伟民、刘志伟等人的研究方法和研究框架对财政、经济、社会问题的融合，不赘述。另外像赵世瑜最近发表的论文《卫所军户制度与明代中国社会》，其副标题就是"社会史的视角"，意旨十分明显。新一代经济史学者杨国安关于明清基层组织与乡村社会的研究，赋税财政与经济史、社会史的多角度切入及相互照察，也可圈可点。这在一定意义上说明，单一性的经济史研究或其他专史研究，已渐次被融合性、扩展性研究所代替。

三、几点反思

70年的中国经济史研究从总体上铸就了历史的辉煌，绠短汲深，难以尽言。一代人有一代人之学问，一代人有一代人之视野，随着新一代经济史学者的成长，随着研究理论和研究方法的完善，经济史研究的进一步发展可以期待。需要反思者有以下三端：

第一，承继与创新。李剑农、梁方仲、严中平、李文治、汤象龙、傅衣凌等是新中国经济史研究的主要开拓者，在学养上，他们兼具历史学和经济学的功底；在理论和方法论上，坚持马克思主义和科学的历史实证之学，论著经得起历史的考验。现在有些不同学术背景出身的经济史学者，在借鉴西学、宏观叙事、问题意识、讲求模式的倡导下，追求标新立异，出发点虽然值得肯定，但传统学养欠缺，粗制滥造或拾人牙慧的论著不在少数，需要高度注意。只有在很好地继承老一辈经济史学家优良学风的基础上，才能有真正的可以传世的创新性成果。

第二，学术规范与学术自信。学术研究必须遵守学术规范，自不待言。检视某些经济史研究成果，缺少学术研究的敬畏感，缺少学术史的梳理和对既有成果的尊重，变相抄袭、率意解读和不顾学术源流的称引，造成研究学统的混乱。同时，"媚外"心态时有呈现，明明有国内学者的先行研究和权威解读，却动辄称引欧美学者的论断和模式，以壮声色。这实际上是学术不自信的表现，也丧失了学术研究的话语权。

第三，研究课题的选择与价值取向。历史研究从来都不是单面相的学术研究，经济史研究亦不例外。一方面，中国经济史研究有内在的理路、取法和门径，有学术"延繁"意义上的纯学术研究；另一方面，我在十多年前出版的"十五"国家级规划教材《中国经济史纲要·绪论》中曾经说过"时代变革与研究课题的选择关系密切"，研究课题的选择必然伴随着时代脉搏，经济史研究的新视野和价值取向必然与改革开放的历史变局相契合，有些研究则具有社会经济发展的前瞻性。总结历史的经济发展经验，提供新的历史借鉴，是中国经济史学者对新时代应该做出的贡献。

（本文为庆祝中华人民共和国成立70周年约稿的整版文章，原载《光明日报》2019年11月18日"理论·史学"版）

讲演与杂说

中国传统社会的税收、财政与国计民生

　　"人的历史"是一个很好的话题。从这个话题中可以感悟"中国人创造的历史"，感悟历史的辉煌、曲折以及国计民生。

　　探讨传统社会的制度、事件以及各色人等在历史上人的活动，需要从历史资料中获取。这首先涉及"历史"的界定问题。我曾在《中国病态社会史论》中写道："历史"是什么？越是简单的东西，往往越难以解答，所以便有了众说纷纭的解释。笔者同意刘昶的见解："历史这个词通常有两种含义，一方面，它指的是人类所经历所创造的一切，指的是人类的全部过去。另一方面，历史指的是人类对自己过去的回忆和思考。"所谓"历史指的是人类对自己过去的回忆和思考"，亦即典籍以及历史学家笔下展现、记载的历史。现在的人不可能回归历史的现场，现在所接触到的历史，当然是历朝历代历史学家笔下的历史，他们在撰写历史的时候，在留下一些历史影像的时候，有他们本身的思想和选择倾向。历史学家笔下的历史只是对历史遗痕的摹写和投影，仍需不断地审视和省思。

　　中国传统社会的税收、财政问题，看似很专门、遥远，

2020年12月5日，深圳"南书房"对话

实际上离我们很近，与大家密切相关。一般所说的"国计民生"，就是财政和民生的问题。在这里，主要梳理三个问题。

第一，财政、税收、税率等新词语的运用。关于此，我将有专文论述，这里只是述其大意。在中国传统社会，没有"财政"用语，大多用"国用""度支""国计""财赋""财征"等。直到光绪年间，"财政"一词才由日本引进国内。晚清人撰写的《论今日宜整顿财政》一文，不但反复言说"财政"，而且已经揭示财政与各行各业的关系，并且提出了"财政学与行政学"的概念。"税收""税率"等词的普遍运用也比较晚近，主要是在光绪年间，之前涉及"税收"，大多用"课税""税课""岁入"等词指代，"税率"则用"税则"指代。但以现代财政学衡量，"税率"与"税则"还是有所区别，晚清时不但普遍使用"税率"一词，而且已经认识到二者之间的不同。《浙江全省财政说明书·岁入门·收款》称："税率者，税额法定之标准，故无税率者，不得为之税。……税则者，课税颁行之制度，故无税则不谓之税。"这应该是对"税率"和"税则"的最好解释。

晚清有关财政方面的新词语层出不穷，除上述财政、税收、税率以及"财政学""财政制度""税法"外，其他诸如"国家财政""皇室财政""中央财政""地方财政""财务行政""国家税""地方税""所得税""营业税""消费税""预算""决算""会计法"，等等，在晚清文献、报刊和大臣的

深圳"南书房"讲座

奏折中大量出现。财政新词语的出现和运用，不是单纯的语词花样翻新，而是有其新的财政理念、财政思想和财政制度的变革，是近代财政转型的重要标志之一。

第二，税目设置、税率轻重与国家财政收入和人民的负担。税目的设置、税率的高低轻重、征收是否合理、是否有腐败现象、有没有额外的加征，等等，都会影响到国家的财政能力和纳税者本身的利益，都与国家的盛衰、人民的负担关联，这是一个很重要的问题。中国有"财政"的历史几千年（财政随着国家的出现而出现），每个朝代、每个时期不太一样，从总体上说，在正常时期，历史上的税目比较固定，税率也比较固定，"定额税制"的特点比较明显。与西方国家相比，税率也比较低。从表面上来看，中国传统社会的税率有"什一之税"，甚至"三十税一"之说，10% 或者3% 的税率，当然是比较低的，这也就是历代统治者宣扬的"轻徭薄赋"的底蕴。关键的问题是，表面上的低税率，由于存在官吏乱征乱派的现象，"税外之税"和额外加征相当普遍，很多时候老百姓不一定能享受到真正的低税。美籍华人黄仁宇在他的名著《万历十五年》中曾说，中国的税收并不重，与国外相比，是非常轻的。实际上，中国的问题，往往是不在于"名"，而在于"实"，实际上，中国税率轻于西方国家的说法，晚清时已多有讨论。从一定意义上说，固定的税目设置、较轻的税率，必然影响到国家财力的集聚和财政能力的发挥。这是问题的一个方面。

问题的另一个方面是，在非常时期，因战争等非常事件导致财政的入不敷出，为了筹措经费以应时局的变化，传统社会"量入为出"的财政模式就会被打破，新的税目和旧税、新税的加征也会随之出现。我在《清代军费研究》中专门有"战时军费筹措"一章，分析论述了清代前期因战争导致的田赋的预征与加征、盐课的加征、关税与其他杂税的加征，可以参看。晚清在战争、赔款、外债以及举办新政的情势下，各种新的捐税名目繁多。在名目繁多的杂税杂捐之外，又出现了很多"费"的名目。从税收学理上讲，"税"与"捐"不同，与"费"更是不同，"税"大多上交中央，"捐"多留存地方自用，"费"则基本上属于办公杂费。这些不同之处，不但导致中央财权的下倾，而且导致"外销"经费的出现和财政的无序化。乱征乱派以及税收中的腐败，又导致抗税、抗捐等不安定的因素，甚至农民起义的爆发。

第三，财政整体结构的变化与国家财政能力的关系。财政是国家治理的基础和重要支柱，财政结构的变化与国家财政能力密切相关。大要说，财政结构包括两个方面，一是财政收入与支出结构，二是财税的分割或财权的划分。

就财政收入结构而言，历朝历代略有不同，但中央财政收入的构成不超出赋税收入和"非税"收入两部分；财政支出的构成则主要是军费支出和俸禄支出。赋税收入主要以土地税和人口税为主干，也就是所谓的田赋丁口，清代前期实行摊丁入地（摊丁入亩）之后，概称为"田赋"或"地丁"。田赋之外，又陆续有盐课、关税、商税、杂赋（杂课、杂税）的征收，但在咸丰年间开征厘金之前，田赋收入之外的收入所占比例很小。以田赋为税收主干，体现出传统农业国家的特征，但也制约了国家财政能力的发挥。非税收入中的

"捐纳"和"报效",有时会成为财政岁入的大宗,使朝廷迈过财政困窘的难关,但会因"卖官鬻爵"而带来一系列问题。

就财政的支出结构而言,在传统社会"量入为出"的基本原则或财政范式下,正常的财政收入必须等于或略大于财政支出,财政收入是支出的前提条件,财政支出必须在财政收入的额度内安排、协调。财政支出的类项繁杂,历朝历代也有所不同,但主要的支出是军费和官僚俸禄两大类。在各类财政支出中,每个朝代也不一样,就清代前期来讲,军费支出大概占国家财政支出的70%,俸禄大概占20%。整个国家财政的90%是用于军费和官员的工资,即使是如此高的比例,也难以建成强大的军队,也依旧是实行众所周知的"低薪制"。其中的症结当然是值得思考的。还剩下10%左右,用于河工水利和其他支出。河工水利实际上不是一般理解的"农田水利",它主要是治理黄河和运河,与漕运有关系。也就是说,绝大多数用来支出的都是为了维持国家机器的正常运转,而不是用于社会经济的发展。国家财政能力在维护国家机器正常运转方面,有超强的手段。当然,国家安定、国家富强、社会稳定,与社会经济的发展也有关系,但是财政支出毕竟没有直接对社会经济发展的投入,相关类项的经济发展甚少得到国家财政的支持。国家对财政支出的安排,用于社会民生方面,也十分有限。财政支出基本上也没有"公共财政支出",为数很少的赈济支出、教育支出,少得可怜,不成比例。有些社会性支出也主要是从地方经费中划拨,或者通过社会的捐助来实行。财政支出不直接运用于经济发展，对社会经济发展的作用就十分有限，没有公共财政支出，纳税者、普通老百姓通过纳税得到的财政性补偿或反哺就基本上没有。所以我一向认为，中国传统社会的经济是一种原生态的经济，是一种"自然性"发展或迟滞，人民的生活也实实在在是一种"自给自足"的模式。到了清代后期，特别是甲午战争以后，情况发生了很大的变化，一方面，由于战败，有了赔款支出、外债支出等不得已的"变态性"支出；另一方面，由于举办新政，有了公共财政的支出，有警察系统，有卫生系统，有教育系统，等等。公共财政开始出现，这是财政转型、财政近代化的一个标志。而晚清的赔款和外债以及公共财政的出现，又与旧税的加征和新税的征收联系在一起，与苛捐杂税、人民负担的加重联系在一起。这些问题都值得思考和重视。

财税的分割，实际上是一种财权的划分，在财政上呈现出不同的财权构成。传统社会有起解中央和存留地方的划分，直接起解中央或暂时储存地方以待中央调拨的部分，属于中央财政；留存地方以供地方使用的部分，属于地方财政。这种财权的划分，在明清时期，有专门的术语，前者称为"起运"，后者称为"存留"。笔者已经说过，传统社会并没有严格意义上的中央财政与地方财政的分野，但有以"起运"与"存留"为标志的中央财政与地方财政的划分和调整。这里需要特别指出的是，从严格的意义上说，"存留"不具备"地方财政"的性质，或许称为"地方经费"更为合适。而且，所谓"起运"与"存留"比例的划分，只是就主要的税收田赋而言，在盐课、关税等收入中并没有这种划分。起运与存留比例的划分与调整，是国家财政能力的直接体现，晚清国家税与地方税的划分以及地方财政的初步形成，是财政清理整顿的重要体现。

一般地说，与"中央财政"对应的是"地方财政"，与"国家财政"对应的是"皇室财政"（或"宫廷财政"），中央、地方、皇室这三大块，基本能代表中国传统社会财税的分割和财权的划分。在国家形成之后，起初，国家财政和皇室财政没有明确的区分，秦汉之后逐渐有所划分，开始有"国家财政"和"皇室财政"的概念，但是这种程式上的划分，并不能完全清晰，国家的收入也有可能转入皇室，皇室的收入也有可能转入国家，直到清朝末年，仍有人建议："将皇室费、中央行政费、地方行政费通盘筹算，界限分明，上使官吏免蒙蔽侵耗之弊端，下使绅民知承诺租税之义务。"在"考察宪政大臣"考察各国宪政后，更明确提出："立宪要义，在明宫、府之分，……皇室事务与国家事务不能不分，则皇室财政与国家财政不能无别。"这也正意味着国家财政与皇室财政直到"帝制时代"结束，仍没有完全划分清楚。

（2020年12月5日，张小也主持的深圳学人南书房夜话"人的历史，全球的历史"，李伯重、郑振满、刘志伟、常建华、赵世瑜和笔者应邀作了讲演，上文是笔者的讲演部分）

古人的生活品位：养生与赏玩

——《遵生八笺》解读

　　《遵生八笺》这本书非常难讲，古人太有智慧了，知识也非常渊博，相较而言，我们现代人就显得很浅薄。我做了整整40年的历史研究，也不能说全部读懂了这本书。但令人吃惊的是，这本拥有近五百年历史的、非常重要的著作，现在对其的研究却非常少，尤其来自历史学者、哲学学者、古玩学者的研究基本没有。由此可见，我们对古代事物没有足够重视，另一方面也说明还有很多东西值得去研究。我今天主要讲五个方面，先介绍《遵生八笺》的作者和它的性质，再具体展开来讲它的主要内容。

　　《遵生八笺》的作者是明代的高濂，字深甫（父），号瑞南道人，又号湖上桃花渔，浙江钱塘（今杭州市）人。大约生活于明代嘉靖、隆庆至万历年间。一般历史上有记载的人物要么是有相当级别的官员，要么是在主流学术中做出过重大贡献的文人，而高濂写的这本书可以说是非主流的，因为养生、赏玩在中国传统文化观念中不是非常正道的东西，所以《明史》里没有关于他的传记，其他典籍里也没有他的传

2017年，在深圳图书馆的讲座

记。但据《遵生八笺》记载的"余为典客时，高丽使者馈墨"可知，高濂可能做过小官，"典客"类似于现在的一般政府工作人员，如秘书、接待之类的。且他做官的时间应该非常短，因为再无其他记载。从其他材料中还可看出，高濂的家庭条件优渥，大多数时间生活在杭州，家中有一座非常好的、像别墅一样的房子，其中有许多收藏。他的一生可以用四句话来概括："富收藏、精鉴赏、工文学、善养生"。他不仅拥有非常丰富的藏品，对古玩、文物有着很好的鉴赏能力，也曾写过一些文章，且十分注重保养身体。此外，高濂还精通音律，"能度曲"，在宴客时常"按拍高歌"。古人的"唱"大多为吟唱，和现在的卡拉OK不同，要有深厚的文化功底和音乐才能。所以高濂是一位真正的才子。

高濂的主要藏品是书，高氏"家世藏书"（《遵生八笺》屠隆序），说明不仅他一个人在收藏，其父辈甚至祖辈也都在收藏，可说是藏书世家。高濂当时收藏的书大多是宋版书，一本即价值连城；也大量收集医学书。所谓"少志博习，得古今书最多，更善集医方书"（叶昌炽《藏书纪事诗》卷三）。"筑山满楼，……藏古今书籍"，盖了专门用于藏书的房子"山满楼"，这个藏书楼或许另外的名字叫"妙赏楼"，有印记为证："其印记曰妙赏楼藏书，曰高氏鉴定宋刻版书，曰高深父妙赏楼藏书。又有五岳真形图。"经高濂鉴定后的书会盖上各式印章，且印章考究、精美，似艺术品。如若不是一位真正的藏书家，又怎会将书籍收藏做到如此细

2021年，在天津"松间书院"的同题讲座

致的地步。

高濂的鉴赏，不单纯是古版书籍，还有铜器、玉器、书画、文房用品等，"鉴赏文物，无所不涉"。从这点来看，他确是鉴赏大家。

高濂的文学作品，传世至今的有诗文集《雅尚斋诗草》《芳芷楼诗》，戏曲传奇《玉簪记》《节孝记》等。由《遵生八笺》中漂亮的语言文字，也可知高濂的文学功底深厚。

高濂不仅是理论养生家，也是实践养生家。他年幼时身体羸弱，眼睛不好，由此开始锻炼身体、注重养生，因方法得当，随后不仅疾病痊愈，身体也愈发强壮。久病成医，高濂对养生慢慢有了心得，不但为自己治疗，还给旁人看病。他还炮制了"延龄聚宝酒"，这个品牌至今已有500年的历史，高濂"年三十九岁服起，于六十四岁，须发如漆，齿落更生，精神百倍，耳目聪明"。他不仅泡酒，还会做菜，做许多有益身心的事，是一个名副其实的养生家。

《遵生八笺》的性质与内容结构

一般认为，《遵生八笺》是一本养生专著，是我国古代养生学的主要文献之一，但我本人不这么认为。它还涉及旅游、交友、鉴赏等内容，应该说这是一本集养生、交友、赏玩于一体的综合性著作。

《遵生八笺》始刊于明万历十九年，乾隆年间收入《四库全书》。《四库全书》中的作品除了在政治上有所选择以外，在学术性、准确性上也有严格把控，因此，《遵生八笺》

绝非不经之说。1985年，巴蜀书社首次对该书加以标点，分册印行。此后又有多种版本出现。

该书按内容分为八类，每类一笺，故名八笺。《说文解字》中解释"笺"为"表识书也"，我认为很恰当。其中有三种含义，"表"是分别表述清楚，"识"是注释，"书"是分析的意思。"八笺"既是八类，又是八种解说和注释。事实上，《四库全书》已对《遵生八笺》进行了分类，这个分类可说是最标准的："其书分为八目，卷一、卷二曰《清修妙论笺》，皆养生格言。卷三至卷六曰《四时调摄笺》，皆按时修养之诀。卷七、卷八曰《起居安乐笺》，皆实物器用可资颐养者。卷九、卷十曰《延年却病笺》，皆服气导引诸术。卷十一至卷十三曰《饮馔服食笺》，皆食品名目，附以服饵诸物。卷十四至卷十六曰《燕闲清赏笺》，皆论赏鉴清玩之事，附以种花卉法。卷十七、卷十八曰《灵秘丹药笺》，皆经验方药。卷十九曰《尘外遐举笺》，则历代隐逸一百人事迹也。书中所载专以供闲适消遣之用。"

按照《遵生八笺》的内容，我认为可以分成四大类：第一类有卷一、卷二《清修妙论笺》，卷三至卷六《四时调摄笺》，卷九、卷十《延年却病笺》，卷十七、卷十八《灵秘丹药笺》，共10卷，均为养生内容；第二类有卷七、卷八《起居安乐笺》，为起居器物、环境和旅游；卷三至卷六《四时调摄笺》，也记载有时令和旅游。第三类有卷十四至卷十六《燕闲清赏笺》，为古玩鉴赏。第四类有卷十九《尘外遐举笺》，为隐逸人士事迹。尽管本书内容不错，但从以上我对这本书的分类来看，它也有体例混乱的地方，《四库全书总目》也曾指摘其"标目编类，亦多涉纤仄，不出明季小品积习"。

养生理论的借鉴与认识

高濂在养生延年上有两个方面值得特别注意：一是对传统的养生理论有很好的借鉴、总结；二是在借鉴、总结前人论说的基础上，叙述了自己的系统认识。

从借鉴前人的养生学说出发，高濂广泛搜集了道教、佛教中有关修身养性的名言确论。在卷一《清修妙论笺上》中，曾引用庄子所言"能遵生者，虽富贵不以养伤身，虽贫贱不以利累形"，以及《福寿论》中"贫者多寿，富者多促。贫者多寿，以贫穷自困而常不足，无欲以劳其形、伐其性，故多寿；富者奢侈有余，贼心害性，所以折其寿也"等。他总结前人经验，指出养生有十个值得特别注意的地方，后又提出"养神、惜气、防疾"是养生中较为重要的三个方面。卷二《清修妙论笺下》引用了佛教经典总集《大藏经》的养生观点，认为人生来会得"百病"。"百病"主要是心理和行为上的毛病，如喜怒偏执、喜怒自伐、专心系爱、心不平等、以智轻人、多憎少爱等属于心理之病，如亡义取利、好色坏德、乘权纵横、威势自胁、与恶人交、诽议名贤等属于行为之病。当然，心理和行为的毛病很多时候是难以区分、合二为一的。"百病"之后列有"百药"。治百病，首先是治心，即所谓"古之圣人，其为善也，无小而不崇；其于恶也，无微而不改。改恶崇善，是药饵也"。从小处做起，善举不分大小，只要你为之；恶同样不分大小，小恶也有可能酿成大祸，这就需要我们日三省吾身，审慎处世。"百病"与"百药"实则与做人处世相关，空闲时可多研读领悟。

"百病"和"百药"的歌诀在历史上影响很大，我还未考证出其起源于何时。但成书于南北朝时期的道教经书《太上灵宝元阳妙经·圣行上》已有过类似的劝诫，还有人将"百病""百药"的文字冠名以《太上老君说百病崇百药》，内容基本相同而略有出入。南怀瑾先生曾讲过《大藏治病药》，说过一句我十分认同的话，"有此机缘将《大藏治病药》这一篇影印发给大家，应该自己再抄写一遍，作为做人品性的标准，这也是学佛的基本"。每日誊抄一遍，细心体会何为百病？何为百药？心自然就静了，人格逐步提高，也就有可能入佛、入道了，也就有可能身心健康了。

除了心病要用"心药"医治外，《遵生八笺》首先注意到了四季的调理，主要反映在《四时调摄笺》中。高濂认为，春夏秋冬四季之"时"，与养生关系密切。四季分别有不同的注意事项和调理办法，如春季"春阳初升，万物发萌"，常感精神昏倦，宿病也随之发动，但一般情况下应尽量少吃或不吃药，多出门活动，"春日融和，当眺园林亭阁虚广之处"。春季分为三阶段，"季春"指春的最后一个月，季春"时肝脏气伏，心当向旺"，此时应益肝补肾，顺应时节。夏季则要"夜卧早起"，保持身心愉悦，忌生气，忌暴晒、极热，大汗淋漓。

《四时调摄笺》同时载有春、夏、秋、冬四季的药方，这些药方都有具体的用药成分。例如，《升麻子散》指出：

"肝有病，即目赤，……视物不明，宜服升麻子散。"其药方为"升麻、黄芪各八分，山栀七分，黄连七分，决明子、车前子各一钱，干姜七分，龙胆草、芜蔚子各五分"，非常具体、细致。

此外，高濂注意到了延年祛病，认为"生身以养寿为先，养身以祛病为急"，养生无非是想活得更长久，但并非赖活着，而要活得有尊严、有质量；养生是要强壮体格，提高免疫力，减少或避免疾病的发生，"我命在我，不在于天"，不能无所作为。高濂说，掌控生命，"大法有三：一保精，二行气，三服饵"，主要是节欲、养气、饮食。

关于节欲，卷十《延年却病笺下》中有《色欲当知所戒论》，其论称"人生孰不欲倚翠偎红"，食色，性也，男女都有各自的需求，但是过度纵欲有害。"元气有限，人欲无穷，欲念一起，炽若炎火。人能于欲念初萌，即便咬钉嚼铁，强制未然"。他不是宣扬戒欲，而是在讲如何合理节欲。他又说"色欲知戒者，延年之效有十"，如"阴阳好合，接御有度，可以延年。……毋溺少艾，毋困倩童，可以延年。妖艳莫贪，市妆莫近，可以延年"。挺有意思的，文字也很浅显，讲出了一些道理。

关于饮食，卷十《延年却病笺下》中有《饮食当知所损论》，"饮食所以养生，而贪嚼无忌，则生我亦能害我，况无补于生，而欲贪异味，以悦吾口者，往往隐祸不小"。意思就是吃应有所节制，七八分饱为宜，切忌胡吃海喝。除饮食的禁忌外，有关饮食的具体事情，在卷十一至卷十三《饮馔服食笺》中有所记载。书中将饮食分为许多类，如茶泉类、汤品类、熟水类、粥糜类、粉面类、脯鲊类、家蔬类等，是了解、研究饮食发展、饮食文化的重要资料。

另外，他的"服食方类"，也作"神秘服食方"，虽自称"余录神仙服食方要，皆余数十年慕道精力，考有成据，方敢镌入"，但此类食方，功效如何，尚无实例，还待科学验证。卷十七《灵秘丹药笺上》除丹药的记载外，也有一些补品的制作方法，如制何首乌法、制茯苓法、制莲子粉法等，仍有值得借鉴的地方。古人选取中药一定是要看产地的，现在的中药、食材之所以达不到曾经的疗效和品质，原因之一就是地点不同、养殖不同，原因之二就是粗制滥造。唯有注意原生态，精心选材，细致、认真制作，才能得到良好的品质和效果。

起居器物、环境与旅游、交友

起居器物、环境与旅游、交友，是人生一大况味。这方面的内容，主要载卷七、卷八《起居安乐笺》。另外，在卷三至卷六《四时调摄笺》中也有部分记载。《起居安乐笺》所述内容大致分六部分：起居颐养理论、起居养生、居室建置、环境、旅游、交友。

高濂对起居器物非常讲究，当然，他的生活品位与其身份地位、所处阶层有一定关系。有人说我们平民百姓讲究不了，有条件的人才能讲究，高濂却认为，每个人的境遇虽有不同，但都应该学会享受生活，有自己不同的追求和不同的满足。《起居安乐笺上》之《高子自足论》中说："居庙堂者，当足于功名；处山林者，当足于道德。……故足之于人，足则无日而不自足，不足则无时而能足也。……是谓之知足常足，无意于求足未足者也。"当你登至高位，取得功名时，应脚踏实地，鞠躬尽瘁，报效国家；若在还未成就功名之前，就随意、散漫地生活，穿也不讲究，吃也不讲究，那最终会被消磨斗志与追求；若你连温饱问题都难以解决，那吃饱穿暖就是你的追求；若你盖不起豪宅，那温馨的小窝也是你的满足。高濂的意思是，在什么阶层，就追求什么样的生活，拥有什么样的理想，不过分追求，也不过分设想，随遇而安，知足常乐，如此，便有最高的幸福指数，便是最好的养生。

至于居室，各有讲究。如书斋，"书斋宜明静，不可太敞。明净可爽心神，宏敞则伤目力。窗外四壁，薜萝满墙。中列松桧盆景，或建兰一二。绕砌种以翠芸草令遍，茂则青葱郁然"。古时文人大都讲究，首先，书斋要有书斋名号，高濂著有《雅尚斋诗草》《芳芷楼诗》，当是以书斋"雅尚斋""芳芷楼"命名。其次，书斋里需有各种摆设，既要有品位，也要根据自己的喜好。挂画只能挂山水画和花鸟画。书架上的书需按释（佛家）、道（道家）、医（医学）等分门别类地摆放，也可以摆放一些休闲之书和字画，以便吟诗、赏字、品画。

又如药室，"凡在药物所需，俱当置之。药室平时密锁，以杜不虞"。我们在现实生活中不一定能拥有一间药室，但至少可以准备一个药箱，存放平日必备的药品，以备不时之需。

在起居方面，《起居安乐笺下》之《高子怡养立成》云："鸡鸣后醒睡，即以两手呵气一二口，以出夜间积毒。合掌承之，搓热，擦摩两鼻旁，及拂熨两目五七遍。更将两耳揉捏扯拽，卷向前后五七遍。以两手抱脑后，用中、食二指弹击脑后各二十四。左右耸身舒臂，作开弓势，递互五七遍后，以两股伸缩五七遍。叩齿，漱津满口，作三咽，少息。因四时气候寒温，酌量衣服，起服白滚汤三五口，名太和汤。次服平和补脾健胃药数十丸。少顷进薄粥一二瓯，以蔬菜压之。勿过食辛辣及生硬之物。"做完基本的舒展，且吃完早餐后，"起步房中，以手鼓腹行五六十步"，随后可"理佛，焚香诵经"，或"课儿童学业"，或"理家政"，"就事欢然，勿以小过动气，不得嗔叫用力"，不为芝麻小事动怒，也不胡乱喊叫。由此看来，清晨要做的功夫可谓十分细致。书中还对各种起卧用具做了详尽解释，不同的用具对身体有不同程度的益处。

旅游也是《起居安乐笺》的一个重要内容。高濂不仅推荐了旅游地点，也具体建议了应该带上怎样的行囊去旅游。古代文人旅游，常坐下来聊聊天、对对诗，旅游时要备一个匣子，匣子中有茶盏、骰盆、香炉、香盒、茶盒、墨、笔、裁刀、锥子、挖耳、挑牙等，十分细致、详尽，"携之山游，似亦甚备"。

《起居安乐笺下》又专门有《宾朋交接》《高子交友论》。前者是前人的论述，如《扬子法言》曰："朋而不心，面朋也。友而不心，面友也。"《礼记》曰："君子之交淡如水，小人之交甘若醴。君子淡以成，小人甘以坏。"等等。后者是高濂自己的论述："今之世，友道日偷，交情日薄，见则握手相亲，背则反舌相诋。"这是我们如今也可能遇到的境况，当面朋友，背地捅刀。"何人心之不古乃尔？"不禁让人疑惑，人心究竟不古到了怎样的程度？即便人心不古，我们也依然要与人交涉，"何术以知其心地之善恶，情性之邪正也？"该如何与人相交，哪种人值得深交，高濂给了许多提示，如："彼虽奸险，欲伺我隙，我无隙可伺，彼将奈何？彼虽贪婪，欲窥我败，我无败可窥，彼将奈何？与之谈，必先以仁义，彼之愚我邪我之言，勿听也。与之饮，必敬以酒食，彼之诱我乱我之事，勿行也。我无私，彼将何以行其私？我无好，彼将何以投吾好？"等等。这种不在于"彼"而在于"我"的交友观，是很有启发意义的。高濂进一步提醒，交友一定要慎重："夫贵者能以直友为可重，则事功日进，而望誉日隆。富者能以直友为可宝，则家业日昌，而声名日著。……贵择交，且交以心，匪交以面也；交不能择，友不以心，是诚面交矣。……君子宁寡交以自全，抱德以自重，乃鄙泛交以求荣，趣附以自贱也。"

古玩鉴赏

收藏与鉴赏是人生一大乐趣。关于古玩鉴赏的内容集中在卷十四至卷十六的《燕闲清赏笺》，其中卷十四为叙古鉴赏、叙古宝玩诸品、论古铜色、论新旧铜器辨正、论新铸伪造、论宣铜倭铜炉瓶器皿、论古铜器具取用、论汉唐铜章、刻玉章法、论官哥窑器、论定窑、论诸品窑器等19篇。卷十五为论画、论砚、论墨、论纸、论笔、论文房器具、论香、论琴、养鹤要略9类，每一类又分作若干篇。卷十六包括"瓶花之宜""瓶花之法"的插花艺术及各种花、木、竹的种类及种植方法。

高濂对古玩鉴赏有很多认识，他说"闲可以养性，可以悦心"，"余嗜闲，雅好古、稽古之学"。人生在世，该玩的时候玩一玩，才能达到人生的至高境界。而他的"玩"，就是把玩古器。他不仅吸取前人经验，也记录了自己在把玩过程中的所见、所思。如《论官哥窑器》称："论窑器必曰柴、汝、官、哥，然柴则余未之见，且论制不一，有云'青如天，明如镜，薄如纸，声如磬'，是薄磁也。而曹明仲则曰：'柴窑足多黄土。'何相悬也。汝窑，余尝见之，其色卵白，汁水莹厚如堆脂然，汁中棕眼，隐若蟹爪，底有芝麻花细小挣钉。"另外，他在《论定窑》《论诸品窑器》中对龙泉窑、章窑、古磁窑、大食窑、吉州窑、建窑、均州窑、玻璃窑等窑器都有详尽的论述。

在藏书方面，高濂认为藏书的重点在于增长知识，不一定非要买非常好的版本。《论藏书》称："藏书以资博洽，为丈夫子生平第一要事。其中有二说焉：家素者，无资以蓄书；家丰者，性不喜见书。……藏书者，无问册帙美恶，惟欲搜奇索隐，得见古人一言一论之秘，以广心胸未识未闻。"

在鉴画方面，《论画》说："画家六法三病，六要六长之说，此为初学入门诀也，以之论画，而画斯下矣。余所论画，以天趣、人趣、物趣取之。天趣者，神是也；人趣者，生是也；物趣者，形似是也。"《赏鉴收藏画幅》进一步说到画的收藏："收蓄画片，须看绢素纸地完整不破，清白如新，照无贴衬，此为上品。面看完整，贴衬条多，画神不失，此为中品。若破碎零落，片片凑成，杂缀新绢，以色旋补，虽为名画，亦不入格，此下品也。"

"研"是文房中极其重要的用具，我国有许多出产砚石的地方，高濂在《论研》中提到，"古人以端砚为首"，但也不能说端砚就一定是上品，由于坑口或地址层面的不同，端砚仍有好坏之分，其他的砚品遵循同样的道理。他还讲述了关于砚的丰富知识，比如形状、色泽等。

在文房器具方面，《论文房器具》写道："文房器具，非玩物等也。古人云：'笔砚精良，人生一乐。'"其中叙述的文房器具品种很多，如文具匣、研匣、笔格、笔屏、水注等。《琴剑》一文也颇有意思，"琴为书室中雅乐，不可一日不对清音居士谈古。……无论能操或不善操，亦当有琴"，弹琴的技艺不见得要多好，随性而弹也是人生一大乐趣。

总体来说，《遵生八笺》的内容很丰富，有许多值得我们学习的方面，包括做人处世、修身养性、鉴赏技巧等，值得好好拜读。

（本文为2017年10月28日在深圳图书馆"南书房"以及2021年6月26日在天津"松间书院"所作讲座的整理稿，刘雪慧整理）

论中国古代社会的腐败与世风

  尽管中国古代社会"官贪政贿"的无情现实让英雄气短，但在儒家"德治"思想的影响下，营造"弊绝风清"的治世一直是历代仁人志士和庶民百姓的期盼。根除吏治腐败、培育良好世风，自然要提倡为政以德，要反腐倡廉。历史上的明君廉臣、仁人志士乃至庶民百姓为遏制以至消除官场上的贪污和政治上的腐败，为良好世风的到来也都进行了不懈的努力与奋斗，但中国古代社会"人治"政治的特点注定这一努力如水月镜花，难以见效。尽管如此，前人的努力与挫折、经验与教训仍为我们今天留下了充足的想象空间。在腐败依旧猖獗的当代世界，只有把"依法治国"和"以德治国"结合起来，才可能正本清源，彻底根除腐败，营造良好世风。

  以官员的贪污和受贿为标示的吏治腐败，是中国传统社会中的一个突出现象。历代统治者为了维护其统治，大多都高张惩贪倡廉的旗帜，并有一系列的制度与措施。同时，仁人志士和普通百姓对贪婪腐败深恶痛绝，对清正廉明击节赞叹，褒廉贬贪，期盼弊绝风清的治世出现，但贪官总是层出不穷，清官却寥若晨星。其中的症结究竟何在？值得认真分析、总结。历史事实表明，吏治的清浊受制于多种因素，既与政治、法律制度有关，也与从政者素养的高低、世风的好坏密不可分。

一、"官贪政贿"是吏治腐败的主要表现

《晋书》卷七七《殷浩传》中曾记载一个故事：弱冠而有美名的殷浩尤善言辞，有人问殷浩："将莅官而梦棺，将得财而梦粪，何也？"殷浩回答说："官本臭腐，故将得官而梦尸；钱本粪土，故将得钱而梦秽。""时人以为名言"。这是一个很有意思的"梦的解释"，从中可以体会到：由于官僚阶层自身的贪婪行为，为官者的臭腐，攫取钱财的肮脏，早在魏晋时代就已成为民众的共识。

官员的贪污和官场上的行贿受贿作为吏治腐败的表征，随着统治阶级权力的集中和私欲的膨胀而日益显现，在早期的典籍《左传》中已有"诸侯贪冒，侵欲不忌""大夫多贪，求欲无厌""政以贿成"之语；《国语》中也有"骄泰奢侈，贪欲无艺""以贿成事"之语。后来的相关记载更是史不绝书，既有"贪吏布满天下""贪官污吏遍布内外"这样的笼统描述，也有"循良者十无二三，贪残昏谬者常居六七"这样的具体指称。官僚阶层的贪婪在传统社会中司空见惯。几千年来，"贪官""赃官""庸官""糊涂官""酒肉官"，成为汉语的特有语汇；"三年清知府，十万雪花银""无毒不官，无官不贪"，也成为流行的俚语。

所谓的"无毒不官，无官不贪"或许有点绝对化，但

"官贪政贿"也确实是封建官场的通病。就贪污而言，朝中的官员可以通过精明的手段贪污，东汉的外戚梁冀创造"定罪赎身"法而大肆搜刮，积聚的资财"合三十余万万"（《后汉书》卷三四《梁冀传》）。宋代著名的佞幸之臣朱勔以承办"花石纲"之名，"指取内帑如囊中物，每取以数十百千计"（《宋史》卷四七〇《朱勔传》）。外任的官员则想方设法营求"肥缺"而贪利，所谓的"冲地""望地""财地"，都是他们营求的目标，如清代的盐政衙门就是令人艳羡的"利薮之地"，《红楼梦》中林黛玉的父亲林如海"升任盐政"，便被看作"得了一个最阔的差"。一般地方官员任职一方，接近税源利地，天高皇帝远，贪污起来更是为所欲为。就行贿受贿而言，弥漫于政治生活和社会生活之中，无耻官僚将仕途视为追逐名利之路，或以贿赂谋取功名，或以贿赂结党营私，或以贿赂求官、升官，或以贿赂求得法外施恩，不一而足。地方官晋京"朝觐"，要向京官送礼行贿；下级官员晋见上级，要送"见面礼"；每逢"大计""考选""考升"，也要送礼行贿；上级官员到下面视察，更是送、索结合，不厌不休。《明史·邹缉传》曾称："贪官污吏遍布内外，剥削及于骨髓。朝廷每遣一人，即是其人养活之计。……有司公行贿赂，剥下媚上，有同交易。"揭示出了贪污与贿赂之间存在着的必然联系，"剥下"方可"媚上"，贪污才能重贿，重贿才能通神。从这个意义上说，"公行贿赂"不但腐蚀着官员的灵魂，败坏着官场的风气，而且又对官员的贪污起着推波助澜的作用。《明史·韩一良传》也曾记载说："陛下平台召对，有'文官不爱钱'语，而今何处非用钱之地？何官非爱钱之人？向以钱进，安得不以钱偿！……今言者具咎守令不廉，然守令亦安得廉？俸薪几何？上司督取，过客有书仪，考满、朝觐之费，无虑数千金。此金非从天降，非从地出，而欲守令之廉，得乎？"这种言论，也揭示出了贪污与贿赂并行不悖的几分原因。

"官贪政贿"作为吏治腐败的主要表现，从根本上说与传统社会的专制政体相关，权力的膨胀与私欲的膨胀原本就是一胞双胎，它与腐朽的专制统治结下了不解之缘。贪污腐败在王朝统治的初始已经胎生，并伴随着王朝统治的盛衰而消长，王室可以易姓，朝代可以更迭，贪污腐败仍如统治模式的袭承一样为后世所延续。以君主专制为特征的政治体制是导致贪污成风、贿赂公行的祸害之源。而贪污与贿赂的盛行，又进一步加快了吏治腐败的进程。贪污不但上蚀国财、下残民生，贿赂不但使"小人贵宠，君子困贱"，"贤者不得行道，不肖者得行无道"，造成官场上正人君子少、邪恶之人多，而且，概观几千年中国传统社会的历史，一次次的人民起义暴动，一次次周期性的政治危机，都可以从日益严重的吏治腐败中寻出根由。

二、"惩贪倡廉"是维护统治的基本要求

"为主贪，必丧其国；为臣贪，必亡其身"（《贞观政要·贪鄙》）。贪污腐败可以导致亡国，也会累及身家性命，其危害性古人已经认识得很清楚。贪污腐败虽有时为最高统治者所隐忍，甚至纵容，但从整体上看，统治者一旦夺得天

下，都会小心翼翼地维护他的统治，贪污腐败作为一种政治病态，对王朝的长治久安危害甚巨，必然在制度上进行规范和遏制，历史上不断完善的谏议制度、监察制度、法律制度、考核制度、回避制度等的出台和施行，即是明确的标志。有的制度也已经相当严密，如在职制立法限制官员的贪污受贿方面，秦简中有对"不廉"官吏"不可不为罚"的记载；汉代有官吏犯赃，"子孙不可察举"的诏令。《魏律》《晋律》《梁律》《陈律》《周大律》中有"请赇""请求""受赇"专篇，规定了对行贿受贿的处罚。《唐律疏议》是传统社会中具有代表性的法典，共有12篇，对贪官污吏的处罚条款主要反映在"职制"篇中，但在"户婚""厩库""擅兴""贼盗""诈伪""杂律""断狱"等篇中也有涉及。可以说对贪官污吏的处罚则例无处不在。唐以后的法典，同样值得注意，如《宋刑统》将"受财枉法"与"十恶"一起列为"不赦之罪"，就展现出了惩治贪污受贿的严厉化倾向，这也就是赵翼在《廿二史札记》中所说的"宋以忠厚开国，凡罪罚悉从轻减，独于治赃吏最严"。

制度上与法律上的规范，其目的在于惩贪防贪。在惩贪防贪的同时，对"廉"的倡导也是明显的。《晏子春秋·内篇问下第四》记载了齐景公与晏子关于"廉政"的对话：景公问晏子曰："廉政而长久，其行何也?"晏子对曰："其行水也。美哉水乎清清，其浊无不雩途，其清无不洒除，是以长久也。"这是"廉政"一词在文献上第一次出现。"清正廉明""吏治清廉"一直被视作从政者的主要行为规范。在儒家修身治国平天下的政治理念中，"廉洁""廉平""廉正"

"廉直""廉谨"也是主要的道德准则。所谓"廉者，民之表""廉者，仕之本""廉耻，立人之大节""廉耻者，士人之美节"等说道，俯拾即是。同时，古人也认为，"礼义立，则君子轨道而让于善；廉耻立，则小人谨行而不淫于制度"（《晋书》卷五二《阮种传》）。"清高廉正者进，苟贱不廉者退，清与浊分，廉与贪判，有所劝，有所激，则士俗成，士俗成则民风成"（《廉吏传》卷上）。只有"砥砺士大夫之廉耻，使知名义为重，利禄为轻"，才是"转移世道之枢机"（《宋史》卷四二五《陈岂传》）。就历代具体的"倡廉"而言，在官员的考察、升迁、旌奖等方面，都有表现。《周礼·天官冢宰》认为，考察官吏的政绩，有六条标准："一曰廉善，二曰廉能，三曰廉敬，四曰廉正，五曰廉法，六曰廉辨。"六条标准都离不开一个"廉"字，体现出"廉"为做官之本和考察之要的基本精神。不少帝王也有意识地表彰廉吏，以此引导官场廉洁奉公的正气，因廉洁而升迁的官吏也不乏其例，如汉昭帝、宣帝时期的名相黄霸，起初，"以廉称，察补河东均输长，复察廉，为河南太守丞"（《汉书》卷八九《黄霸传》）。有的廉洁之官在死后则得到哀荣，唐代的名臣李勣因为"性廉慎，不立产业"，死后，唐高宗"举哀光顺门，七日不视朝"，并"赠太尉、扬州大都督，谥贞武。给秘器，陪葬昭陵"（《新唐书》卷九三《李勣传》）。不少帝王也时常以"清廉"对官员进行诫勉，康熙的话具有代表性："尔等为官，以清廉为第一，为清官甚乐，不但一时百姓感仰，即离任之后，百姓追思建祠以祀，岂非盛事。盖百姓虽愚，而实难欺，官员是、非、贤、不肖，人人有口，不能强之使加毁誉。尔等各宜自勉。"（《圣祖仁皇帝圣训》卷四五）这种"诫勉"，事实上是在强调以"廉"为操守、为官德，鼓励官员以"廉"来获取从政的声名。

惩贪与倡廉是整饬吏治的两种具有刚性和柔性的利器，聪明的统治者会将其把持在手中兼而用之，正像《明史·魏观传》赞许朱元璋："太祖起闾右，稔墨吏为民害，尝以极刑处之。然每旌举贤能，以示劝勉，不专任法也。"惩贪与倡廉的两手兼用，对整肃吏治、规范官僚阶层的政治行为，当然会起到作用，在不同的历史阶段也曾产生过积极的效果和影响。但惩贪而贪官不绝、倡廉而清官稀见的历史事实，也同样值得注意。其中的症结，除了专制统治难以克服的弊端外，又与有法不依、执法不严，监司失察、营私舞弊，上行下效、利欲横流、世风败坏等问题联系在一起。

三、"弊绝风清"是仁人志士和庶民百姓的期盼

惩贪倡廉当然是为了营造一个"弊绝风清"的治世，以达到长治久安的目的。但历史上的惩贪倡廉在名和实之间还存在着相当大的距离，各种各样的制度、法令也没能从根本上遏制贪官的产生和吏治的腐败，宋、明两代，都曾以惩贪严厉著称，《宋史·刑法志》中却有"法令具在，吏犹得以为奸"的记述，朱元璋也有"我欲除贪赃官吏，奈何朝杀而暮犯"的感叹。"禁"与"行"之间形成了一个难解的死结。当然可以从不同的方面探究其原因，但有一点应该是清楚

的，这就是不能简单地将其归之于制度因素，正像前人已经指出的"法能刑人，而不能使人廉；能杀人，而不能使人仁"（《盐铁论·申韩第五十六》）。贪污腐败既与制度相关，也与世风的好坏有联系。纵观历史，可以知晓：世风好的时候，吏治较为清明，贪官污吏较少；世风不好的时候，往往贿赂公行、廉士难求。世风影响吏治，吏治也影响世风，二者之间的关系密切。管同认为，"世事之颓，由于吏治；吏治之坏，根于士风"（《因寄轩集初集》卷六《与朱干臣书》）。苏轼更认为，世风的好坏不但关乎吏治，而且关系到国家的存亡和统治时间的长短，即所谓"国家之所以存亡者，在道德之浅深，不在乎强与弱。历数之所以长短者，在风俗之薄厚，不在乎富与贫"。所以，"爱惜风俗，如护元气"（《宋史》卷三三八《苏轼传》）。康熙也曾深有感触地说："世风浇漓，人皆不能洁己自爱，故今日求操守廉介之人甚难，或仅能自守，而其才不克有为。"（《圣祖仁皇帝御制文集》卷二六）国外研究腐败问题的学者也已经注意到，腐败的严重化与社会风俗、道德习惯、价值观念相关联，"在某些文化中，人们往往有这样不同的价值观，即认为腐败不是违法的，相反却是可以接受的，甚至可能是社会习惯的一个组成部分"①。一旦出现"风俗流溢，恬而不怪，以为是适然"（《汉书》卷二二《礼乐志》）的局面，其严重性不言自明。历史上也确实有价值观念倒错的实例，在万

①〔南非〕罗伯特·克利特加德著，杨光斌、何庄、刘伯星等译：《控制腐败》，北京：中央编译出版社，1998年，第69页。

历年间编的地方志上记载过民风的转变："正（德）、嘉（靖）以前，仕之空囊而归者，闾里相慰劳，啧啧高之；反之，则不相过。嘉（靖）、隆（庆）以后，仕之归也，不问人品，第问怀金多寡为重轻。相为姗笑为痴牧者，必其清白无长物者也。"一般民众对"官行"的评判发生的这种转变，相当有意味，它说明，在贪官污吏遍天下的情势下，社会上缺少了正气，混淆了是非标准，"清白无长物"的清官，被讥笑为"痴牧"（傻官）；为官者贪婪，反而成了正常的现象，并以宦囊的重轻来分别退休官员的高下。这种转变一方面与当时"金令司天，钱神卓地"的拜金潮涌动有关，另一方面又是官场恶劣风气的直接影响使然。

历史的事实也同时表明，越是贪官污吏遍天下，越是人心不古、世风日下，人们越是呼唤清官、期盼"弊绝风清"的治世。应该说，普通百姓和仁人志士在期盼"弊绝风清"的治世方面，旨归是基本相同的，只是表现形式不太一样。

普通百姓表现出来的主要是尊崇清官、拥戴清官、呼唤清官。如唐代的著名清官张玄素，在隋朝末年是一个县管理财政的小官，当窦建德陷城后，"执将杀之，邑人千人号泣请代，曰'此清吏杀之，是无天也'。建德命释"。《廉吏传》作者宋人费枢为此感叹道："玄素初为县小吏，方被俘执，邑人皆号泣，以为清吏，愿代之死。呜呼！清吏之得民心也如此。"又如元杂剧《智赚灰阑记》中的张海棠，在万般无奈中唱道："我这里哭哭啼啼告天天又高，几时间盼的个清官来到。"到了开封府，便碰上了包公，冤狱得以昭雪。再如清代的著名清官张伯行，以"江南第一清官"名世，也曾受到"江左士民欢声遍朝野"的殊荣。至于百姓挽留清官继任，为清官立碑、建祠等事例，亦不鲜见。这正反映出百姓拥戴清官的心态和行为，他们寄希望于清官的清正廉明、为民请命、执法不阿，渴望有一个朗朗乾坤、清白世界。

仁人志士期盼"弊绝风清"，除了文化上的宣传和舆论上的渲染外，主要的是倡导移风易俗。在中国传统社会，仁人志士无不关注世风、强调移风易俗的作用，据《孝经》《孔子家语》等文献记载，孔子已经提出移风易俗的命题，并认为，"移风易俗，莫善於乐"。《国语》疏云："乐者，所以移风易俗，荡涤人之邪秽也。""乐"虽有诸多内涵，但在移风易俗方面，有其荡涤邪秽、陶冶情操的独特功能。荀子也认为，"习俗移志，安久移质"，社会习俗可以改变人的志向，久而久之可以改变人的素质，所以必须"注错习俗"，培养良好的社会风气，"故乐行而志清，礼修而行成，耳目聪明，血气和平，移风易俗，天下皆宁，美善相乐"（《荀子·儒效》《荀子·乐论》）。其后，有关移风易俗的议论繁多，也更为具体。如贾谊提出"移风易俗，使天下回心而乡（向）道"（《汉书》卷二二《礼乐志》）。王符提出"敦教学以移情性，表德行以厉风俗"（《后汉书》卷四九《王符传》）。苏绰认为："化于敦朴者，则质直；化于浇伪者，则浮薄。浮薄者，则衰弊之风；质直者，则淳和之俗。衰弊则祸乱交兴，淳和则天下自治。治乱兴亡，无不皆由所化也。"因此，"凡诸牧守令长，宜洗心革意，上承朝旨，下宣教化"（《周书》卷二三《苏绰传》）。司马光认为："教化，国家之急务也，而俗吏慢之；风俗，天下之大事也，而庸君忽之。夫为明智君子深识长虑，然后知其为益之大而收功之远也。"（《资治通鉴》卷六八）是否重视教化和移风易俗，不但被看成是区分良吏和俗吏、明君和庸君的重要标准，也被视作导向弊绝风清之治世的途径。顾炎武认为："治乱之关，必在人心风俗。而所以转移人心，整顿风俗，则教化纪纲为不可缺。"（《亭林文集》卷四《与人书九》）同时，顾炎武还认为，历史上的天下兴亡，有亡国、亡天下之分，改朝换代叫作亡国，道德沦丧、世风败坏叫作亡天下，国家治乱兴衰的关键在社会风气的好坏，而好的社会风气需要各方面的共同维持，"保天下者，匹夫之贱与有责焉"（《日知录》卷一三"正始"）。这也就是所谓的"天下兴亡，匹夫有责"的出典。清代以降，也还有相关的论述，沈垚的言论具有代表性："天下治乱，系乎风俗。天下不能无君子，亦不能皆小人，风俗美则小人勉慕于仁义，风俗恶则君子亦宛转于世尚之中而无以自异。是以治天下者以整厉风俗为先务。"（《落帆楼集》卷四《风俗篇》）通过移风易俗、荡涤邪秽，而达到"弊绝风清"之境，正是仁人志士的期盼。

四、"为政以德"是培育良好世风的根本

移风易俗，培育良好的世风，有许多途径，但与廉政结合在一起，最为突出的是强调"为政以德"。具体而言，表现为如下三端。

第一，德教为先。德教即道德教育或道德教化。孔子是中国传统道德理论的奠基者，以孔子为代表的儒家认为，德

教是为政治国和改善社会风俗的首要任务，因此提出了"德教为先"的思想。在儒家的道德体系中，"德"包含了"政德"和个人品德两个层面，在"政德"这个层面上，德教为先体现出了"为政以德"或"以德治国"的意蕴，如孔子所说，"为政以德，譬如北辰，居其所而众星共（拱）之"（《论语·为政》）。并由此导出以礼治、德教为主，德、刑并用的政治理念。同时，孔子认为，"为政在人"，吏治的好坏，关键在于什么样的人为政、什么样的人掌权，为政者要有好的道德水准，所以在个人品德这个层面上，德教为先强调的是德育为首位的原则，"立大学，设庠序，修六礼，明十教，所以道（导）之也"（《荀子·大略》）。儒家伦理倡导的道德当然是对全社会而言，十分庞杂，且瑕瑜并陈，这是不用申说的。而从德教与廉政、德教与社会风气的关系着眼，有两点却值得特别注意，一是要知廉耻。这一点，先贤诸子论述繁多，孔子有"道之以德，齐之以礼，有耻且格"的名言，孟子有"人不可以无耻"的名言，《旧唐书·杨绾传》中有"从政者皆知廉耻，浮竞自止"的记载。而顾炎武在《日知录·廉耻》中的说道最为直白："廉耻者，士人之美节；风俗者，天下之大事。朝廷有教化，则士人有廉耻；士人有廉耻，则天下有风俗。"为官为士者讲廉耻，就会规规矩矩地做官，正正当当地做事，就会不阿上、不欺下，不枉法、不贪赃，促使整个社会风气淳化。二是道德的践行。《论语·里仁》中已有"君子欲讷于言而敏于行"的言论，主张道德的好坏不在于言辞而在于践行。《荀子·儒效》也认为，"知之不若行之"，道德的学习固然重要，道德的实践更为重要。宋明时期还曾有过"知行"（道德意识和道德实践）问题的争论，但不管是"先知后行"说，还是"知行合一"说，甚至"行可兼知"说，都肯定了"行"的重要性。之所以要强调道德的践行，主要是针对"口谈道德而心存高官，志在巨富""阳为道学，阴为富贵，被服儒雅，行若狗彘"（《续焚书》卷二）的现象。如果满嘴仁义道德，一肚子男盗女娼，当然是难以指望清正廉明和社会风气好转的。

第二，修身为本。在《论语》中，孔子首先提出了"修己以敬"的命题，认为只有"修己"，才能"安人""安百姓"。他在《孔子家语》中也说："知所以修身，则知所以治人；知所以治人，则能成天下国家者矣。"这也就是儒家倡导的"修身为本"的精义之所在。修身一般是指个人的道德修养，但"修身为本"所主要强调的是统治者的修养，即所谓"君行不能自修，而欲百姓修行者，是犹无的而责射中也"（《周书》卷二三《苏绰传》）。"欲兴德行，在于君人者修身以格物，审好恶以表俗"（《宋史》卷一五五《选举一》）。通过良好的道德修养，提高统治者的道德境界，铸就"君子人格"或理想人格，以达到正百官化万民、治国平天下的目的。就修身的内容而言，孔子提出尊礼、处恭、有信、敬事、俭用，孟子强调仁、义、正、礼、恭、俭，不同的思想家有不同的说法，朱熹则归结为"修身在正其心""修身是修德"（《朱子语类》卷一六、卷三四）。说到底，修身一方面在于祛邪扶正，保持和发挥善心与德行；另一方面，在于"涵养"正气，比如"君子坦荡荡"的"浩然之气"，"富贵不能淫，贫贱不能移，威武不能屈"的"大丈夫"之气，"先天下之忧而忧，后天下之乐而乐"的"贵公贱私"之气，等等。这样，就能处处以大局为重、以国家为重，就能公正廉明、大公无私，就能有社会正气的上扬。也许正是在这个意义上，王符说："修身慎行，敦方正直，清廉洁白，恬淡无为，化之本也。"（《潜夫论》卷三）

第三，治下先治上，正人先正己。良好世风的形成，虽然人人有责，但其关键不在下而在上。对此，先贤早已论之凿凿，《管子》中有"治官化民，其要在上"之说，《孟子》中有"君正，莫不正"之说，《韩非子》中有"圣人治吏不治民"之说，等等。孔子也曾分析过世风形成过程中为君者、为臣者、为民者的关系与影响，"凡上者，民之表也，表正则何物不正！是故人君先立仁于己，然后大夫忠而士信，民敦俗璞"，"夫政者，正也。君为正，则百姓从而正矣。君之所为，百姓之所从。君不为正，百姓何所从乎"（《孔子家语》卷一）。《汉书·王吉传》也有这样的言论："圣王宣德流化，必自近始。朝廷不备，难以言治；左右不正，难以化远。"《说苑·贵德》则从另一个角度作了论述："天子好利则诸侯贪，诸侯贪则大夫鄙，大夫鄙则庶人盗。上之变下，犹风之靡草也。"所有这些论述都表明了"上"之表率作用，君主的言行是百姓的指南，官吏的言行是百姓的仪范，要想世风好，先要从上层做起，在位者要率先垂范，以身作则，使"天下望风成俗，昭然化之"（《汉书》卷六五《东方朔传》）。如果上层统治者寡廉鲜耻、贪鄙成风，就不可能民敦俗璞，更不可能反腐倡廉。另外，"治下先治上"，还不单单是治民与治官的关系，还有下层官吏和上层官吏的主次之分，王夫之说的"严下吏之贪，而不问上官，法益峻，贪益甚，政益乱"（《读通鉴论》卷二八），正表明了这个意思。

历史的经验告诉我们，反腐倡廉是一项艰巨而系统的工程，既要重视制度、法律的外在控制、制约作用，又要重视道德、修养的内在自省、自律作用。塑造美好心灵、弘扬社会正气、培育良好世风，是非常重要的。

（本文为"中国历史十论"之一，原载《光明日报》2003年11月25日"理论版·史学"，《新华文摘》2004年第4期转载）

尊崇·社稷·苍生：泰山文化的形成
与精髓

　　中国人的民族精神植根于中华民族数千年绵延不绝的优秀文化传统之中。作为"五岳独尊"的泰山，是中华民族的文化名山、神圣之山，经过悠久的历史积淀形成的泰山文化，寄托了"国泰民安"的民族意愿，承载了昂扬向上、刚健自强、贵和尚中的民族精神。作为中华文化的重要组成部分，泰山文化与黄河、长江一样具有重要的象征意义，同时也有着丰富厚重的文化内涵，值得认真总结和探讨。

一、泰山文化形成的三大要素

　　泰山文化的形成，无疑有许多要素，其中有三点最为突出，一是山川崇拜，二是巡守封禅祭祀活动，三是民间信仰活动。

　　自然是宗教最初的原始对象，古人对山岳的神秘感是山川崇拜的起始。《文献通考·郊社考·祀山川》称，"能大布云雨焉，能大敛云雨焉，云触石而出，肤寸而合，不崇朝而雨天下，施德博大"的自然神力，赋予了山岳的"神格"。

2017年作者在泰山

人们对高峻挺拔、捧日擎天的泰山更是崇拜，《诗经·鲁颂》所谓"泰山岩岩，鲁邦所詹"。《诗经·崧高》亦称"崧高维岳，骏极于天。维岳降神，生甫及申"。后来的南朝刘宋谢灵运《泰山吟》："岱宗秀维岳，崔崒刺云天。岝崿既嵃巀，触石辄芊绵。"李白《游泰山》："平明登日观，举手开云关。精神四飞扬，如出天地间。"杜甫《望岳》："会当凌绝顶，一览众山小。"等等，即是历代诗人对以泰山为代表的名山的顶礼膜拜和反复吟诵。

历史上带有神秘色彩的名山以"四岳""五岳"为代表。在先秦文献中，"四岳""五岳"都曾反复出现："四岳也，东岳岱，南岳衡，西岳华，北岳恒。"（郑玄笺，孔颖达疏：《毛诗注疏》卷二五《大雅》）"五岳"之确指则大致在汉代，东汉郑玄为《周礼》作注时已称："五岳，东曰岱宗，南曰衡山，西曰华山，北曰恒山，中曰嵩山。"值得注意的是，不管是"四岳"还是"五岳"，最初都有两点要义：第一，以东、南、西、北或东、南、西、北、中，代表华夏大地的整体统治；以春、夏、秋、冬，代表四时阴阳之气的天人合一，即所谓："天子乃以四时而巡省于四方，四时谓春东夏南之类。然天下万国，人君岂能遍至，故特四方方岳之下，考其国之制度。"（夏僎：《尚书详解》卷二二《立政》）第二，古人所选择的"四岳"或"五岳"名山，具有象征意义，代表着美好的希冀和寄托。冯复京《六家诗名物疏》在释《大雅》时引《风俗通》之言最为典型："东方泰山，尊曰岱宗，岱，始也，宗，长也，万物之始，阴阳交代，故为五岳长。南方衡山，一名霍，霍者，万物盛长，垂枝布叶，霍然而大。西方华者，万物变华于西方也。北方恒者，常也（故又曰'常山'）。中央嵩者，高也。"

　　不论"四岳""五岳"，泰山都为"宗"，为"长"。连绵不绝的巡守、封禅、祭祀活动，大都与山岳崇拜、"四岳"或"五岳"的确定以及泰山独尊相关联。文献记载的虞舜巡守四岳，实行的是"柴、望"礼仪。王者"柴"，燔柴以祭天；诸侯"望"，望祭大岳。这种"燔柴祭天"，在东巡岱宗泰山时成为定制，其他诸岳，均"如岱礼"，并成为惯例。巡守柴望制度与礼仪，是伴随着"四岳"或"五岳"的祭祀而实行的，封禅则是泰山独尊的体现。泰山在"四岳"或"五岳"中为"宗"为"长"，可以看作是选择泰山进行封禅的基础，但秦始皇对泰山的首次封禅以及延续至宋代的泰山封禅，在更大程度上，当与战国时期邹衍倡导阴阳五行说密切相关。按五行，东方属木，是太阳升起的地方，是"阴阳交代"、万物发生之地。按五常，东方为仁，仁是天地大德。按四时，东方为春，春天万物更生。八卦属震，二十八宿为苍龙，既是帝王飞腾之地，又是"万物始终之地，阴阳交泰之所"（《文献通考》卷一〇九《王礼考·巡狩》）。泰山是"四岳""五岳"之长，泰山神灵地位是其他山岳之神无法比拟的，因此，"王者功成封禅，必于泰山者何？万物之始，交代之处也"（李昉：《太平御览》卷三九《地部四·泰山》）。

宋真宗后，皇帝到泰山封禅已经废止。其中原因，既与宋代国势衰微有关，也是由于宋儒对封禅的非议抨击。明清两代虽不在泰山封禅，却仍然不断在京师及泰山举行祭祀活动，依旧标示着对泰山的尊崇和其地位的认同。

随着封禅、祭祀等"国家正祀"活动的延续，泰山的民间信仰也十分突出。赵世瑜指出，"自上古帝王的泰山封禅以来，东岳崇拜就更多地体现了国家信仰，而碧霞信仰则具有更多的民间性"[1]。此说很有启发意义。笔者认为，围绕着泰山封禅、祭祀等"国家正祀"活动，民间信仰展现出两个方面的特征：

第一个方面，泰山的民间信仰伴随着封禅、祭祀等"国家正祀"活动而产生，起源甚早，并日益昌盛。泰山的民间

---

[1]赵世瑜：《国家正祀与民间信仰的互动——以明清京师的"顶"与东岳庙为个案》，见《北京师范大学学报》（社会科学版）1998年第6期。

信仰起源，与东汉时期具象化的泰山神——泰山府君（泰山君）明确有关。在这一时期，泰山被称为"天孙"，泰山之神除了护佑社稷帝王之外，还有主苍生之生死的功能，与芸芸众生密切关联，民间信仰也由此而生。同时，泰山女性之神（天仙玉女）——碧霞元君——也应时而生。顾炎武《日知录·湘君》认为，碧霞元君"世人多以为泰山之女"，泰山女之说，"晋时已有之"。据《钦定大清一统志·泰安府》记载，"碧霞元君庙，在泰山绝顶，宋真宗东封，构昭应祠，祀天仙玉女碧霞元君。金改称为昭应观。明洪武中重修。成化间改祠为宫。弘治中名灵应。嘉靖中名碧霞"。碧霞元君"声灵赫濯，护国庇民"，其信仰虽主要在民间，但官方也多有祈求祭祀活动。

第二个方面，泰山的民间信仰由泰山周边地区扩展至全国，信仰圈逐步扩大。检索历史文献，在泰山地区之外最早建立东岳庙的，是陕西的咸宁县，时在汉代，"东岳庙，在城东南四十里，汉时建"（雍正《陕西通志》卷二八《祠祀》）。安徽太湖县的东岳庙则建于南朝刘宋时期。其后各省府县陆续建有东岳庙，甚至也有在一个县建有多座东岳庙的情况，从而形成"天下郡国，皆有东岳庙""泰山之祠遍宇内""泰山之祠遍天下"的格局。

山川崇拜、巡守封禅祭祀、民间信仰，有其内在的联系，由此反映出的泰山文化体现着自然、社稷与苍生之间的多重关系。

二、"国泰民安""和合共生"是泰山文化的精髓

泰山文化的形成，有一个历史的过程。在这个过程中，无论是帝王巡守，还是封禅、祭祀，都把泰山与社稷苍生联系在一起，希冀和祈求的都是江山永固、国泰民安等。即使是民间信仰的泰山府君和碧霞元君，也是出于其"护国庇民"。"泰"字之本义，即有大、强、强大、安定之意。只有国家强大安定，才有人民的安康乐业。同时，"和合共生"既有其特定的文化融合、国家治理等内涵，也与"国泰民安"相关联。

在《诗经·鲁颂》中，既有众所周知的"泰山岩岩，鲁邦所詹"，也有"保彼东方，鲁邦是常。不亏不崩，不震不腾。三寿作朋，如冈如陵"的诗句。在《诗经·小雅·天保》中，也有"天保定尔，以莫不兴。如山如阜，如冈如陵。如川之方至，以莫不增。如月之恒，如日之升。如南山之寿，不骞不崩"之句。后人在解释"如冈如陵"时称："如冈如陵，即国家安于磐石泰山而四维之意"（姚舜牧：《重订诗经疑问》卷一二《鲁颂》）。也就是说，早在《诗经》形成的年代，已经把国运长久、国家强盛、国泰民安，比喻为"安于磐石泰山而四维"。

屡见于历代史籍的"居累卵之危，而图泰山之安""天下之安，犹若泰山而四维""天下巩固，屹若泰山之四维"，等等，均是言简意赅地点明了泰山与"国泰民安"的象征意

义、内在联系和文化内涵，这一点已经渗透进传统文化的肌理。

如何才能达到"国泰民安"？王符在《潜夫论》中所说的"居累卵之危，而图泰山之安"，有居安思危之意。其他人所说的泰山之安大多与"四维"相联系。"四维"在汉语中，主要有四层意思：一是四面相联系；二是东、西、南、北四方；三是东南、东北、西南和西北四角；四是礼、义、廉、耻。前三者都与方位有关，而且与八卦相表里；后者则是一种道德行为规范。管子所说的"四维者，礼义廉耻也""四维不张，国乃灭亡"（《史记》卷六二《管晏列传》。参见《管子·牧民》），主要是一种伦理上的文化表达。而在文化传承中，"国泰民安"与道德行为规范上的"四维"越来越密切。宋人林之奇《尚书全解》卷六《益稷·虞书》及卷三一《洛诰·周书》称："尧舜以天下为忧，而不以位为乐，盖为人君者，苟以位为乐，则将穷天下之欲以供耳目之娱，故不能保厥位，至于颠覆丧亡而不悟。苟其居是位也，兢兢业业，如临深渊，如履薄冰，以致其畏慎之意，则其位之安，如泰山而四维。""凡朝廷之制度纪纲，莫不得其条理，而四海九州岛之民，莫不安居乐业，天下之势，盖若泰山而四维之安。"这里强调了君主的行为和制度纪纲对维护国泰民安的作用。宋人黄履翁《古今源流至论别集》卷七《变更持守》称："台谏持天下之平，士夫守天下之论，国家尊严凛然太阿之出匣，天下巩固，屹若泰山之四维。"这里强调的是臣僚与士大夫的作用。清人张英《书经衷论》卷三《周书》称："敦信明义，崇德报功，定天下规模如泰山之巩固，磐石之四维。子孙有所凭藉，以为不拔之业。臣民有所信守，以为久安之计。"这里强调的是君主与臣民对道德行为规范的共同遵守，以达到国家的长治久安。康熙御定《日讲四书解义》卷二一《孟子》称："管子曰，礼义廉耻，国之四维。从来未有人心不端，风俗不正，而可以致治者，其系岂一人一事已哉。"这里强调的是世风与群体行为对国泰民安的影响。

泰山文化在形成的过程中，国泰民安的文化特征已经呈现出多元色彩，构成中华传统文化的一个重要方面。在国泰民安之外，中国传统文化中的"和合共生"，与国泰民安一起，成为泰山文化的一体二翼。中国传统文化中"和合共生"的基本精神，强调"贵和尚中"，即《礼记·中庸》所言："中也者，天下之大本也；和也者，天下之达道也。致中和，天地位焉，万物育焉。"泰山文化中的"和合共生"，大致包含两个方面的内容：一是天人合一；二是和谐包容。

以"功成受命""易姓告代"为标识的泰山封禅已经是天人合一的体现，泰山文化表现出的天人合一还在于泰山神的"灵显昭著，佑庇万民"（《清世宗圣训》卷三二《崇祀典》）。其中一个显著的特点是"肤寸成云，霖雨天下"，即所谓"触石而出，肤寸而合，不崇朝而雨，遍乎天下者，唯泰山云尔"（李昉：《太平御览》卷三九《地部四·泰山》）。泰山的祈雨活动，在天人合一方面是"天心感召"，在官员方面是"遵旨虔祈"，由于与百姓的愿望契合，所以出现"人心为之安定"等景象。

泰山文化中的和谐包容，本源于中国传统文化中的"和合"："凡天下至于一国一家，至于万事，所以不和合者，皆由有间也。无间，则合矣。以至天地之生，万物之成，皆合而后能遂。"（程子：《伊川易传》卷二《周易上经》）这种"和合"，既包括了"君臣父子亲戚朋友之合"，也包括了齐、鲁文化之合以及泰山儒释道文化之合。泰山本来就是儒家思想的渊源之区，儒学一向兴盛。同时，泰山是道教的孕育之地，泰山的佛教虽然处于从属地位，但普照寺、竹林寺、灵岩寺等佛教寺庙同样得到发展，香火繁盛。

　　泰山文化中和谐包容的起源，也与李斯《谏逐客书》中的名句"泰山不让土壤，故能成其大"有关。"不让土壤，故能成其大"，本意在于虚怀若谷，广纳天下之才，容事容人。这种包容精神，后来在不同的场合有不同的延伸。康熙御定《日讲书经解义》卷五《说命上》就称："古人云，泰山不择土壤，故能成其高；沧海不择细流，故能成其大；人主不遗葑菲刍荛之言，故能成其圣。……则听纳日广，资益弘多，而作圣之基在是矣。"光绪年间，也有文章认为，"泰山不争土壤，故能成其高；河海不择细流，故能成其大，此言治国之道"（《申报》光绪五年六月十八日）。这些说法已经将泰山文化中的包容精神上升到了治理国家的高度。

三、结语

　　山川崇拜、巡守封禅祭祀、民间信仰是泰山文化形成的三大要素，是"历时性"和"共时性"的有机统一，既体现着自然、社稷与苍生之间的多重关系，也是孕育泰山文化的本源。文化是人类社会历史发展的产物，既有精华，也有糟粕；既有中华民族的共有文化，也有各组成民族或某个区域的文化。泰山文化丰富多彩，从不同的角度会有不同的总结，但从根本上说，泰山文化不仅仅是一种山岳文化和区域文化，而且是具有泰山特质的中华民族共有文化。在这个基点上，作为泰山文化精髓和主体的"国泰民安""和合共生"，体现了中国优秀文化传统的人文理念和价值取向。

"国泰民安""和合共生"，这种人文理念和价值取向，贯穿于中国人的历史创造之中，赋予中国人与时俱进、海纳百川、有容乃大的气魄，为实现祖国富强、百姓安康和民族复兴而不断创造历史伟业。特别是"登泰山而小天下""会当凌绝顶，一览众山小"的豪情，以及"尧舜一日万机，文王日昃不暇食，仲尼终夜不寝，颜子欲罢不能"的"自强不息"的精神（李鼎祚：《周易集解》卷一），不断增强民族的自尊心、自信心、自豪感，促使国人锲而不舍地攀登，以达到至高至上的境界。

（原载《光明日报》2019年2月18日"理论·史学"版，《新华文摘》2019年第9期转载）

历史上的"四大名砚"考辨

　　学风浮躁、人云亦云、排名争利，在各方面都表现出来。砚台既是实用器，又有深厚的文化内涵，承载了物质文化的丰厚内容，值得历史学者进行深入研究。

　　不论是收藏界、鉴赏界、砚雕界，还是学术界，盛行"四大名砚"之说。刘演良、郭传火、金彤、傅翔、黄海涛、嵇若昕、蔺涛、汪向群、俞飞鹏、洪丕谟等都是砚史界有代表性的人士，有的堪称著名学者。在他们的论著中都论及所谓的"四大名砚"，如著名砚雕家、砚史学者刘演良称："自唐以来，我国出现了端、歙、洮、红丝四大名砚。以后，澄泥代替了红丝。……端砚为中国'四大名砚'之首，这是历史所赋予又为现实所认可的。"[①]又如台湾历史学者嵇若昕认为："宋代是雕砚工艺史上的辉煌时代，此时端、歙、红丝、洮河四种石砚为当时四大名砚，后因红丝石停采不出，遂把陶质的澄泥砚补入，仍为宋代四大名砚。"[②]更有甚者，为了论述所谓的"四大名砚"在历史上早有成说，杜撰史料，如

---

　　①刘演良著：《名砚的鉴别和欣赏》，北京：文物出版社，2008年，第1页。
　　②嵇若昕著：《双溪文物随笔》，台北：台北故宫博物院，2011年，第94页。

安庆丰说："我国'四大名砚'之说究竟又起源于何时？目前公认的看法是出自北宋苏易简的《砚谱》，其曰：'砚有四十余品，以青州红丝石为第一，端州斧柯山石为第二，歙州龙尾石为第三，甘肃洮河石为第四。'虽然这四种石砚亦非今之'四大名砚'，但苏氏将其见诸文字，确为当时公认之举，以至'四大名砚'的说法随即约定俗成，并且一直延续到今天。而后又因红丝石脉掘尽，为澄泥砚所代替，至明代以后'四大名砚'的实际内容就变成了'端砚、歙砚、洮砚、澄泥砚'。"①事实上，苏易简《砚谱》根本就没有"甘肃洮河石为第四"之语。

综合以上诸人的论述，其说"四大名砚"在历史上的形成，有唐代说、宋代说、明代说三种。其说"四大名砚"的砚种和排列顺序大致有红丝砚、端砚、歙砚、澄泥砚和端砚、歙砚、洮河砚、澄泥砚二种。其说红丝砚在宋代以后退出"四大名砚"后，则又有洮河砚补入说和澄泥砚补入说二种。

当然，也有不谈所谓的"四大名砚"，比较客观地叙说砚史者，如民国年间赵汝珍所撰《古董辨疑·古砚辨》称："书史所载之砚石，不下百余种，不知者每以为各种砚石必须有其个有之特长，不然何以各种皆能名世也。此不然，盖砚石只以端、歙二种为最适用。其余皆人为之名贵，并非因本体之美而造成名贵也。惟砚之可贵，除本体外，尚有因作工之佳者，刻面之妙者，或名人所遗者，或掌故所关者，原

---

① 安庆丰著：《中国名砚·洮砚》，长沙：湖南美术出版社，2010年，第7—8页。

因其多。但砚石之美，砚石之适用，只有端、歙。其以他石为宝者，皆炫奇立异，不可信也。"又如广陵书社为再版《阅微草堂砚谱》《归云楼砚谱》等写的"出版说明"："隋唐以后，由于造墨技术的发展，对砚质要求高，相继发现名砚石，并有了端砚、歙砚、红丝砚、洮河石砚、澄泥砚等名砚。"再如张中行《砚田肥瘠》认为，好砚有四个要求，一是砚质好，二是形式好，三是年代久的好，四是有名人手泽的好。即使以砚质论，也仅论及端石和歙石，其他石以外的砚材，总是下一等①。

也有对"四大名砚"质疑，但仍承认有"四大名砚"者，如傅绍祥《中国名砚·红丝砚》称："关于'四大名砚'之说，现普遍认可的是，唐宋时期为'红丝砚、端砚、歙砚、洮河砚'。因红丝石'宋末已绝'，'四大名砚'中的红丝砚被澄泥砚所取代。实际上，'四大名砚'之说，其渊源难以考证。……笔者贸然推断，可能是唐人因对当朝前后相继出现的歙砚、端砚、红丝砚、洮河砚喜爱而自然而然成习惯之说，遂流传于后世。"吴笠谷《名砚辨》称："'四大名砚'称法的始作俑者，一时难考，至少以我阅读所及，未见民国以前人有此成说。"但又认为，"客观而论，'四大名砚'之因缘际会不同，影响各有消长，但皆属砚史上公认的著名砚种，排名前四也属实至名归。"并就"四大名砚影响之消长""四大名砚之地域文化因素""评说四大名砚""品题四

---

①张耀宗、张春田编：《文房漫录》，北京：生活·读书·新知三联书店，2013年，第111—113页。

大名砚"等论题展开论述。

从总体上看，"四大名砚"的说法，似乎在历史上已经形成，但事实上，历史上根本就没有"四大名砚"之说。各种所谓的"四大名砚"说法，纯属子虚乌有。

检索历史文献，我们发现，历史上对各种砚台或名砚的排序与品评大致有如下几种情况。

第一，相关砚史、砚谱从总体上对砚台进行论说，在论述中有先后的排序，但不是名砚的排名。

北宋米芾所撰《砚史》，是现存最早的专门化的砚史著作，《四库全书总目》卷一二五《子部二十五·谱录类》称，该书"备列晋砚、唐砚，以迄宋代形制之不同，中记诸砚，自玉砚至蔡州白砚，凡二十六种。而于端、歙二石，辨之尤详"（实际上只有25种，青州青石砚重复二次论述，未加辨别）。米芾所列砚台，"自谓皆曾目击经用者，非此则不录。其用意殊为矜慎"。既不是当时所有的砚石品种，也没有名砚排名的意旨。南宋高似孙所撰《砚笺》第一卷记述端砚，第二卷记述歙砚，第三卷记述其他各砚65种。高似孙对端砚、歙砚各用一卷的篇幅记述，说明了对此二种砚台的重视，其他则看不出对某种砚台的特别钟爱或已经形成了序列。

乾隆年间官方编纂的《西清砚谱》，凡二十五卷，"其序先以陶之属，上自汉瓦，下逮明制，凡六卷。次为石之属，……凡十五卷。共为砚二百"。分析《西清砚谱》的文本，我们注意到：其卷一至卷六的"陶之属"，分别记述汉未央宫东阁瓦砚、汉未央宫北温室殿瓦砚、汉铜雀瓦砚、汉砖多福砚、汉砖石渠砚、汉砖虎伏砚、唐澄泥砚、唐八棱澄泥砚、明制瓦砚、旧澄泥方池砚、旧澄泥卷荷砚等，并不是将"澄泥砚"放在特别重要的地位，而是瓦砚、砖砚、澄泥砚等陶质砚台共同著录。卷七至卷二十一的"石之属"，是对石质砚台的著录。其中，卷七至卷十五分别按历史年代记述，卷十六至卷二十一是无法判明纪年而按石种记录，这种按石种的记录，或许能够体味出编纂者对名砚的排序。最先著录的48方砚台均为端砚，接下来记述的是红丝砚、龙尾石砚、歙溪石砚、洮河石砚、滕村石砚。这只能看出一种倾向，同样不存在"四大名砚"的排序。

第二，相关论述曾经对历史上某一个时期的名砚有过排名，但并不是所谓的"四大名砚"。

最早论述名砚的是柳公权，《旧唐书·柳公权传》称："（公权）尝评砚，以青州石末为第一，研墨易冷，绛州黑砚次之。"柳公权将青州石末砚（一种石末的合成烧制砚）评为第一，将绛州黑砚（当为绛州澄泥砚）评为第二。宋代以后，有关评论渐多。宋人罗愿《新安志》卷一〇《叙杂说·研》称："苏易简《文房四谱》中载研四十余品，以青州红丝石第一，端州斧柯山第二，龙尾石第三，余皆在中下。虽铜雀台古瓦研，列于下品，特存古物耳。"（按：现存苏易简《文房四谱》没有这样的记载，当有脱文）如是，共列出了红丝砚、端砚、龙尾砚（歙砚）三种。《新安志》引蔡君谟《文房四谱》称，端砚、歙砚之外，"余不足道也"。如是，只有端砚、歙砚两种名砚。

《文献通考》卷二二九《经籍考》称："宋朝唐询撰砚之

故事及其优劣，以红丝石为第一，端石次之。"如是，列出了红丝砚、端砚两种名砚。又引唐询《砚录》云："自红丝石以下，可为砚者共十五品，而石之品十有一：青州红丝石一，端州斧柯石二，歙州婺源石三，归州大沱石四，淄州金雀山石五，淄州青金石六，万州悬金崖石七，戎泸试金石八，青州紫金石九，吉州永福县石十，登州驼基（砣矶）岛石十一。"进一步对十一种石质名砚进行了排名。

明人高濂《遵生八笺》卷一五《论研》认为："研为文房最要之具，古人以端砚为首，端溪有新旧坑之分。……歙石出龙尾溪者，其石坚劲发墨，故前人多用之。……洮河绿石，色绿微蓝，其润如玉，发墨不减端溪下岩，出陕西，河深甚难得也。……众研中龙尾发墨，池水积久不干，端溪美恶俱能发墨，中有受水燥湿之别。……他则无足议也。唐之澄泥研，品为第一，惜乎传少，而今人罕见。"在高濂看来，最为重要的是端砚、歙砚、洮河砚，即便如此，在论述洮河砚之前，还谈了湖广沅州石砚和黎溪石砚。其他排名更为混乱，或者说没有明确的排名。明人曹昭《格古要论》卷中，《古砚论》依次论及端砚、歙砚、万州金星石砚、洮河砚、铜雀台瓦砚、未央宫瓦砚六种名砚。明人丰坊《书诀》（该书只有一卷）则把石质名砚分为"神品"和"妙品"二种："石砚神品，曰葛仙翁岩石，出唐州方城县，温州华严石，端州下岩青花子石、北岩石，惠州紫金石，洮河绿石，万州悬崖金星石，歙溪龙尾旧坑青黑卵石，婺源水船坑金纹石。妙品者，曰端溪中岩旧坑紫石，龙尾雁湖眉石、金丝罗纹石、金银间刷丝石，……淄州金雀石，青州红丝石，温州罗浮石，大理点苍山石。"与一般人的评价又不相同。

　　清人倪涛《六艺之一录》卷三〇八《历代书论·砚谱》首先论青州红丝石，其次论端州石，其三论歙州婺源县龙尾石，其后依次论述淄州淄川县金雀山石、青金石，等等。在倪涛看来，主要的名砚是红丝砚、端砚和歙砚。高凤翰的看法大致相同，其《砚史》"摹本第三十七"称："青州红丝石砚，旧入砚谱，列上品，当在端、歙之右。"清人吴景旭《历代诗话》卷五〇《庚集中》称："青州红丝石一，洮河石二，端溪石三，歙州石四，腾邨（村）石五，皆石也。有玉，有金，有磁，有漆，其类不一。"如是，则排出了红丝砚、洮河砚、端砚、歙砚、腾村砚五种名砚。

　　可以看出，不管是何种排名法，或二种，或三种，或五种，或六种，或十余种，恰恰没有四大名砚的排法。

　　第三，即便是名砚，不同时期、不同人士的品评也存在差异。

　　如青州石末砚，柳公权评为第一（《旧唐书》卷一六五《柳公绰传附公权传》。按：后来的著述将"青州石末砚"演化为"青州红丝石"，所以就有了柳公权认为红丝石为第一的说法。中华书局最近出版的石祥点校的宋人苏易简《文房四谱》竟然误为"青州石未为第一"，翻译为"青州石制砚还算不上第一等的"。把"末"字误为"未"字，还煞有介事地译成白话，委实可笑）。欧阳修则认为，"虢州澄泥，唐人品砚以为第一"，虢州澄泥砚才是唐人认为的第一名砚，而"青州、潍州石末研，皆瓦砚也。其善发墨，非石砚之比，然稍粗者损笔锋"（《文忠集》卷七二《外集二十二·

砚谱》)。又如青州紫金石砚，米芾的评价最高，米芾"老年方得琅琊紫金石"，认为"人间第一品也，端、歙皆出其下"（《宝晋英光集》卷八《杂著》）。同为宋人，一种意见大致赞同，一种意见反对。大致赞同者曾慥说："青州紫金石，状类端州西坑石，发墨过之。"（《类说》卷五九《文房四谱·砚谱》）高似孙说："紫金出临朐，色紫，润泽，发墨如端歙，姿殊下。"（《砚笺》卷三《诸品砚》）反对者胡仔说："青州紫金石，文理粗，亦不发墨。"（《渔隐丛话后集》卷二九《东坡四》）欧阳修说："青州紫金石，文理粗，亦不发墨，惟京东人用之。"（《文忠集》卷七二《外集二十二·砚谱》）乾隆《西清砚谱》卷二三《附录》则认为紫金石砚大致和端砚、歙砚差不多："考宋高似孙《砚笺》称，紫金石出临朐，色紫润泽，发墨如端、歙。又称唐时竞取为砚，芒润清响，国初已乏云云，当由端、歙既盛行，采取者少，故甚少流传耳。是砚质理既佳，琢制亦精，堪备砚林一格。"

非常闻名的曾被称为名砚第一的红丝砚，也被许多名家否定。米芾对红丝砚最不看好，他在《砚史·用品》中认为，"红丝石作器甚佳"，但作为砚台，"大抵色白而纹红者，慢发墨，亦渍墨，不可洗，必磨治之。纹理斑，石赤者，不渍墨，发墨有光，而纹大不入看。慢者经暍则色损，冻则裂，干则不可磨墨，浸经日，方可用，一用又可涤，非品之善"。欧阳修认为，红丝砚制作精美，可为案头陈设的佳品，"若谓胜端石，则恐过论"（《文忠集》卷一四八《书简五》）。蔡襄的看法与欧阳修大致相同："唐彦猷作红丝石砚，自第为天下第一，黜端岩而下之，论者深爱端岩，莫肯从其说。"（《端明集》卷三四《杂著》）同为宋人的胡仔先是综合各家所说："《砚录》云：红丝石出于青州黑山，其理红黄相参，二色皆不甚深，理黄者其丝红，理红者其丝黄，其纹上下通彻匀布，渍之以水，则有滋液出于其间，以手摩拭之久，而黏着如膏，若覆之以匣，至开时，数日墨色不干，经夜即其气上下蒸濡，着于匣中有如雨露。自得兹石，而端、歙之石，皆置之巾笥不复视矣。《研谱》云：红丝石研者，君谟赠余，云，此青州石也，得之唐彦猷，云，须饮以水使足，乃可用，不然渴燥，墨为之干。彦猷甚奇此砚，以为发墨不减端石。东坡云：唐彦猷以青州红丝石为甲，或云，惟堪作假盆。盖亦不见佳者，今观云庵所藏，乃知前人不妄许尔。"之后又提出自己的见解："余今折衷此三说，东坡之说与彦猷合，而永叔之说太过。余尝见此石，亦润泽而不枯燥，但坚滑不甚发墨，彦猷如青社日，首发其秘，故著《砚录》，品题为第一，盖自奇其事也。至永叔乃谓红丝石研须饮之以水使足，乃可用，不然渴燥。若是，则非砚材矣。"（《渔隐丛话后集》卷二九《东坡四》）

至于端、歙二砚，有人认为歙砚居上，端砚次之。如欧阳修的论说："端石出端溪，色理莹润，本以子石为上。子石者，在大石中生，盖精石也，而流俗传讹，遂以紫石为上。又以贮水不耗为佳，有鸲鹆眼为贵。眼石，病也。然惟此岩石则有之。端石非独重于流俗，官司岁以为贡，亦在他砚上。然十无一二发墨者，但充玩好而已。歙石出于龙尾溪，其石坚劲，大抵多发墨，故前世多用之，以金星为贵。

其石理微粗，以手摩之，索索有锋铓者尤佳。余少时又得金坑矿石，尤坚而发墨，然世亦罕有。端溪以北岩为上，龙尾以深溪为上，较其优劣，龙尾远出端溪上。"（《文忠集》卷七二《外集二十二·砚谱》）有人认为端砚居上，歙砚次之。如明代著名学者方以智认为，"今以端石为上"，"自今论之（与红丝砚相比），细润发墨，总不如端，而歙次之"（《通雅》卷三二《器用》）。

至于后出的松花砚，乾隆《西清砚谱》卷二二《附录》认为，松花砚"光润细腻，品埒端、歙"，所以"冠于砚谱之首，用以照耀万古"。乾隆《盛京通志》卷一五《松花玉》认为：："混同江产松花玉，色净绿，细腻温润，可中砚材，发墨与端溪同，品在歙坑之右。"或者认为和端砚、歙砚处于同一档次，或者认为超过了歙砚。

事实上，砚台以材质论，有石砚、陶砚、澄泥砚、紫砂砚、瓷砚、瓦砚、砖砚、玉砚、水晶砚、木砚、金属砚等多种。以砚之形制论，有足支形、几何形（方形、长方形、圆形、椭圆形、六棱形、八棱形等）、仿生形、随意形等多种。以名砚论，不同时期有不同的名品，不同人士的心目中也有不同的名品。同为一种砚石，因为坑口的不同、地质层面的不同、开采时代的不同，其品质也有差异。一定要争短长，一定要说四大名砚，难免要进入误区。

（本文以《"四大名砚"考辨》为题，发表于《光明日报》2016年5月18日"理论·史学"版，《新华文摘》2016年第15期转载。收录本书，略有删节）

关于清史编纂体例的思考

讨论清史编纂体例，首先应该明了新编清史的定位。如果新编《清史》是"二十四史"或"二十五史"的承续，那么，就应该基本上延续传统正史的体例；如果是另起炉灶，自然另当别论。笔者认为，新编《清史》应该与"二十四史"或"二十五史"相衔接，在纪传体史书的框架内进行编纂。

传统的纪传体史书本来就有一个继承与创新的问题。所谓继承，是指其继承纪传体史书的基本框架；所谓创新，是指其随着时代的变化以及纪传体史书本身的完善而有所改变。《汉书》改《史记》的"八书"为"十志"，《后汉书》新增"党锢""宦者""文苑""方术"等类传，《魏书》新增"官氏""释老"二志，《新唐书》新增"仪卫""选举""兵制"三志，《辽史》分列"皇子""公主""外戚"诸表，等等，均是明确的标示。所以，我们说"在纪传体史书的框架内进行编纂"，也就意味着创新。也正是在这个基点上，作如下思考。

1.总体格局

纪、传、志、表是纪传体史书的基本格局。"纪"基本上是帝王本纪，亦即赵翼《廿二史札记》所说的"用其体以叙述帝王"，带有较浓厚的"封建"色彩；但"纪"亦有提纲纪年之功能，具有大事编年的性质，可以采其合理成分，内容上加以充实，改"纪"为"编年"。罗尔纲在作《太平天国史》时，对此已有所体会和揭示。另外，罗尔纲的《太平天国史》在纪年、表、志、传的基础上，曾增加"叙论"以概括全书，颇为适宜。不过，以现代的理论、观点、方法来概括、综论有清一代之史实，名之以"概论"似乎更为合适。旧史中的"载记"，似乎也不可缺，但具体的名称可省略"载"字，如《前清记》《南明记》《太平天国记》等。"图"为旧史所无，地图及衣食住行等名物图又非常重要，可以考虑增设。总之，新编《清史》的总体格局，以概论、编年、列传、记、志、表、图等七个部分组成为好。

2. 关于传

旧史中的传，基本上是以类相从的列传或"类传"，但各史列传的名目和多寡不同。列传的好处是以类相从，便于阅读和查阅。《清史稿》列传中，"循吏""儒林""文苑""忠义""孝义""遗逸""艺术""畴人""列女"等，可以保留。其他人物的传记，也尽可能予以分类。《清史列传》中，有"大臣"传，太宽泛，还可以细分。另外，也应该为外来的传教士等"洋人"立传。

3. 关于志

《清史稿》有志十六，问题最多，有的需要易名，如《邦交志》可易名为《外交志》，《河渠志》可易名为《水利志》（附"堤坝"）；有的需要分设，如《食货志》可去其名而分设《财政志》《金融志》《商业志》等。更重要的是需要增设，以反映晚清社会经济的变化，增设的志名如《教育志》《工业志》（或《实业志》）、《租界志》等。

4.关于表

除《清史稿》现有十表外（如"皇子世表""公主表""外戚表""诸臣封爵世表""大学士年表"等），是否可以考虑增列财政、社会经济方面的统计表，如"财政收支表""海关统计表""外债表""物价表"，等等。

5.关于文体

新编《清史》用文言文或现代通用的白话文似乎都不太合适。应该采用一种简明白话文，并找出一个范本，比如梁启超的文章，以统一撰写风格。若用简明白话文，还有一个与旧有史料文风统一的问题，是否将旧有史料也改为一种文体加以叙述？也需要加以考虑。

（原载《清史编纂体裁体例讨论集》上册，中国人民大学出版社2004年出版）

日本明清社会经济史研究的进展

几十年来，明清社会经济史的研究一直是日本学界的一个热点，成果众多，名家辈出。而20世纪80年代以来，日本明清社会经济史学界除了对原有的研究理路和研究课题继续深入外，最为引人注目的课题是对"地域社会"的关注和研究。据日本学者的看法，80年代以来，日本明清社会经济史学界研究主流的变换与"地域社会"研究的兴起，缘于1981年由名古屋大学东洋史研究室主办的学术研讨会。在这次会上，森正夫作了"地域社会的视点、地域社会与领导者"的基调报告，揭开了对"地域社会"进行研究的序幕。不管这种看法是否准确，但在80年代以后"地域社会"研究的蓬勃展开，形成一种潮流，确是事实。除了大量的研究论著外，80年代末至90年代中由岩波书店、东京大学出版会陆续出版的两种系列书"面向世界史的提问""以亚洲为视角的思考"（后一套书由沟口雄三、滨下武志等编）起了推波助澜的作用。

80年代兴起的"地域社会"研究，确如岸本教授所言，已不是原来意义上的地域史（或区域史）研究，以中国地域之大和差异之巨，地域（区域）研究从来就被学者注意，

作者与滨下武志先生合影

新的"地域社会"研究的核心，不在于考究此地与彼地的差异或特色，而在于寻求地域内部社会的"统和"。换句话说，是从地方基层社会出发，通过对专制统治之下乡绅（绅士）、家族、宗族、村落、行会等所表现出来的地方势力和社会团体的自治、自律问题的研究，解释地方与中央、社会与国家的关系及秩序。近十几年来对乡绅、家族、宗族等的研究热（岸本称之为"急速复活"），当然不是原来研究的简单重复，而是以新的视点（观点）为支撑。对其他问题的研究，也有同样的旨归。如岩井茂树关于清代财政问题的研究，重点在于分析中央集权与地方分权、中央财政与地方财政，以及非制度性的实质上的地方财政的成长。而滨岛敦俊、上田信关于水利问题的研究，不但注意到了通过水利这一"媒介"展现出的社会关系，而且注意到了生态的变化以及地方行政与地方精英的职能、资源与人口的关系，等等。另外，滋贺秀三、寺田浩明、岸本美绪、夫马进的《明清时期的民事审判与民间契约》，山田贤的《移住民的秩序、清代四川地域社会史研究》，夫马进的《中国善会善堂史研究》，岸本美绪的《清代中国的物价与经济变动》，内山雅生的《中国华北农村研究序说》，森正夫的《江南三角洲市镇研究》等，都是循着这一研究理路的代表作。

与"地域社会"研究相关联的，还有所谓的"大地域论"或"世界体系论"，它以研究流通（货币流通、货物流通）、市场构造与近代亚洲市场的形成为主要内容。这一方面的代表学者，当推滨下武志和黑田明伸。黑田在1982年发表的《清末湖北省的币制改革》，已将汉口的"开港场"经济与世界市场相联系，开了"大地域论"研究的先声。黑田

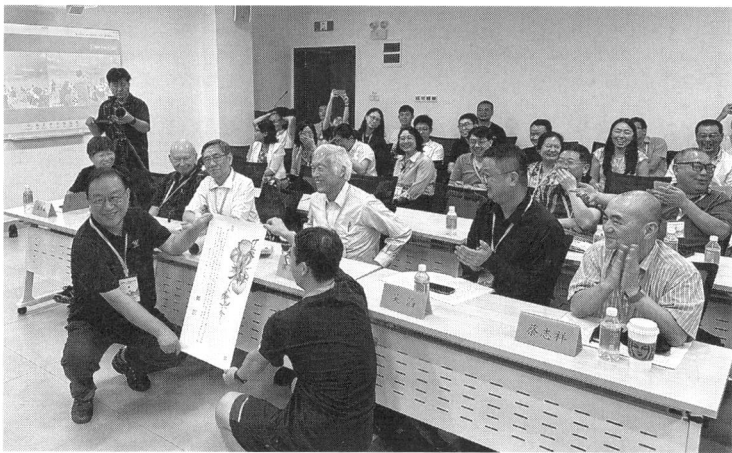

滨下武志先生八十大寿之际，作者为滨下先生作寿桃图
（一排左起王玉菇、科大卫、邱捷、滨下武志、吴滔、蔡志祥）

在 1994 年出版的专著《中华帝国的构造与世界经济》更是一部研究开港场经济、货币流通、货物流通和中国市场构造的力作。滨下武志教授在这方面的研究成果集中表现在他的两部著作中,一是 1989 年出版的《中国近代经济史研究——清末海关财政与开港场市场圈》,一是 1990 年出版的《近代中国的国际契机、朝贡贸易体系与近代亚洲》。前者除了研究一般意义上的清末财政与海关外,对海关与地域市场、开港场与地域市场、开港场市场圈、(前近代、近代)亚洲市场与中国等问题进行了重点探讨。后者已有中文译本出版,不赘述。

近 20 年来,日本明清社会经济史学界对地域社会的研究,已经形成一股潮流。这一潮流不独涌动在明清这一历史时段,在其他断代史研究中也有表现,而且与重视内在发展、重视地域与基层社会研究的所谓"美国中国史研究的新潮流"相通。即使在国内学界,由于近年学术交流频繁,也已有学者予以了充分的注意,并在有关方面取得了重要成果。

最后应该指出的是,日本学者对"地域社会"的研究,导出了两种值得注意的倾向:一是研究视角的转换和新的理论与方法的倡导比以往更受重视,并由此对原有的研究成果进行重新审视。二是传统的经济史研究被更多地浸染了社会史色彩,我将其称之为经济史研究的社会史化,经济史研究与社会史研究越来越融通,这种倾向也许才是真正意义上的"社会经济史"。

(原载《光明日报》2000 年 11 月 10 日"理论·史学"版)

清官·庸官·干吏

　　清代"江南第一清官"张伯行，为官之清，甚为有名。他曾作过著名的《禁止馈送檄》，其文曰："一丝一粒，我之名节；一厘一毫，民之脂膏。宽一分，民受赐不止一分；取一文，我为人不值一文。谁云交际之常，廉耻实伤；倘非不义之财，此物何来。"这一名文，载在《清朝野史大观·清人逸事》中，值得为官者默诵，亦可奉为金绳铁矩。《清朝野史大观》还记载了张伯行"江南第一清官"之由来：康熙皇帝南巡至江宁，赞称时任江宁按察使的张伯行为"江南第一清官"，并询问左右，"大学士、督抚以下，推奖无异词"。此段"野史"，亦载在正史本传中。至于康熙帝为何如此褒奖张伯行，据康熙称："朕访知张伯行居官甚清，最不易得。"又称："张伯行为人笃实，即置之行间，亦非退缩者。"（《清史列传·张伯行传》）这里又有了既"廉"且"忠"的意味。可见皇帝心中有数，并不是凭一时之印象而信口开河。

　　张伯行得了"江南第一清官"的美誉，仕途开始亨通，即任福建巡抚。越年，调任更加显赫的江苏巡抚。仕途太顺，就容易为所欲为；官大，脾气也容易变大。张伯行在江苏巡抚任上，心高气傲，行为不检点，特别是与江南总督噶礼的关系闹得很僵，互相告御状。噶礼指出张伯行七大罪状，除了有一条是祖护好友外，其余多是渎职、不善处理政务之过，未见有贪污受贿之指摘。从后来的事实发展看，噶礼所参属实。而张伯行参劾噶礼，则与事实不符。所以，廷议认为，应将张伯行革职。这时，康熙帝说："张伯行居官清正，天下之人无不尽知，但才不如守。噶礼虽才具有余，而性喜生事，未闻有清正之名。朕于满汉诸臣毫无异视，一以公正处之。噶礼屡次具折参张伯行，朕以张伯行操守为天下清官第一，断不可参，手批不准。"（《清史列传·张伯行传》）最后的结果，是将"才具有余，办事敏练，而性喜生

李伯重、虞和平、陈铎、范金民（右起）在田野考察途中

赵世瑜、刘志伟、郑振满、陈锋（右起）雨中田野考察

事"（《清史列传·噶礼传》）的噶礼革职，张伯行仍留任。噶礼与张伯行还有些是是非非，我们暂且不去说它。

张伯行之所以不倒，恐怕是沾了御封"江南第一清官""天下清官第一"的光，因为康熙帝先前就曾说过："将来居官好，天下以朕为名君；若贪赃坏法，天下人笑朕不识人。"继位的雍正皇帝虽然善于用干吏，但也依然记得乃父的话，仍将"才不如守"的张伯行加官晋封。笔者在这里要说的是，张伯行或许确实是清官，在清廉上是为官者的楷模，他的《禁止馈送檄》，也可以流传千古。但是，他确实又是一个庸官，庸官当政，且受到重用、不断升迁，非国之幸，非民之福。至于"才具有余，办事敏练"的噶礼，由于其"性喜生事"，自然也难为当道者所容。

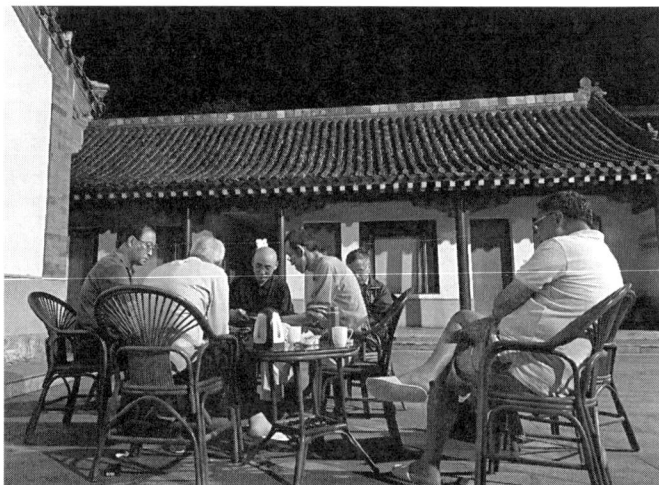

左起作者、郑振满、仲伟民、赵世瑜、范金民、
刘志伟在学术会议之余休闲

　　有意思的是，张伯行虽然是一个庸官，缺乏为官的才干，但因为有清官之名，很受老百姓的拥戴。当廷议将张伯行革职而又被康熙帝否决后，据说，"其时，江左士民欢声遍朝野，榜于门曰'天子圣明，还我天下第一清官'。焚香结彩，拜龙亭呼万岁者，至数十万人。复有数万人赴京师畅春园跪疏谢恩，愿各减一龄，益圣寿万万岁，以申真实感激之忱"。不仅江南如此，张氏曾经任巡抚的福建省，"士民亦不谋而合，若赤子之庆慈父母也"。这恐怕正反映出，在贪官污吏遍天下的情势下，老百姓拥戴清官、呼唤清官的普遍心态。如果既是清官又是干吏，还不知老百姓如何欢呼。

　　事实上，与张伯行同时代，还有一位未引人注意的清官，他的名字叫陈瑸。陈瑸，广东海康人，康熙三十三年进士，初授福建古田知县，继任台湾知县。在古田、台湾任上，即以"廉能著称，舆情悦服"。因此，破格提拔为偏沅巡抚。初任巡抚，就将横役累民的湘潭知县和长沙知府革职查办。继而，又上疏言及关乎民生的十件大事，包括"禁加耗以苏民困""禁酷刑以重民命""粜积谷以济民食""置社仓以从民便""崇节俭以惜民财""禁馈送以肃官箴"等，款款击中时弊，并躬行实践，赢得各方赞誉。更有可称者，陈瑸死后，留下遗书，将自己应用而未用的"衙门公费银"，解交国库，"以尽未尽之心"。康熙帝叹息曰："陈瑸居官甚优，操守极清。朕亦见有清官，然如伊者，朕实未见，即从古清臣，亦未必有如伊者。"（《清史列传·陈瑸传》）

说到陈瑸的"廉"，他也有一句名言，曰："贪不在多，一二非分钱，便如千百万。"颇有防微杜渐之意，实可供咀嚼再三。又据史载，陈瑸一人为官在外，"几二十年，未尝挈眷属、延幕宾，公子旷隔数千里，力不能具舟车一往省视。仆从一二人，官厨以瓜蔬为恒膳，其清苦有为人情所万不能堪者，公晏然安之，终其身不少更变"。陈瑸虽未得"第一清官"之头衔，但已远非张伯行所能比，更何况他既是清官又是干吏乎！

（原载《光明日报》2002年9月24日"理论·史学"版）

第一好官

为官一任，如果被称为"好官"，那是很不错的；如果被称为某某省区的"第一好官"或全国的"第一好官"，那就更加难得。但是，古往今来，却偏偏有许多循其名难得其实的事。细究起来，也许有点意味。在清代雍正年间，四川省有一个叫程如丝的人，时任夔州知府，因为"自贩私盐，而捕楚民之贩私者，枪毙甚众"，被人告发。在即将受到惩治之时，程如丝贿赂其上司——四川巡抚蔡珽。蔡珽"至京，召见，陈冤抑，且力保如丝为四川第一好官。事下甘肃巡抚石文焯，亦言其冤抑，如丝遂免逮。擢四川按察使"（《清史列传·宪德传》）。此事颇具戏剧性，程如丝在大难临头之时，得到上司的力保，奉旨调查的甘肃巡抚石文焯也为其说好话，程如丝不但没有受到处罚，反而升任四川按察使。

程如丝以贿赂的手段免罪、保官、升官，自然是在暗地里进行，当时不为人知。而他得到"四川第一好官"的美誉后，一时声名大振，有了进一步升迁的资本和潜能，正可谓前途未可限量。但仕途难测，没多久，被时人称为"年大将军"的年羹尧受到雍正帝的贬斥，雍正帝清查年羹尧的同党，由于年羹尧曾做过川陕总督，蔡珽与年羹尧之间又有些是是非非，蔡珽本人也被人揭发出一些劣迹，就清查到了蔡珽的头上，程如丝为蔡珽保荐，又清查到了程如丝的头上。这本是一种受人诟病的"瓜蔓抄"式的清查。但即使是"瓜蔓抄"式的清查，也要有具体的罪名，才能将一个人或一排人扳倒。在清查蔡珽时，蔡珽的罪状多达18条，其中之一是"婪得贪残不法之程如丝银六万六千两、金九百两，挟欺保荐"（《清史列传·蔡珽传》）。其结果当然是将蔡珽、程如丝等人撤职查办。

历史是一面镜子，从这面镜子中，有时可以照出事情的本来面貌，有时也许只能照出一些歪斜的或变形的影像。细细思考上述史实，意蕴有三：第一，程如丝本来就是一个贪

作者（右）与马敏教授

官、劣官，除了"正常"的贪污手段外，还贩卖私盐牟利，又将一班贩私的小民乱加捕杀。所谓"第一好官"，是用巨额的金银贿赂换来，清廷最终将其法办乃理所当然。第二，程如丝也有可能确实是"第一好官"，对他的清查及清查结果，是因着打击朋党的需要，是因着政治斗争的需要，罪名是莫须有的，是"瓜蔓抄"的牺牲品。第三，也许是最重要的，如果不是清查年羹尧同党，不是追究、清查蔡珽，"拔起萝卜带起泥"，根本就牵扯不到程如丝的头上，程如丝的劣迹也不会被揭露出来，他依旧可以招摇，依旧可以升官，依旧可以受到后人的称赞。

（本文是《长江日报》"长河三人行"专栏文章，已经不记得刊载日期，从旧稿中拣出，作为这类杂文的代表。"长河三人行"是20世纪80年代后期我与马敏、张艳国在《长江日报》副刊开设的专栏）

后 记

癸卯秋末，参加浙江师范大学的学术会议，报到之日的晚宴，浙江大学的刘进宝教授与我邻座，因为读过几本他主编的"雅学堂丛书"，不免由衷赞叹。在我所读类似的著述中，这套丛书最为喜欢，既有"品"又有"味"。"品"代表着入选作者的阶位，"味"是趣味横生。而且，丛书用纸、印刷、装帧十分精美。有品有味，才能达到图书出版的"双效益"；印制精美，才能使作者和读者双满意。达到这个目标并不容易，主编要有号召力和交友待物的能力，出版社要有好的眼光和大的魄力。在谈到先前有家出版社约稿《珞珈山下》，看到已出几种后，失去了交稿的兴趣时，进宝兄说，甘肃文化出版社拟出"雅学堂丛书"第二辑，希望将《珞珈山下》交给他。感到十分荣幸。

承进宝兄美意，从金华返汉后，开始整理旧稿。由于"雅学堂丛书"有字数限制和相关要求，颇费斟酌，一是要删去一些稿子，以基本符合字数和相关要求；二是冯天瑜先生逝世周年祭临近，《彭雨新文集》出版在即，想加写两篇稿子（即《天下何人不识君：冯天瑜先生的"日常"》《彭雨新先生的为人为学及财政经济史研究——〈彭雨新文集〉序》），放进书中。在种种考虑之下，拙稿《珞珈山下》分作"回忆与访谈""序言与评论""讲演与杂说"三个专题。三个专题所收文稿，都做了认真的选择，使其在有限的篇幅内展现代表性。所谓的代表性，窃以为是在我的财政经济史专业研究之外，尽量选一些非财政经济史方面的，包括了超出一般认知的"序"和文化、收藏、鉴赏等"杂说"。"讲演"也只收了两场带有公益性质的讲座。是否得当，尚请读者指教。

在书稿呈交后，进宝兄提出了一些修改调整意见，又做了进一步的调整。

陈　锋

2023年12月26日于百研斋